高等院校“十三五”规划教材

WANGLUO YINGXIAO

网络营销

主　编　郭佳丽　李　勋

西北工業大學出版社
西　安

【内容简介】 本书主要介绍了网络营销的基本理论和基本方法。全书共10章，内容包括网络营销概述、网站建设与运营、网络营销策略、网络消费者行为、网络营销模式、网络营销推广、网络广告营销、E-mail营销、社会化媒体营销和搜索引擎营销。从案例导入入手，深入浅出地进行讲解，在讲解中插入了大量的二维码式的阅读案例，以帮助读者加深理解。为了更好地理解网络营销工具和营销方法的使用，强化和补充理论知识，本书还在每一章的最后提供了案例分析与思考练习。

本书可作为高等院校电子商务、物流管理、市场营销、供给贸易和网络营销等相关专业的教学用书，也可供从事电子商务、网络营销相关从业人员阅读参考。

图书在版编目（CIP）数据

网络营销/郭佳丽，李勋主编. — 西安：西北工业大学出版社，2018.3（2020.8修订）
高等院校"十三五"规划教材
ISBN 978-7-5612-5901-6

Ⅰ.①网… Ⅱ.①郭… ②李… Ⅲ.①网络营销—高等学校—教材 Ⅳ.①F713.365.2

中国版本图书馆CIP数据核字（2018）第051466号

策划编辑： 刘庆保
责任编辑： 季　强

出版发行： 西北工业大学出版社
通信地址： 西安市友谊西路127号　　邮编：710072
电　　话： (029) 88493844　88491757
网　　址： www.nwpup.com
印　　刷： 北京佳顺印务有限公司
开　　本： 787 mm×1 092 mm　　1/16
印　　张： 15
字　　数： 347千字
版　　次： 2020年8月第1版　　2020年8月第1次印刷
定　　价： 45.00元

前　　言

随着电子商务的普及和飞速发展，越来越多的企业开始使用网络营销的方法和手段进行营销活动，网络营销人才的需求日益增长，这对学校的网络营销课程教学提出了新的挑战，要求教师在教学内容、教学方法和教学手段等多方面进行改革。首先，课程内容需要实时更新，为学生提供最新、最实用的行业信息；其次，在加强学生对营销工具和营销方法的应用基础上，增加对数据收集、分析和使用的内容；最后，全面提升学生的实际应用能力，多为学生创造实践的项目和机会。本书正是基于这样的背景和思路进行编写的。

本书从案例导入入手，同时突出实用技能的培养，使学生尽快掌握在互联网环境中从事有效经营活动所需要的知识与技能。全书力求内容丰富而形式简练，既满足学生的自我学习需要，也给教师留有一定的空间。在深入浅出的讲解中穿插大量二维码式的阅读案例，以帮助学生加深对理论知识的理解，在每章的最后设置案例分析与思考练习模块以强化和补充理论知识。

本书注重理论和实践的结合，既注重网络营销基础理论和知识体系的构建，又注重网络营销方法和工具的应用，重点强调工具和方法的介绍，以及对工具和方法使用实施的效果分析。

本书在编写的过程中参阅了相关的文献、资料，已尽可能地在参考文献中列出，在此对资料的作者表示感谢。

由于笔者水平有限，书中难免存在不妥和疏漏之处，恳请广大读者批评指正。

编　者

目　录

第一章 网络营销概述

【学习目标】

1. 掌握网络营销的基本概念。
2. 了解网络营销的内容和特点。
3. 掌握网络营销的基本理论和基本方法。
4. 了解我国网络营销发展的五个阶段。

【案例导入】

愚人节网络营销大 PK

百度退出一款名为“百度神灯”的智能配件，通过摩擦“百度神灯”的边缘唤醒“神灯搜索”功能；阿里巴巴推出“Matrix+（码+）”计划，要把地球上数十亿部手机等智能设备相连，组成人类有史以来最强的超级计算网络；微信正在内测一项新功能——摇一摇识气味，无论是下过雨后的青草香味、入鼻富有颗粒感的雾霾气息，还是公交车上混合韭菜和大蒜的谜之气体。如果这些不够酷，还有更“劲爆”的消息：腾讯将于 2017 年起陆续搬迁企鹅的老家南极。愚人节的营销，被商家们玩得跌宕起伏的玩笑，正在创造巨大商业价值。

跌宕起伏的玩笑

4 月 1 日一大清早，《第一财经日报》记者就被一条“爆炸性新闻”惊醒——百度将用去哪儿股权换携程股权，携程将控股去哪儿。然而这条消息很快被证实仅仅是愚人节的玩笑。携程的这条假新闻，在 4 月 1 日创造了不小的边际效应。

天马行空的创意

愚人节这天，百度一口气推出了智能枕头“百度 HuHu”、智能穿戴“百度珠环”、神灯搜索、内嵌“心付”和“搭讪基金”等功能的百度钱包等多个创意产品。其中，通过摩擦唤醒的神灯搜索已经在百度未来商店上架，标注售价只要 599 元。不过目前只是简单上架，用户还无法真正下单购买。

反行其道的真话

有些商家则反其道而行之，它们告诉你，这些都不是玩笑。4 月 1 日之前，魅族科技就在官方贴吧以一篇内容为“当全世界都在骗你的时候，我们来说句实话，4月1日，魅族贴吧现货相见，敬请期待!”的帖子率先打响了愚人节营销第一枪，抢占“节日营销”战场先机。

资料来源：《互联网愚人节营销大PK：天马行空的创意》，略有改动。

启示：网络营销无处不在，网络营销创意比比皆是，连愚人节都已成为网络营销的借力点，网络营销不断踏上新的征程。

第一节 网络营销基础

网络营销是随着互联网的发展，以互联网作为平台而产生的一种新的营销活动。广义地说，可以把为达到企业营销目标，以互联网为主要手段所开展的营销活动称为网络营销。然而，网络营销是为实现企业总体经营目标所采取的一种营销方式，换言之，网络营销是将传统的营销原理和互联网特有的互动能力相结合的营销方式，它既包括在线上针对网络虚拟市场开展的营销活动，也包括在线上开展的服务于传统有形市场的营销活动，还包括在线下以传统手段开展的服务于网络虚拟市场的营销活动。

对于网络营销的概念可以从以下几方面来理解：①网络营销不等于网上销售；②网络营销活动不仅限于线上；③网络营销建立在传统营销理论基础之上。

网络营销不仅仅是网址推广或者在网上销售产品，而是企业营销战略的一个组成部分，主要包括网络品牌、网址推广、信息发布、销售促进、销售渠道、顾客服务、顾客关系和网上调研等八方面。

一、网络营销的产生与发展

从1969年互联网诞生到20世纪90年代，随着计算机的普及和信息技术的发展，互联网迅速地商业化，以其独特魅力和爆炸式传播速度成为热点。商业利用是互联网前进的发动机，站点的增加以及众多企业的参与使互联网的规模急剧扩大，信息量也成倍增加。在互联网技术飞速发展的大环境下，网络营销应运而生。1993年，第一批网络和浏览器出现在互联网上。1994年，美国著名的Wired杂志推出了网络杂志网站Hotwired（www.hotwired.com）；美国电话电报公司（AT&T）等14个客户的横幅广告在Hotwired上投放，成为广告史上的一个里程碑。自此以后，网络广告成为互联网的热点。2011年2月，全球互联网协议的第四版（Internet protocol，IP，IPv4）地址分配完毕，互联网的发展也达到了空前的高度。

互联网在中国的发展经历了从起步到腾飞的过程，深嵌于中国经济发展的各个领域，深刻改变了人们的生活形态。1994年4月20日，在国务院的明确支持下，经过科研工作者的艰苦努力，连接着数百台主机的中关村地区教育与科研示范网络工程成功实现了与国际互联网的全功能链接。在随后的两年多时间里，中国科技网（CSTNET）、中国公用计算机互联网（CHINANET）、中国教育和科研计算机网（CERNET）、中国金桥信息网（CHINAGBN）相继开工建设，走上了全面铺设中国信息高速公路的历程，信息时代的大门在国人面前悄然开启。从1997年开始，中国互联网步入快速发展阶段。

中国互联网络信息中心（CNNIC）2017年发布的统计数据显示，全国网民数量每隔半年即增长一倍，中国互联网的第一次浪潮到来，一时间，免费邮箱、新闻资讯、即时通信成为最热门的应用。2000年，新浪、网易、搜狐三大门户网站先后登陆纳斯达克，中国互联网企业海外上市热潮骤然涌起。然而，受美国互联网泡沫破灭影响，中国互联网的发展也很快遭受到来自大洋彼岸寒潮的袭击。挺过数九寒冬之后，在短信服务、网络游戏、音乐下载等业务的支撑下，中国网民数量在2002年飙升至5 910万，中国互联网迎来了新的春天。在互联网先锋们的不断探索和不懈努力下，从2003年起，中国互联网找到了适合中国国情的盈利发展模式，互联网应用呈现多元化局面，电子商务、网络游戏、视频网站、社交娱乐等多种形式全面开花。伴随着中国互联网新一轮的高速增长，中国网民数量在2008年6月达到2.53亿，首次大幅超过美国，跃居世界首位。2009年，以移动互联网的兴起为主要标志，中国互联网步入了一个新的发展时期。2012年，中国的移动互联网用户首次超过个人电脑（PC）端用户，网络购物规模直逼美国，成为全球第二大互联网销售市场。与此同时，互联网企业变得更加理性开放，传统企业网络发展概况也在与互联网企业的交锋中逐步走向融合共生。

二、网络营销的内容

网络营销作为在网络上进行的营销活动，它的基本营销目的和营销工具是一致的，只不过在实施和操作过程中与传统方式有着很大区别。现在介绍网络营销中的主要内容。

1. 网上市场调查

主要利用网络交互式的信息沟通渠道来实施调查活动。它可以直接在网上通过问卷进行调查，还可以通过网络来收集市场调查中需要的一些二手资料。利用网上调查工具，可以提高调查效率和调查效果。网络作为信息交流渠道，在利用网络进行市场调查时，重点是如何利用有效的工具和手段实施调查和搜集整理资料，获取信息不再是难事，关键是如何在信息海洋中获取想要的资料信息和分析出有用的信息。

2. 网上消费者行为分析

网络用户作为一个特殊群体，有着与传统市场群体中截然不同的特性，因此要开展有效的网络营销活动，必须深入了解网上用户群体的需求特征、购买动机和购买行为模式。网络作为信息沟通工具，正成为许多兴趣、爱好趋同的群体聚集交流的地方，并且形成了一个个特征鲜明的网上虚拟社区，了解这些虚拟社区的群体特征和偏好是网上消费者行为分析的关键。

3. 网络营销策略制定

不同企业在市场中处于不同的地位，在采取网络营销实现企业营销目标时，必须采取与企业相适应的营销策略，因为网络营销虽然是非常有效的营销工具，但企业实施网络营销时是需要进行投入的和有风险的。同时企业在制定网络营销策略时，还应该考虑到产品周期对网络营销策略制定的影响。

4. 网络营销品牌策略

网络营销的重要任务之一就是在互联网上建立并推广企业的品牌并快速树立品牌形象，提升企业影响力。网络品牌建设以企业网站建设为基础，通过一系列的推广措施，让顾客和公众对企业产生认知和认可。从一定程度上说，网络品牌的价值甚至高于通过网络获得的直接收益。

5. 网络营销网站策略

企业可以选择比较有优势的地址建立自己的网站，建立后应有专人进行维护，并注意宣传，比原来传统的市场营销节省了很多广告费用。

6. 网络营销产品策略

企业要使用网络营销方法必须明确自己的产品或者服务项目，明确哪些是网络消费者选择的产品。定位目标群体，因为产品网络销售的费用远低于其他销售渠道的销售费用，因此中小企业如果产品选择得当，可以通过网络营销获得更大的利润。

7. 网络营销价格策略

网络作为信息交流和传播的工具，从诞生开始就实行自由、平等和信息免费的策略，因此网上市场的价格策略大多采取免费或者低价策略。因此，制定网上价格营销策略时，必须考虑到网络对企业定价影响和网络本身独特的免费思想。

8. 网上渠道选择与直销

网络对企业营销影响最大的是企业营销渠道。网络的直接特性改变了传统渠道中的多层次的选择和管理与控制问题，最大限度地降低渠道中的营销费用。但企业建设自己的网络销售渠道必须进行一定的投人，同时还要改变传统的经营管理模式。

9. 网上促销与网络广告

网络作为一种双向沟通渠道，其最大的优势是可以实现沟通双方突破时空限制直接进行交流，而且简单、高效、费用低廉。因此，在网上开展促销活动是最有效的沟通渠道，但网上促销活动的开展必须遵循网上一些信息交流与沟通规则，特别是遵守一些网络社区的礼仪。网络广告作为最重要的促销工具，主要依赖网络的第四媒体的功能，目前网络广告作为新兴的产业得到迅猛发展。网络广告作为在第四类媒体发布的广告，具有传统的报纸杂志、无线广播和电视等传统媒体发布广告无法比拟的优势，即网络广告具有交互性和直接性。

10. 网络营销管理与控制

网络营销作为在网络上开展的营销活动，必将面临许多传统营销活动无法碰到的新问题，如网络产品质量保证问题、消费者隐私保护问题，以及信息安全与保护问题等。这些问题都是网络营销必须重视并进行有效控制的问题，否则网络营销效果或许会适得其反，甚至会产生很大的负面效应，这是由于网络信息传播速度非常快，而且网民对反感问题反应比较强烈且迅速。

三、网络营销的特点

随着互联网技术发展的成熟及联网成本的低廉，互联网好比是一种“万能胶”，将企业、团体、组织及个人跨时空连接在一起，使得它们之间信息的交换变得“唾手可得”。市场营销中最重要也最本质的是组织和个人之间进行信息传播和交换。如果没有信息交换，那么交易就是无本之源。正因如此，互联网具有营销所要求的某些特性，使得网络营销呈现出表1－1所示的一些特点。

表1－1　网络营销的特点

特点	说　明
时域性	营销的最终目的是占有市场份额，互联网能够超越时间约束和空间限制进行信息交换，使得营销脱离时空限制进行交易变成可能，企业有了更多时间和更大的空间进行营销，可每周7天，每天24小时，随时随地提供全球性营销服务
富媒体	互联网被设计成可以传输多种媒体的信息，如文字、声音和图像等信息，使得为达成交易进行的信息交换能以多种形式存在和交换，可以充分发挥营销人员的创造性和能动性
交互式	互联网通过展示商品图像和商品信息资料库提供有关的查询，来实现供需互动与双向沟通，还可以进行产品测试与消费者满意调查等活动。互联网为产品联合设计、商品信息发布，以及各项技术服务提供最佳工具
个性化	互联网上的促销是一对一的、理性的、消费者主导的、非强迫性的、循序渐进式的，而且是一种低成本与人性化的促销，避免推销员强势推销的干扰，并通过信息提供与交互式交谈，与消费者建立长期良好的关系
成长性	互联网的使用者数量快速成长并遍及全球，使用者多为年轻、中产阶级、高教育水准，由于这部分群体购头力强，而且具有很强的市场影响力，因此网络销售渠道极具井发潜力
整合性	互联网上的营销可从商品信息直至收款、售后服务一气呵成，因此它也是一种全程的营销渠道。另一方面，企业可以借助互联网将不同的传播营销活动进行统一设计规划和协调实施，以统一的传播内容向消费者传达信息，避免不同传播中不 致性产生的消极影响
高效性	计算机可储存大量的信息，代替消费者进行查询，计算机通过互联网可传送的信息数量与精确度远超过其他媒体，并能应市场需求，及时更新产品或调整价格，因此能及时有效了解并满足顾客的需求
经济性	通过互联网进行信息交换，代替以前的实物交换，一方面可以减少印刷与邮递成本，可以无店面销售，免交租金，节约水电与人工成本，另一方面也可以减少由于迂回多次交换所带来的损耗
技术性	网络营销需具备相应的营销知识和方法，以及网络营销工具，有较强的技术性

四、我国网络营销的发展历程

1. 中国网络营销发展的第一阶段（1994—1997年）

1994年4月20日，中国国际互联网正式开通，网络营销随着互联网的应用而开始受到企业的关注。然而，在1997年之前，中国的网络营销蒙着一层神秘的面纱，并没有清晰的网络营销概念和方法，也很少有企业将网络营销作为主要的营销手段。在早期有关网络营销的文章中，经常会描写某个企业在网上发布商品供应信息，然后接到大量订单的故事，并夸大互联网的作用，给企业造成了“只要上网财源就会滚滚而来”的印象。其实，即使那些故事是真实的，也只是在互联网信息很不丰富的时代所发生的传奇罢了，不可能出现在如今的互联网环境中。这些传奇故事是否存在姑且不论，即使的确如此，也无法从中找出可复制的、一般性的规律。

拓展阅读1-1　1997年以前与中国网络营销发展有关的重大事件

我们一直无从考证中国企业最早利用互联网开展营销活动的历史资料，只能从部分文章中看到一些细枝末节，如作为网络营销经典神话的“山东农民网上卖大蒜”。据可查阅的资料记载，山东陵县西李村支部书记李敬峰上网的时间是1996年5月，所采用的网络营销方法为“注册了自己的域名，把西李村的大蒜、菠菜、胡萝卜等产品信息一股脑儿地搬上因特网，发布到了世界各地”。对这次网络营销成效的记载则为“1998年7月，青岛外贸通过网址主动与李敬峰取得了联系，两次出口大蒜870吨，销售额270万元。初战告捷，李敬峰春风得意，信心十足”。

如今，在搜索引擎中输入山东、西李村、大蒜等关键词，除了上述所介绍的一篇文章外，再也无法找到其他相关的资料。可以说，1994年至1997年的网络营销在很大程度上带有神话色彩，与网络营销的实际应用还有很远的一段距离。何况当时网络尚未真正普及，无论学术界还是企业界，大多数人对网络营销的概念还相当陌生。在这一阶段，网络营销的概念和方法都不明确，甚至多数企业对互联网络几乎一无所知，是否产生效果主要取决于偶然因素。此时，将网络营销应用于企业经营的，大多只是出于好奇。

2. 中国网络营销发展的第二阶段（1997—2000年）

中国互联网络信息中心（CNNIC）发布的《中国互联网络发展状况统计报告（1997/10）》显示，到1997年10月底，我国上网用户数为62万，WWW站点数约1 500个。虽然无论上网用户数还是网站数量均微不足道，但发生于1997年前后的部分事件标志着中国网络营销进入萌芽阶段，如网络广告和E-mail营销在中国的诞生、电子商务的出现、网络服务（如域名注册和搜索引擎）

拓展阅读1-2　1997—2000年与中国网络营销发展有关的重大事件

的涌现等。到2000年年底，多种形式的网络营销得到应用，网络营销呈现出快速发展的势头，并且逐步走向实用的趋势。

在互联网的甜头逐渐为人所尝后，网络营销如雨后春笋般涌现。

3. 中国网络营销发展的第三阶段（2000—2003年）

就在中国互联网公司争相在美国上市的热潮达到空前狂热的状态时，互联网经济的泡沫破裂了。2000年3月13日，此前一直风光无限的纳斯达克指数一开盘就从5 038点跌到4 879点，整整跌了4%，虚幻的网络经济泡沫随之破灭。到2001年4月4日，指数已经跌至1 619点，全球互联网市场随即陷入低潮。这段时间，大多数网络公司在把风投资金烧光后停止了经营，只有少数企业成功地将危机转化成了机遇。

拓展阅读1-3 2000—2003年与中国网络营销发展有关的重大事件

4. 中国网络营销发展的第四阶段（2004—2008年）

据统计，2000年美国共有210家互联网公司倒闭，最根本的原因是筹集到的资金迅速枯竭，后续的资金也没有跟上。一年后，全球至少有537家互联网公司结束营业。然而，直到今天仍能看到一些在上一波互联网泡沫破裂后留下的幸存者，它们中有雅虎、eBay、亚马逊（Amazon）以及后来的MSN、谷歌（Google）。大浪淘沙之后，中国同样也留下了一些历经磨难而顽强生存的互联网企业：新浪、搜狐、网易、腾讯和阿里巴巴。

拓展阅读1-4 2004—2008年与中国网络营销发展有关的重大事件

5. 中国网络营销发展的第五阶段（2008年至今）

随着移动互联网的普及，依托社交媒体的营销成为网络营销的热点。社交媒体营销是指依赖或者基于社交媒体上用户形成的互相连接的人际关系，来进行品牌或者商品的营销。一般社交媒体营销工具包括论坛、微博、微信、博客、SNS社区、图片和视频分享等。通过社交媒体营销，企业和消费者之间的沟通更加实时、双向和直接。

社交媒体营销可以在多个环节上产生影响力。在用户产生购买行为之前，社交媒体营销可以起到告知作用。企业通过社交媒体传递自己的企业文化、品牌价值内涵、产品情况等信息，可以使用户产生感知与共鸣。对于潜在的用户而言，可以通过社交媒体获得对自己有用的信息，从而对企业及其产品产生识别与认同。在用户发生购买行为之后，部分用户会主动地进行分享与传播，在朋友群中分享企业与产品的信息，产生二次传播效应。

社交媒体已经过10多年的发展，其发展过程具有明显的特征性。在互联网早期，以论坛BBS的形式为主，中心特征是内容；2003—2005年，博客发展进入一个高潮期，中心特征是用户写作内容；2006年之后，随着社交网站以及微博的发展，中心特征变成用户分享交流内容；2010—2012年，各类社交媒体开始跨界整合，类型呈现明显的多元化。随着社交媒体的不断发展，用户与企业信息发布和获取的成本都大大降低，为社交媒体营销提供了越来越丰富的可能性。

五、网络营销的发展趋势

1. 网络营销服务市场继续快速增长，新型网络营销服务不断出现

网络营销服务市场规模不断扩大的同时，网络营销服务产品类别也在不断增加。其中值得关注的领域包括网络营销管理工具（如网站访问计分析系统、实时在线服务工具等）、专业的网络营销顾问咨询服务和网络营销培训等。

2. 企业对网络营销的认识程度和需求层次得到提升

企业对网络营销的需求层次是一个难以量化的指标，不过通过一些事例分析可以发现，企业对网络营销的认识和需求产生了明显的转变。至少有两个信号表明企业的网络营销需求层次在不断提升：①企业更希望获得完整的网站推广整体方案，而不仅仅满足购买孤立的网站推广产品；②规范的网站优化思想获得越来越多的认可。企业对网站推广综合解决方案的需求有明显增加的趋势。经过众多网络营销服务商几年的努力，国内网络营销服务市场逐渐走向成熟，尤其是与搜索引擎推广相关的网络营销产品已经为越来越多的企业所了解。网站优化已经成为网络营销经营策略的必然要求，如果在网站建设中没有体现出网站优化的基本思想，在网络营销水平普遍提高的网络营销环境中是很难获得竞争优势的。

3. 搜索引擎营销呈现专业化、产业化趋势

随着多种专业搜索引擎和新型搜索引擎的发展，搜索引擎在网络营销中的作用更为突出，搜索引擎营销的模式也在不断发展演变，除了常规的搜索引擎优化和搜索引擎关键词广告、网页内容定位广告等基本方式之外，专业搜索引擎（如博客搜索引擎）、本地化搜索引擎推广等也将促进搜索引擎营销方法体系的进一步扩大和完善。

对于企业营销人员来说，也就意味着开展搜索引擎营销需要掌握的专业知识更加复杂，例如对于网站优化设计、关键词策划、竞争状况分析、推广预算控制、用户转化率和搜索引擎营销效果的跟踪管理等，搜索引擎营销已经逐渐发展成为一门专业的网络营销知识体系。搜索引擎营销专业性的提高也为专业的搜索引擎营销服务商提供了发展机会，搜索引擎优化公司和搜索引擎广告代理公司持续涌现，并在各自的领域发展出了一批有影响力的公司，搜索引擎营销的产业化趋势逐渐形成。然而，相比国外搜索引擎营销市场上的各种深度产品及服务，中国的搜索引擎营销的整体水平还处在较低层次。

4. 更多有价值的网络资源为企业网络营销提供了新的机会

随着互联网经济的发展，出现了越来越多的网络营销资源，其中包括可用的免费推广资源和网络营销管理服务，如免费网络分类广告、网上商店平台和免费网站流量统计等。网络营销资源的增加不仅表现在免费资源的数量，同时也表现在网络营销资源可以产生的实际价值方面。例如，现有领先的 B2B 电子商务平台通过与搜索引擎营销策略的整合，为潜在用户获取 B2B 网站中的商业信息提供了更多的机会，从而提高

了B2B电子商务平台对企业网络营销的商业价值，也使得B2B电子商务打破了原有只有付费会员登录才能获取商业信息的局面。

5. 网络营销服务市场直销服务市场与代理渠道模式并存

网络营销服务市场目前主要的产品和服务包括以域名注册、网站建设和企业邮局等为代表的基础网络营销服务，以及竞价广告、网络实名/通用网址和B2B电子商务平台等网络推广产品。目前，国内网络营销服务市场直销与代理渠道并存，部分基础网络营销服务已经形成了完善的电子商务模式，但传统代理渠道在网络推广产品市场中仍然是主流。基础网络营销服务全面实现电子商务化。在网络营销服务领域，值得特别肯定的是提供域名注册、虚拟主机和企业邮局等产品在内的基础网络营销服务商。这些服务商并不完全依赖传统的代理销售渠道，而是走代理商和网上直接销售相结合的道路，并且整个业务流程的电子商务化日益完善，从域名注册、域名解析，到虚拟主机和企业邮局等产品的在线购买、在线支付等环节，都可以方便地实现用户自由购买、自助管理。这些基础网络营销服务商已经率先成为国内最先进的电子商务企业。这不仅代表着我国网络营销服务已经达到一个崭新的高度，也预示着网络营销服务的电子商务化是完全可以实现的，代表了先进的网络营销产品销售模式。基础网络营销服务商成功地全面实现电子商务化，也为网络营销其他领域的服务商做出了表率。这些服务商的成功经验表明，在线直接销售并未影响代理渠道的销售，因为用户的购买方式和需求毕竟是不同的，一些互联网应用水平较高的用户更看重在线购买的便捷性。

6. 基于自媒体平台的网络营销受到普遍关注和广泛应用

有别于由专业媒体机构主导的信息传播，自媒体是由普通大众主导的信息传播活动，由传统的“点到面”的传播，转化为“点到点”的一种对等的传播概念。同时，它也是指为个体提供信息生产、积累、共享、传播内容兼具私密性和公开性的信息传播方式。论坛、博客、微博、微信及新兴的视频网站构成了自媒体现存的主要表达渠道，由于其个性化、低门槛和交互强等特点，成为目前受到普遍关注和广泛应用的新媒体平台。

7. 营销型网站将成为企业网站建设的主流

营销型网站是以能够帮助企业带来目标客户，并使其充分了解企业的产品和服务，最终促成网络商机的网站。随着越来越多的企业网站建设符合网络营销导向，企业网站的网络营销价值将得到明显提升。

8. 网站运营注重用户体验改善

网站运营进入精细化管理阶段，尽管很难详尽罗列用户体验的各项因素，也很难为用户体验下一个准确的定义，甚至对同一现象的用户体验没有统一的解决方案，但是这种听起来似乎有些空洞和玄虚的概念将通过各种细节体现出来，并成为网站运营成功的法宝。“让用户可以方便地获取有价值的信息和服务，才是网络营销的精髓。”

9. 系统的用户行为研究将受到重视

以网站流量统计分析为基础的网络营销管理的基本意识已经有明显提高，在新的一年中，网络营销管理的内容将进一步扩大，应用层次也将逐渐提高。互联网用户行为研究是网站运营管理必不可少的内容，同时也是网站运营中用户体验研究的基础，因此系统的用户行为研究将成为网络营销的重要研究领域。

10. 一站式网络营销将成为企业网络营销投资回报率最高的方式

所谓一站式网络营销，是指企业开展网络营销的3个重要环节：建站、推广，以及将商机转化在一个网络营销平台上面实现。一站式网络营销通过一家服务商和一个产品来实现企业开展网络营销的整体解决方案，这对于企业来说，能够减少时间、精力和金钱上的消耗，并有利于网络营销后续的管理和维护，在投资回报率上无疑是最高的。

11. 移动营销策略成为企业的普遍策略

移动营销（Mobile Marketing）是指面向移动终端（手机或平板电脑）用户，在移动终端上直接向分众目标受众定向和精确地传递个性化即时信息，通过与消费者的信息互动达到市场营销目标的行为。

随着移动互联网技术的发展，企业对移动营销方面也表现得更加重视，移动互联网最主要的特点是会比传统的互联网更加即时、更快速、更便利，而且也不会有任何地域限制。据CNNIC数据显示，网民的上网设备正在向手机端集中，手机成为拉动网民规模增长的主要因素。截至2017年6月，我国手机网民人数达7.24亿，有96.3%的网民通过手机上网。

面向移动终端的优化将会变得比以往任何时候都重要。很多企业最后都将移动终端策略纳入他们网络营销策略中：全方位的响应式网站、移动终端广告，以及专为移动网站用户提供的不同内容。企业也开始意识到采取移动版社交媒体战略的必要性，思考移动终端用户的消费模式，以及与社交媒体推送内容进行互动的方式。

第二节　网络营销的基本理论

随着网络营销的深入应用，网络营销的相关理论也陆续发展起来。对于企业的经营起到了很好的指导作用。

一、网络直复营销

网络直复营销理论（Network Direct Response Marketing Theory）是根据美国直复营销协会（ADMA）为直复营销下的定义，直复营销是一种为了在任何地方产生可度量的反应或达成交易而使用一种或多种广告媒体的相互作用的市场营销体系。直复营销的“直”来自英文direct，即直接的意思，是指不通过中间分销渠道而直接通过媒体连接企业和消费者；直复营销中的“复”来自英文response，即“回复”的意思，是指企业与顾客之间的交互，顾客对这种营销能够有一个明确的回复，企业可以统计到这种明确回复的数据，由此可以对以往的营销效果进行评价。“回复”是直复营销与直接销售的最大区别。

直复营销中的“直”是指不通过中间分销渠道而直接通过媒体连接企业和消费者。例如，网店是一种典型的方式，用户通过搜索引擎或网络广告直达企业网站选择商品、下单、结算；“复”是指企业和用户之间有良好的即时交互及沟通，企业对用户的购买意愿信息可以进行统计。网络为直复营销提供了一个非常好的环境，只有在网络中，才能很好地形成这种快速、无须中间环节的信息交互环境。

从直复营销的定义来看，网络营销所包含的这一系列活动完全符合直复营销的理念，并成为典型的直复营销活动。互联网作为一种交互式的可以双向沟通的渠道和媒体，为企业与客户之间架起了方便的双向互动的桥梁，通过互联网，顾客可以直接参与从产品设计、定价到订货、付款、生产和交易全过程；企业可以直接获得市场需求情况，开发产品，接收订单，安排生产并直接将产品送给顾客。网络营销作为一种有效的直复营销策略，源于网络营销活动的效果是可测试、可度量和可评价的。互联网信息处理高效率、低成本的特点，使企业可以及时了解消费者需求变化的情况，细分目标市场，提高营销活动效率。有了及时的营销效果评价，企业还可以及时改进以往的营销努力，从而获得更满意的营销执行结果。

借助互联网，企业与顾客之间可以实现直接的一对一的信息交流和直接沟通。从网上销售的角度来讲，网络营销是一种典型的直复营销。互联网的方便、快捷使得顾客可以方便地通过互联网直接向企业提出建议和购买需求，也可以直接通过互联网获得售后服务。企业可以从顾客的建议、需求和要求的服务中找出企业的不足，按照顾客的需求进行经营管理，减少营销费用。直复营销的一个最重要的特性，就是营销活动的效果是可测量的。网络营销是可测试、可度量、可评价的。有了及时的营销效果评价，就可以及时改进以往的营销努力，从而获得更满意的结果。

二、网络互动营销

网络互动营销是一种以网络为媒体实施的双向营销方式，它不同于传统的营销方式。传统营销方式（如广告牌、宣传手册和电视等），只是一厢情愿地向未知的对象散发和灌输信息。之所以说对象是未知的，是因为这些媒体在做宣传时，不知道谁会对此感兴趣。

同时，传统的营销方式，即使人们接受了信息，也不能针对该信息向厂家做出即时的反馈，也不能立即索取到想要的资料和更多的信息。而互动营销，因为利用了互联网这个极具互动特性的全新媒体，使之能做到在厂商与用户之间实现双向沟通，最后有针对性地向明确的目标群投放信息，并及时得到用户的反馈，从而最终帮助厂商推销出产品。节省人力、物力，缩短中间环境，能实时实现双向沟通是互动营销的显著优点。

网络互动营销是在网络营销原有的优势和特点之上，糅合了传统营销。网络互动营销面对的人群消费能力也比较强，基本都是“70后”和“80后”，对象面也足够广，只要是互联网上的人，都可以是目标群体。同样，网络互动营销的投放、监控和优化也具有一定的技术含量。在网络互动营销中，还需要精确分析各种网络营销载体的定位、用户行为和投入成本。

三、网络整合营销

网络整合营销（Network Integrated Marketing）是指在一段时间内，营销机构以消费者为核心重组企业和市场的行为。

网络整合营销综合协调使用以互联网渠道为主的各种传播方式，以统一的目标和形象，传播连续、一致的企业或产品信息，实现与消费者的双向沟通，迅速树立品牌形象，建立产品与消费者的长期密切关系，从而更有效地达到品牌传播和产品行销的目的。

网络整合营销是一种对各种网络营销工具和手段的系统化结合，根据环境进行即时性的动态修正，以使交换双方在交互中实现价值增值的营销理念与方法。

网络整合营销就是为了建立、维护和传播品牌，以及加强客户关系，而对品牌进行计划、实施和监督的一系列营销工作。网络整合营销就是把各个独立的营销综合成一个整体，以产生协同效应。这些独立的营销工作包括广告、直接营销、销售促进、人员推销、包装、事件、赞助和客户服务等。

四、网络软营销

网络软营销是指在互联网环境下，企业向顾客传送的信息及采用的促销手段更理性化，更易于被顾客接受，进而实现信息共享与营销整合。

在网络经济环境下，消费者个性消费回归，消费者购买商品不只是满足生理需求，还要满足心理和精神需求。网络软营销理论认为在网络经济环境下顾客主动有选择地与企业沟通，顾客对于那些不遵守“网络礼仪”的信息会感到反感。

网络软营销理论使客户购买产品不仅是满足基本的生理需求，还需要满足高层次的精神和心理需求。“软营销”理论是针对工业经济时代以大规模生产为主要特征的“强势营销”而提出的，它强调企业在进行营销活动时必须尊重消费者的感受与体验，让消费者主动接受企业的营销活动。

传统营销活动中最能体现强势营销特征的是两种促销手段：传统广告和人员推销。在传统广告中，消费者常常是被迫、被动地接收广告信息的“轰炸”，它的目标是通过不断的信息灌输方式在消费者心中留下深刻的印象，至于消费者是否愿意接收、需要不需要则不考虑；在人员推销中，推销人员根本不考虑被推销对象是否愿意和需要，只是根据推销人员自己的判断强行展开推销活动。

在互联网上，由于信息交流是自由、平等、开放和交互的，强调的是相互尊重和沟通，网上使用者比较注重个人体验和隐私保护，因此企业采用传统的强势营销手段在互联网上展开营销活动势必适得其反。如美国著名AOL公司曾经对其用户强行发送E-mail广告，结果招致用户的一致反对，许多用户约定同时给AOL公司服务器发送E-mail进行报复，结果使得AOL的E-mail邮件服务器处于瘫痪状态，最后不得不道歉平息众怒。网络软营销恰好是从消费者的体验和需求出发，采取拉式策略吸引消费者关注企业来达到营销效果。

五、网络关系营销

所谓网络关系营销，是指企业借助互联网络、计算机通信和数字交互式媒体的威力来实现营销目标。它是一种以消费者为导向、强调个性化的营销方式，适应了定制化时代的要求；它具有极强的互动性，是实现企业全程营销的理想工具；它还能极大地简化顾客的购买程序，节约顾客的交易成本，提高顾客的购物效率。并且，网络化营销更多地强调企业应借助于电子信息网络，在全球范围内拓展客源，为企业走向世界提供基础。现代企业应充分发挥互联网的互动优势，灵活开展网络营销，促进企业的持续发展。

在网络关系营销理论中，互联网是一种有效的双向沟通渠道，企业与顾客之间可以实现低费用成本的沟通和交流，它为企业与顾客建立长期关系提供有效的保障。首先，利用互联网企业可以直接接收顾客的订单，顾客可以直接提出自己的个性化需求。企业根据顾客的个性化需求，利用柔性化的生产技术最大限度地满足顾客的需求，为顾客在消费产品和服务时创造更多的价值。企业也可以从顾客的需求中了解市场、细分市场和锁定市场，最大限度地降低营销费用，提高对市场的反应速度。其次，利用互联网企业可以更好地为顾客提供服务并与顾客保持联系。互联网的不受时间和空间限制的特性能最大限度地方便了顾客与企业进行沟通，顾客可以借助互联网在最短时间内以简便方式获得企业的服务。同时，通过互联网交易企业可以实现从产品质量、服务质量到交易服务等过程的全程质量的控制。

此外，通过互联网企业还可以实现与企业相关的企业和组织建立关系，实现双赢发展。互联网作为最廉价的沟通渠道，它能以低廉成本帮助企业与企业的供应商、分销商等建立协作伙伴关系。如联想电脑公司，就是通过建立电子商务系统和管理信息系统实现与分销商的信息共享，从而降低库存成本和交易费用，同时密切双方的合作关系的。

第三节 网络营销的基本方法

由于互联网平台的应用，网络营销增添了很多新的工具和方法，如搜索引擎、网络广告、病毒营销、社会化媒体营销、许可 E-mail 营销等方法被广泛应用。

一、搜索引擎营销

拓展阅读 1－5 Web 1.0 时代的网络营销

搜索引擎营销（Search Engine Marketing，SEM），是一种以通过增加搜索引擎结果页（Search Engine Result Pages，SERPs）呈现度的方式，或是通过搜索引擎的内容联播网来推销网站的网络营销模式。SEM 的方法包括搜

索引擎优化（SEO）、付费排名及付费收录。SEM 是一种通过购买搜索列表以达成比免费列表更高排名目标的手段。

二、病毒营销

病毒营销（Viral Marketing）是指那些鼓励目标受众，把想要推广的信息像病毒一样传递给周围的人，让每一个受众都成为传播者，让推广信息在曝光率和营销上产生几何级增长速度的一种营销推广策略。并不是传播病毒而达到营销目的，而是通过引导人们发送信息给他人或吸收朋友加入某个程序来增加企业知名度或销售产品与服务。这种方式可以通过电子邮件、聊天室交谈、在网络新闻组或者消费者论坛发布消息推销。病毒营销正如病毒一样，这种策略利用快速繁殖将信息爆炸式地传递给成千上百万人。病毒营销的关键是要正确引导人们的传播意愿并且让人毫不费力地传播。

在采用病毒营销方法时需要注意以下五点。

（1）应该进行病毒式营销方案的整体规划，确认病毒式营销方案符合病毒式营销的基本思想，即传播的信息和服务对用户是有价值的，并且这种信息易于被用户自行传播。

（2）病毒式营销需要独特的创意，并且精心设计病毒式营销方案（无论是提供某项服务，还是提供某种信息），最有效的病毒式营销往往是独创的。独创性的计划最有价值，跟风型的计划有些也可以获得一定的效果，但要做出相应的创新才更吸引人。同样一件事情，同样的表达方式，第一个是创意，第二个是跟风，第三个做同样事情的则可以说是无聊了，甚至会遭人反感，因此病毒式营销吸引人之处就在于其创新性。在方案设计时，一个特别需要注意的问题是，如何将信息传播与营销目的结合起来。如果仅仅是为用户带来了娱乐价值（如一些个人兴趣类的创意）或者实用功能、优惠服务而没有达到营销的目的，这样的病毒式营销计划对企业的价值就不大；反之，如果广告气息太重，可能会引起用户反感而影响信息的传播。

（3）信息源和信息传播渠道的设计。虽然说病毒式营销信息是用户自行传播的，但是这些信息源和信息传递渠道需要进行精心的设计，例如，要发布一个节日祝福的 Flash，首先要对这个 Flash 进行精心策划和设计，使其看起来更加吸引人，并且让人们更愿意自愿传播。仅仅做到这一步还不够，还需要考虑这种信息的传递渠道，是在某个网站下载（相应地在信息传播方式上主要是让更多的用户传递网址信息）还是用户之间直接传递文件（通过电子邮件、IM 等），或者是这两种形式的结合？这就需要对信息源进行相应的配置。

（4）原始信息的发布和推广。最终的大范围信息传播是从比较小的范围内开始的，如果希望病毒式营销方法可以很快传播，那么对于原始信息的发布也需要经过认真筹划，原始信息应该发布在用户容易发现，并且用户乐于传递这些信息的地方（如活跃的网络社区），如果必要，还可以在较大的范围内主动传播这些信息，等到自愿参与传播的用户数量比较大之后，才让其自然传播。

（5）对病毒式营销的效果进行跟踪和管理。在病毒式营销方案设计完成并开始实施之后（包括信息传递的形式、信息源、信息渠道和原始信息发布），对于病毒式营销的最终效果实际上自己是无法控制的，但并不是说就不需要进行这种营销效果的跟踪和管理。实际上，对于病毒式营销的效果分析非常重要，不仅可以及时掌握营销信息传播所带来的反应（如对于网站访问量的增长），也可以从中发现这项病毒式营销计划可能存在的问题，以及可能的改进思路，为下一次病毒式营销计划提供参考。

三、许可 E-mail 营销

拓展阅读 1－6　Web 2.0 时代的网络营销

许可 E-mail 或者许可营销（Permission Marketing），是一种电子邮件的收信人事前同意收到销售邮件的广告营销形式，也是消除电子邮件营销缺点的方式之一。

许可 E-mail 营销是在用户事先许可的前提下，通过电子邮件的方式向目标用户传递有价值信息的一种网络营销手段。许可 E-mail 营销有三个基本因素：基于用户许可、通过电子邮件传递信息、信息对用户是有价值的。三个因素缺少一个，都不能称之为有效的许可 E-mail 营销。因此，许可 E-mail 营销比传统的推广方式或未经许可的 E-mail 营销具有明显的优势，比如可以减少广告对用户的滋扰、增加潜在客户定位的准确度、增强与客户的关系、提高品牌忠诚度等。

根据许可 E-mail 营销所应用的用户电子邮件地址资源的所有形式，可以分为内部列表 E-mail 营销和外部列表 E-mail 营销，或简称内部列表和外部列表。内部列表也就是通常所说的邮件列表，是利用网站的注册用户资料开展 E-mail 营销的方式，常见的形式如新闻邮件、会员通信、电子刊物等。外部列表 E-mail 营销则是利用专业服务商的用户电子邮件地址来开展 E-mail 营销，也就是电子邮件广告的形式向服务商的用户发送信息。许可 E-mail 营销是网络营销方法体系中相对独立的一种，既可以与其他网络营销方法相结合，也可以独立应用。

许可邮件营销是直复营销或数据库营销的一种表现形式，它必须满足直复营销或数据库营销的几个特征，否则就不能称之为许可 E-mail 营销，最多只能算是许可邮件群发。

四、网络广告营销

网络广告是广告主为了推销自己的产品或服务在互联网上向目标群体进行有偿的信息传达，从而引起群体和广告主之间信息交流的活动。简而言之，网络广告营销是指利用互联网这种载体，通过图文或多媒体方式发布赢利性商业广告，在网络上发布的有偿信息传播的一种营销方式。

与传统的四大传统媒体（报纸、杂志、电视、广播）广告及备受垂青的户外广告相比，网络广告具有得天独厚的优势，是实施现代媒体营销战略的重要一部分。互联网是一个全新的广告媒体，速度快，效果理想，是中小企业扩展壮大的很好途径，对于广泛开展国际业务的公司更是如此。众多国际级的广告公司都成立了专门的网络媒体部门，以开拓网络广告的巨大市场。

五、社会化媒体营销

新兴的、以网络人际关系为核心的社会化网络与传统的网络论坛相结合起来构建的更为强大的网络社区——社会化网络服务（Social Networking Services，SNS）社区。SNS作为一种媒体可实施与传统营销模式完全不同的营销，如Facebook、Twitter、开心网、校内网、51网和新浪微博就是社会化媒体营销的经典平台。

社会化媒体营销是集广告、促销、公关、推广于一体的营销手段，是典型的整合营销行为，是在精准定位的基础上展开的，偏重于口碑效应的传播，创意、执行力、公信度和传播面样样都要兼顾。

六、其他常用的网络营销方法

1. 即时通信营销

顾名思义，即时通信营销是利用互联网即时通信工具进行推广宣传的营销方式，如QQ、阿里旺旺等工具。使用即时通信工具的好处是可以很方便地和客户进行实时互动和沟通，维护客户关系，对于客户的转化也有很好的作用。

2. BBS营销

BBS是互联网诞生之初就存在的媒体形式。BBS作为一种网络平台，历经多年洗礼，不仅没有消失，反而越来越焕发出它巨大的活力。

当BBS作为新鲜媒体出现时，就有企业在论坛里发布企业产品信息了，这也是BBS营销的一种简单方法。

BBS营销可以成为支持整个网站推广的主要渠道，尤其是在网站刚开始建设时，BBS营销是一个很好的推广方法。利用论坛的超高人气，可以有效地为企业提供营销传播服务。而由于BBS上话题的开放性，企业所有的营销诉求几乎都可以通过论坛传播得到有效的实现。运用得好的话，BBS营销是非常有效果的网络营销手段。

3. 博客营销

博客营销是指建立企业博客，用于企业与用户之间的互动交流，以及体现企业文化的一种营销形式，一般以诸如行业评论、工作感想、心情随笔和专业技术等作为企业博客内容，使用户更加信赖企业，深化品牌影响力。博客营销可以是企业自建博客或者通过第三方服务提供商来实现，企业通过博客来进行交流沟通，达到增进客户关系、改善商业活动的效果。

企业博客营销相对于广告是一种间接的营销，企业通过博客与消费者沟通，发布企业新闻，收集反馈和意见，实现企业公关等，这些虽然没有直接宣传产品，但是让用户接近、倾听及交流的过程本身就是最好的营销手段。博客营销有低成本、贴近大众及内容新鲜等特点，往往会形成众人的谈论话题，达到很好的二次传播效果。

4. RSS营销

RSS营销是指利用RSS这一互联网工具传递营销信息的网络营销模式，RSS营销的特点决定了其比其他邮件列表营销具有更多的优势，是对邮件列表的替代和补充。

5. 网络视频营销

网络视频营销是指企业或者组织机构利用各种网络视频，如科学视频、教育视频和企业视频等网络视频发布企业的信息，进行企业产品的展示，播放企业的各种营销活动的营销方法。网络视频营销利用网络视频把最需要传达给最终目标客户的信息通过各种网络媒体发布出去，最终达到宣传企业产品和服务，在消费者心中树立良好的品牌形象，从而最终达到企业的营销目的。

6. 网络图片营销

网络图片营销现在已经成为常用的网络营销方式之一，人们时常会在QQ上接收到朋友发过来的有创意的图片，在各大论坛上看到以图片为主线索的帖子，这些图片中多少也有一些广告信息，比如图片右下角带有网址等。这其实就是图片营销的一种方式。

7. 交换链接/广告互换营销

网站之间互相交换链接或广告有助于增加双方的访问量。特别是相互之间具有互补性的网站，通过相互间建立链接或交换广告，一是增加了双方的访问量，二是可以给客户提供更加周全的服务，同时也避免了直接的竞争。

第四节 网络营销与传统营销

网络营销与传统营销是相互关联和影响的。网络营销是在传统营销的理论基础之上建立起来的，但是同时又对传统营销有着巨大的冲击。网络营销和传统营销这两个概念并不矛盾，企业可以将传统营销和网络营销加以整合应用。

一、网络营销对传统营销的冲击

网络营销对于传统营销在各个方面呈现出巨大的影响。

1. 对价格优势的冲击

网络营销有力地冲击着传统营销中的企业定价的原则和方法，使企业利用市场的封闭性进行高价销售的优势不复存在。价格对比网站的出现，将使企业主导的定价优势发生重大倾斜，顾客成为了价格确定的主体。

2. 对品牌策略的冲击

网络营销对传统的广告品牌学形成了巨大的冲击。品牌意识和品牌理念都被赋予许多新的内涵，品牌概念已经发生了根本转变。品牌已经成为一个企业的技术创新能力、资源运作能力、品质管理能力、市场拓展能力、企业文化建设能力和网络经营能力的综合反映。特别是对于品牌资本化和品牌在市场进入时的巨大冲击力，必须重新审视和认识，才能更好地运作和把握网络营销中的品牌战略。

3. 对渠道策略的冲击

网络营销对传统渠道的冲击更是巨大的。这不仅表现在对传统营销中广告障碍的消除，更表现在对种种市场壁垒的冲击上。网络的穿透力将冲破地区封锁和渠道控制，对传统分销商手中的渠道进行重新整合。

4. 对客户关系管理的冲击

对于企业来讲，在网络市场上的竞争一直都是以顾客为核心的，以顾客为核心的网络营销关键就是进行客户关系管理，主要体现在开发争取客户资源、建立及维持良好的客户关系、分析和创造客户需求，以及扩大消费群体等方面，通过客户关系管理可以掌握和分析消费者的特点，并制定有针对性的营销策略，进而促使网络营销的成功展开。

5. 对企业管理方式的冲击

在传统的企业管理模式中，生产与销售人员是企业人力资源的重点管理部分，然后结合职能式的组织管理来进行市场拓展。由于互联网的存在，市场和企业之间的距离越来越短，这就为企业的管理带来了极大的便利。通过网络渠道可以实现信息的快速传递，而且扁平化的组织形式可以更好地促进企业发展。另外，企业的人力资源管理需要重视对高素质的电子商务人才、市场营销及计算机技术人才的管理。相比之下，这是网络营销对传统营销企业管理方式的冲击。

6. 对企业运营的冲击

通过对互联网的利用，企业不需要出门就可以在网上找到供应商，而且还可以对供应商及产品等各种信息进行比较，需要的信息文件可以通过网络实现快速传递，这样就为企业节省了大量的通信费用和办公费用，不但操作起来方便快捷，而且更有利于工作效率的提高。信息化的管理模式和信息化的运营方式可以降低企业投资成本，缩短产品的生产周期，加快企业对产品的更新换代，提高企业的市场竞争力，这些方面都是互联网营销对传统营销企业运营的冲击的体现。

二、网络营销与传统营销的整合

网络营销要与传统营销进行整合，是由于网络营销是从传统营销中发展和建立起来的，传统营销中的庞大客户资源融入互联网势必是一个渐进的过程。在这个过程中，企业更加急切地期盼营销信息，更加焦急地需要找到进销渠道。因此，网络营销中整合这些资源是必然的趋势。

在网络营销的过程中，尤其是电子商务交易的过程中，考虑到安全性的因素，交易双方也会有选择地挑选一些传统的、习惯的、稳妥安全的方式（如网下支付）作为整个电子商务交易的一种完善和补充，以完结全部交易过程。

拓展阅读 1－7 Web 3.0 时代的网络营销

2015年以来，国家层面制定、推进并实施“互联网+”行动计划，推动移动互联网、云计算、大数据和物联网等与现代制造业结合，促进电子商务、工业互联网和互联网金融健康发展，引导互联网企业拓展国际市场。这一行动计划将进一步促使传统产业和消费的转型升级。通过充分发挥互联网在生产要素配置中的优化和集成作用，将互联网的创新成果深度融合于经济社会各领域之中，提升实体经济的创新力和生产力，形成更广泛的以互联网为基础设施和实施工具的经济发展新形态。

1. 传统营销是网络营销的发展基础

网络营销是传统营销的发展和创新，是传统营销模式的延伸，而传统营销是网络营销发展的理论基础，因此传统营销和网络营销作为经济发展的产物是相互联系的。在现代化经济环境下，传统营销已经不能够很好地满足社会经济市场的发展需要，但这并不意味着传统营销要彻底退出历史舞台。虽然网络营销在营销手段和营销方式上相对传统营销都表现出很大变化，但从根本意义上来讲，市场营销的根本意义没有变，网络营销和传统营销两者都是企业的一种营销活动，两者需要实现有效结合，通过优势互补的方式发挥最大作用，而且网络营销和传统营销有着相同的活动目标，那就是消费者的现实需求和消费者的潜在需求。

2. 传统营销仍然发挥重要作用

随着市场营销的不断发展，网络营销如今已经成为企业的重要营销战略，但是在传统营销形式中，营销渠道的建设、消费者购物习惯及产品安全性方面相比网络营销存在着的优势，是网络营销无法取代的。

(1) 网络营销当下已经占据了年轻人市场，但老年人市场及经济落后地区市场等一些重要区域覆盖率较低，而通过传统营销的基本营销渠道可以把产品的营销活动开展到各个有消费能力的区域。

(2) 虽然网络营销相比传统营销具有方便、快捷的优势，但在传统营销模式中，购物过程中消费者对商品挑选、试用，以及逛街过程中的乐趣和真实的购物体验在网络营销中是无法实现的。而且，对于一些非标准化的、发展不成熟的高价值商品的购买往往需要大量的产品信息作为参考依据，但网络营销的市场环境是通过网络平台实现的虚拟状态，无法获取实际产品信息，这就无法给消费者带来商品的直接体验，很难决定购买。

(3) 由于网上黑客及各种网络犯罪的存在，网络营销在线支付存在着很大的安全隐患。

3. 网络营销和传统营销相互作用、相互促进

网络营销作为传统营销的进一步发展和创新，改变了传统营销的实际存在状态。但作为企业营销策略中的一个部分，网络营销不是独立存在的。结合网络营销和传统营销各自的实际特点和优势，将两者进行有效整合，形成一个相互影响、相互促进、优势互补的营销体系，才能在整个企业营销策略中获取最大的成功。

【案例分析】

【案例1-1】

截至2015年7月27日，电影《煎饼侠》票房已接近9亿元。一部来自互联网的IP，在大银幕上收获如此量级的票房，刷新了“互联网电影”的票房纪录，这几乎是互联网电影的一次“逆袭”。复盘《煎饼侠》从筹备到上映的全过程，“大鹏”和“互联网”“用户”成为3个最为重要的关键词。

为了这部电影，电影导演兼主演大鹏（董成鹏）可谓是“拼尽全力”，电影的营销方先声互动甚至给大鹏封了一个“史上最拼命营销的导演”称号，因为不管是“上街卖煎饼”，还是“去蓝翔技校”，宣传方想到的idea，大鹏都全力以赴地配合。

《煎饼侠》具有鲜明的互联网色彩，因此新媒体营销几乎成为了这部电影的宣传主轴——“病毒”视频、“病毒”图片、H5小游戏，还有每逢大事就出现的“借势营销”，这些手法在《煎饼侠》身上几乎是玩出了一个新的境界。

2015年4月30日，“大鹏摊煎饼”的图片在新浪微博“爆红”，在中关村南大街的一个路口，一个煎饼摊前围满了人，而周围的几个小吃摊都无人光顾。现场排起了长队，煎饼摊里外被围了五六层。这一煎饼摊如此火爆的原因在于，摊煎饼的正是进入预热期的《煎饼侠》导演大鹏（董成鹏）。

大鹏在中关村摊煎饼的事件迅速在微博上发酵。数据显示，当天微博上几个以报道北京本地事件为主的微博大号“北京人不知道的北京事儿”“吃喝玩乐在北京”等，每个号都有数千转发量，当天相关的视频热度更是达到226.2万的访问量。

不过，这样的图片远远不只由几个微博大号发布的这些，许多围观的“海淀群众”都自发拍了照片发微博、朋友圈，“大鹏现场摊煎饼”这个话题迅速冲上了微博热搜榜。

看起来很简单的一个活动，掀起了《煎饼侠》的二次传播浪潮。

为了获得最好的传播效果，营销活动执行团队精心选择了出摊地点——中关村。这几乎是全北京网民数量最密集的区域，而年轻网友恰恰是《煎饼侠》的核心受众。

当天早上6点，大鹏准时来到中关村地铁站附近的路边，随着上班高峰期到来，“大鹏煎饼摊”引发了大规模的群众围观。最终，卖煎饼的大鹏甚至引来了城管……

很快，微博等互联网平台开始出现大量网友自发拍摄的图片，大鹏又在微博上跟网友互动，号召网友提议下一次“卖煎饼”要去哪里。

当宣传方将“大鹏卖煎饼”的画面剪成了一段“视频”传到网上，又形成了第二波的传播高峰。

类似的活动，还有“大鹏进蓝翔”。

2015年6月11日，大鹏走进了可能是互联网上最知名的技校——山东济南蓝翔技校。在蓝翔技校内，大鹏与挖掘机互动、学厨师、学摊煎饼等活动的照片，在微博等社交媒体上也引发了大量的关注。

这种自带话题的宣传活动，很容易在社交网络上发酵，引发广泛讨论和关注，从而有助于宣传效果的扩散。同时，这类宣传活动具有互联网思维，活动的调性、气质与《煎饼侠》《屌丝男士》最主要的目标观众是契合的，容易产生“直击心灵”的营销宣传效果。

资料来源：金点投资理财，略有修改。

案例思考：本案例体现了病毒营销的什么特点？

【案例1-2】

近年来，山丹县以大景区建设为突破口，构筑“旅游＋文化＋体育”融合发展新格局，大力发展智慧旅游，有效促进和带动山丹文化旅游产业的转型发展。该县以推进旅游信息智慧化、景区管理智慧化、旅游服务智慧化三大体系建设为重点，全面启动智慧旅游建设，高标准规划了全县智慧旅游建设。借鉴旅游发达地区建设智慧旅游城市的经验，加快了焉支山和大佛寺景区建设智慧旅游景区的步伐，开发建设景区门禁系统，配套完善景区电子监控、广播系统等设施，实现景区内无线网络全覆盖。同时，依托张掖智慧旅游——移动互联网门户平台以及携程、去哪儿、同程、驴妈妈和途家等有实力、有经验的旅游电子商务企业和票务公司，引导A级景区、星级饭店、旅行社及旅游商品生产销售企业加入“智慧旅游”平台，打造集旅游信息咨询、在线订购旅游产品与交易支付、景区无人式自助语音导游等高科技智能旅游方式为主要内容的旅游服务平台，全面提升旅游服务智能化、信息化水平。建立政府与旅行社旅游宣传营销利益联结机制，在周边市区及西安、银川、西宁等地选择有实力的旅行社和旅游电商企业合作，建立山丹旅游宣传营销代理中心，建设面向全国的旅游宣传营销网络，构建集形象宣传、产品营销、客源招徕“三位一体”现代旅游营销体系。

资料来源：中国张掖网。

案例思考：互联网还可以和哪些传统的行业融合？找出一些成功的案例。

【思考练习】

1. 网络营销产生的背景是什么？

2. 和传统营销相比，网络营销具有什么样的特点？

3. 搜集资料，了解网络营销最新的发展趋势。

4. 企业进行网络营销时，是如何将网络营销的理论与实际结合起来的？请用具体的案例进行分析。

5. 什么是病毒营销方法？病毒营销方法的特点是什么？

6. 搜索引擎营销的含义是什么？

7. 网络广告的特点有哪些？

8. 社会化媒体营销的含义和特点是什么？

9. 了解最新的网络营销方法。

10. 网络营销如何与传统营销结合？

第二章

网站建设与运营

【学习目标】

1. 了解企业网站建设的类型与特点。
2. 掌握企业网站建设的一般流程。
3. 掌握营销型企业网站建设的基本知识。

【案例导入】

截至 2014 年 12 月，全国企业中有 41.4%建立了独立的企业网站，有 17.0%的企业在电子商务平台上建立了网店。在建站企业中，有 13.40%的企业既建立了独立的企业网站，又通过电子商务平台建立了网店。企业网站建立的总体情况如图 2－1 所示。

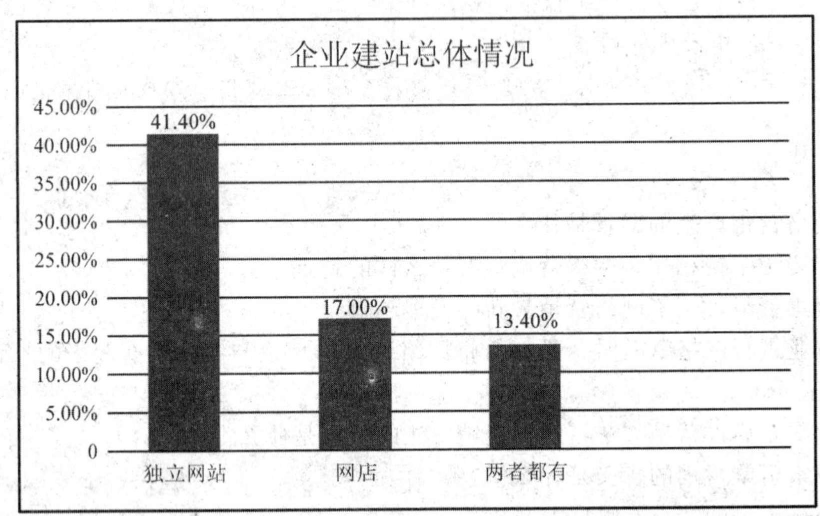

图 2－1　2014 年企业网站建站总体情况

部分重点行业中，信息传输、计算机服务和软件业企业建立独立网站的比例最高，为 52.4%；而计算机、互联网使用率较低的制造业中，独立网站建站比例相对较高，超过一半都建立了独立网站。在开设网店方面，制造业企业比例最高，为 21.70%；其次为批发和零售业，为 18.8%。受我国电子商务交易市场快速发展的推动，制造业、批发和零售业在线交易应用较为积极，如图 2－2 所示。

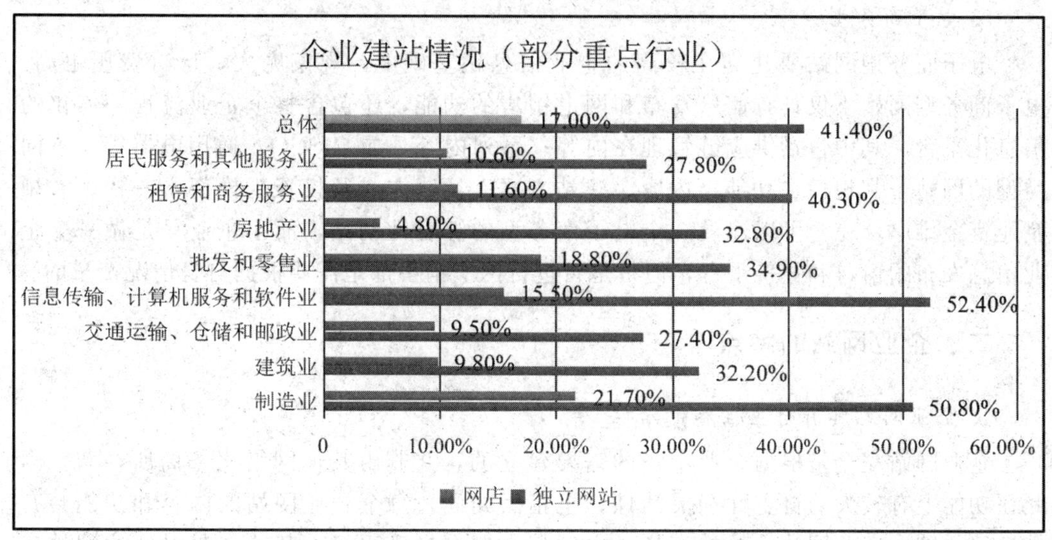

图 2－2　2014 年部分重点行业企业网站建站情况

统计显示有 51.50％的企业网站每天页面访问量在 50 次以下，也就是说有一半以上的企业网站处于沉睡状态。企业网站的生死问题一直是当前中国网络营销业界关注的焦点。新生的企业网站代表了一个企业开展网络营销的渴求，而死去的企业网站则代表了一个企业开展网络营销希望的破灭。受整个网络营销大环境影响，企业网站建设市场仍然在高速发展，对于中小企业而言，他们要的其实并不是做一个网站，而是要做网络营销。未来企业网站的发展必须要迎合网络营销的需求，才能有更长的生命周期。

资料来源：CNNIC 中国企业互联网应用状况调查，作者略有删改。

第一节　企业网站概述

一、企业网站的类型

1. 信息发布型

这是初级的企业网站，运行建设都很简单，不需要很大的技术和财力投入。功能和任务主要是企业的产品和服务信息的发布，在企业网站中，大多数中小企业网站都做成这种模式。

2. 网上直销型

网上直销型网站建立在信息发布网站的基础上，进行网上销售，如网上接受订单、在线支付功能等。一些大型企业常常采用这种方式，如肯德基的宅急送就支持在线支付和下单。

3. 电子商务型

电子商务型网站要建立在较高的企业信息化基础上，规模庞大，运行费用也高。电子商务型网站不仅具有信息发布和网上销售的功能，还包含整个企业流程一体化的信息化平台，其中包括供应链管理在内等一系列内容，如CISCO、通用电器等。不同类型的网站，其规模、功能、内容、建站方式、经营方式及投资规模都不一样。大型企业资金雄厚，完全可以建设一个电子商务型的综合性网站，而小企业只是做一个企业信息发布的窗口和宣传平台，但是是否进行网上销售都是需要根据自身情况衡量的。

二、企业网站的特点

1. 企业网站具有自主性和灵活性

企业网站完全是根据企业本身的需要建立的，并非由其他网络服务商所经营，因此在功能上有较大的自主性和灵活性，也正因如此，每个企业网站的内容和功能会有较大的差别。企业网站效果的好坏，主动权掌握在自己手里，其前提是对企业网站有正确的认识，这样才能适应企业营销策略的需要，并且从经济上和技术上有实现的条件。因此，企业网站应适应企业的经营需要。

2. 企业网站是主动性与被动性的矛盾同一体

企业通过自己的网站可以主动发布信息，这是企业网站主动性的一面，但是发布在网站上的信息不会自动传递给用户，只能“被动地”等待用户自己来获取信息，这又表现出企业网站具有被动性的一面。同时具有主动性与被动性也是企业网站与搜索引擎和电子邮件等网络营销工具在信息传递方式上的主要差异。从网络营销信息的传递方式来看，搜索引擎完全是被动的，只能被动地等待用户检索，只有用户检索使用的关键词和企业网站相关，并且在检索结果中的信息可以被用户看到并被点击的情况下，这一次网络营销信息的传递才得以实现。电子邮件传递信息则基本上是主动的，发送什么信息、什么时间用什么方法发送，都是营销人员自己可以决定的。

3. 企业网站的功能需要通过其他网络营销手段才能体现出来

企业网站的网络营销价值是通过网站的各种功能及各种网络营销手段而体现出来的，网站的信息和功能是基础，网络营销方法的应用是条件。如果建设一个网站而不去合理应用，企业网站这个网络营销工具将不会发挥应有的作用，无论功能多么完善的网站，如果没有用户来浏览和应用，也就成为摆设，这也就是为什么网站推广作为网络营销首要职能的原因。在实际应用中，一些企业由于缺乏专业人员的维护管理，于是呈现给浏览者的网站内容往往数年如一日，甚至用户的咨询邮件也不给予回复，这样的企业网站没有发挥其应有的作用，也就不足为怪了。

4. 企业网站的功能具有相对稳定性

企业网站功能的相对稳定性具有两方面的含义：一方面，一旦网站的结构和功能被设计完成并正式开始运作，在一定时期内将基本稳定，只有在运行一个阶段后进行功能升级的情况下，才能拥有新的功能，网站功能的相对稳定性无论对于网站的运营维护还是对于一些常规网络营销方法的应用都很有必要，一个不断变化中的企业网站是不利于网络营销的；另一方面，功能的相对稳定性也意味着，如果存在某些功能方面的缺陷，在下次升级之前的一段时间内，将影响网络营销效果的发挥，因此在企业网站策划过程中应充分考虑网站功能的这一特点，尽量做到在一定阶段内功能适用并具有一定的前瞻性。

5. 企业网站是其他网络营销手段和方法的基础

企业网站是一个综合性的网络营销工具，这也就决定了企业网站在网络营销中的作用不是孤立的，不仅与其他营销方法具有直接的关系，也构成了开展网络营销的基础。本章后面的内容也将介绍，整个网络营销方法体系可分为无站点网络营销和基于企业网站的网络营销，后者在网络营销中居于支配地位，这也是在网络营销体系中不能脱离企业网站的根本原因。

三、企业网站的网络营销职能

1. 品牌形象

网站的形象代表着企业的网上品牌形象，人们在网上了解一个企业的主要方式就是访问该公司的网站，网站建设的专业化与否直接影响企业的网络品牌形象，同时也对网站的其他功能产生直接影响。尤其对于以网上经营为主要方式的企业，网站的形象是访问者对企业的第一印象，这种印象对于建立品牌形象、产生用户信任具有至关重要的作用，因此具备条件的企业应力求在自己的网站建设上体现出自己的形象，但实际上很多网站对此缺乏充分的认识，网站形象并没有充分体现出企业的品牌价值。相反，一些新兴的企业利用这一原理做到了“小企业大品牌”，并且获得了与传统大型企业平等竞争的机会。

2. 产品/服务展示

顾客访问网站的主要目的是为了对公司的产品和服务进行深入的了解，企业网站的主要价值也就在于灵活地向用户展示产品说明的文字、图片甚至多媒体信息，即使一个功能简单的网站至少也相当于一本可以随时更新的产品宣传资料，并且这种宣传资料是用户主动来获取的，对信息内容有较高的关注程度，因此往往可以获得比一般印刷宣传资料更好的宣传效果，这也就是为什么一些小型企业只满足于建立一个功能简单的网站的主要原因，在投资不大的情况下，同样有可能获得理想的回报。

3. 信息发布

网站是一个信息载体，在法律许可的范围内，可以发布一切有利于企业形象、顾客服务及促进销售的企业新闻、产品信息、各种促销信息、招标信息、合作信息和人员招聘信息等。因此，拥有一个网站就相当于拥有一个强有力的宣传工具，这就是企业网站具有自主性的体现。在网站建成之后，合理组织对用户有价值的信息是网络营销的首要任务，当企业有新产品上市、开展阶段性促销活动时，也应充分发挥网站的信息发布功能，将有关信息首先发布在自己的网站上。

4. 顾客服务

通过网站可以为顾客提供各种在线服务和帮助信息，如常见问题解答（FAQ）、电子邮件咨询、在线表单，以及通过即时信息实时回答顾客的咨询等。一个设计水平较高的常见问题解答，应该可以回答80%以上顾客关心的问题，这样不仅为顾客提供了方便，也提高了顾客服务效率，节省了服务成本。

5. 顾客关系

通过网络社区、有奖竞赛等方式吸引顾客参与，不仅可以起到产品宣传的目的，同时也有助于增进顾客关系，顾客忠诚度的提高将直接增加销售。尤其是对于产品功能复杂或者变化较快的产品，如数码产品、时装和化妆品等，顾客为了获得更多的产品信息，对于企业网络营销活动参与兴趣较高，可充分利用这种特点来建立和维持良好的顾客关系。

6. 网上调查

市场调研是营销工作不可或缺的内容，企业网站为网上调查提供了方便而又廉价的途径，通过网站上的在线调查表、电子邮件、论坛和实时信息等方式征求顾客意见等，可以获得有价值的用户反馈信息。无论作为产品调查、消费者行为调查，还是品牌形象等方面的调查，企业网站都可以在获得第一手市场资料方面发挥积极的作用。

7. 资源合作

资源合作是独具特色的网络营销手段，为了获得更好的网上推广效果，需要与供应商、经销商、客户网站，以及其他内容、功能互补或者相关的企业建立资源合作关系，实现资源共享到利益共享的目的。如果没有企业网站，便失去了很多积累网络营销资源的机会，没有资源，合作就无从谈起。常见的资源合作形式包括交换链接、交换广告、内容合作和客户资源合作等。

8. 网上销售

建立网站及开展网络营销活动的目的之一是为了增加销售，一个功能完善的网站本身就可以完成订单确认、网上支付等电子商务功能，即企业网站本身就是一个销售渠道。越来越多的企业在开拓网上销售渠道，增加网上销售手段。实现在线销售的方式有多种，利用企业网站本身的资源来开展在线销售是一种有效的形式。

第二节　企业网站建设流程

一、企业网站建设的主要内容

建设一个网络营销导向的企业网站涉及多方面工作，包括网站策划、技术开发、页面设计、服务器配置、功能测试和内容编辑等。

从网络营销角度来看，网站建设应当注重讨论以下几个问题。

（1）企业网站建设的一般要素。企业网站是一个整体，除主页设计外，还应包括企业基本状况、产品及推广、网站功能配置以及顾客服务等。一个完整的企业网站，无论复杂还是简单，都可归结为结构、内容、功能和服务4个要素。

（2）网站建设对网络营销的影响，即网站建设如何适应网络营销的目的。

（3）企业网站优化。网站优化设计除了搜索引擎以外，还应包括网站维护、便于用户访问等方面。

（4）网络营销导向网站建设的原则：系统性、完整性、友好性、简单性和适应性。

（5）网站评价与诊断：评价指标体系的建立，完整的分析报告应该涵盖的内容。

（6）网站建设中的常见问题及解决方法：网站建设是否成功取决于许多细节问题，要对常见的问题给予高度重视。

企业网站设计的要素，总的来说，有7项：情境、内容、社区、定制、交流、链接和交易。

二、企业网站建设的一般要素

（一）企业网站的结构

1. 网站栏目结构

网站栏目结构即网站栏目的层次结构，或称“菜单”。

为了清楚地表达企业的主要信息和服务，可根据企业经营业务的性质、类型和表现形式等划分为几个部分，每个部分称为一个一级栏目，再根据需要继续划分二级、三级栏目。一般企业网站的一级栏目不宜超过8个，栏目层次不超过3层。这样，对于大多数信息，用户可在少于3次点击的情况下浏览到需要的网页。

例如，栏目设置比较合理的安利网站（网址 http://www.amway.com.cn），如图2-3所示。安利的网站的栏目设计设置合理，层次分明；鼠标移动到某个栏目时，会显示下级栏目名称，便于用户了解细节；栏目层次一般不超过3层，用户访问快捷；使用了较多的动画，下载速度稍有不足。

2. 网页布局

（1）网页结构定位。即网页布局，通常有以下几种方式。

框架结构：一个页面划分为多个窗口，使用灵活，但易出现链接错误、搜索引擎处理框架不便等意外。

表格定位：多数网站采用表格定位方式，但应考虑使多数用户不用设置分辨率就可看到最佳显示效果。

XHTML：表格定位还存在网页代码臃肿、服务器无效流量较多等问题，因而目前广泛使用基于XHTML语言的网页设计技术。

网页布局主要有以下几种模式：①平衡，也称为“匀称”。多指左右、上下对称形式，主要强调秩序，能达到安定诚实、信赖的效果；②突出，即非对称形式，都是不均衡的。此种布局能达到强调性、不安性、高注目性的效果；③对比。所谓对比，不仅可通过色彩、色调等技巧来表现，在内容上也可涉及过去与现在等对比；④留白，这种表现方法对体现网页的格调十分有效。

图 2-3　安利网站首页

（2）菜单。菜单就是各级栏目，由一级栏目组成的主菜单一般会出现在所有的网页上，各栏目的首页则会出现进一步细分的菜单。

网站的菜单位于各栏目中，一般为两层。

（3）导航设置。导航是一个网站中所有栏目（子栏目）的结构。

在栏目菜单基础上，进一步为用户提供提示系统。一般在各栏目主菜单下设置一个辅助菜单，格式为首页＞一级栏目＞二级栏目＞三级栏目＞页面内容。

若网站内容较多，则需设计一个专门的导航页面，常用的方法是建立一个静态网页文件。

3. 信息的排放位置

企业网站不同于门户网站，页面内容不宜过于繁杂。根据用户获取信息特征、搜索引擎抓取网页的方式，以及优秀网站的设计布局，一般可参考以下原则。

（1）最重要的信息放在首页显著位置，包括新产品信息、促销信息和公司要闻等。

（2）页面左上角放置企业的 LOGO，也是一种展现网络品牌的形式。

（3）每个页面要预留一定的广告位置，一是可推广自己的产品，二是可作为网络营销资源开展合作。

（4）在网站首页等重要页面预留合作伙伴链接区。

（5）公司信息、联系方式和网站地图等公用信息一般放在页面最下方。

（6）站内检索、会员注册/登录等服务信息放置在右侧或中上方的显著位置。

4. 色彩设计

与企业 VI 一致，包括标志、标准字、标准色，以及标志和标准字的组合。

色彩为第一视觉语言，具有影响人们心理、唤起人们感情的作用，从而左右人们的感情和行动，可以传达意念，可以影响情绪，可以增强识别记忆，更具有真实感，可以增强画面的感染力。色彩运用时，一般要注意以下几点：①相同色系色彩；②运用对比色或互补色；③尽量控制在3种色彩以内；④背景和文字色差对比大；⑤根据区域或客户群的构成选择。

（二）企业网站的内容

1. 企业网站内容的构成

企业网站内容如图2-4所示。

2. 企业网站信息发布的原则

企业网站信息发布一般遵循如下原则：有价值的信息尽量丰富、完整、及时；不必要的信息和服务，如天气预报、社会新闻及生活娱乐服务等应力求避免；注意保守企业经营、技术等方面的机密，避免造成不必要的损失。

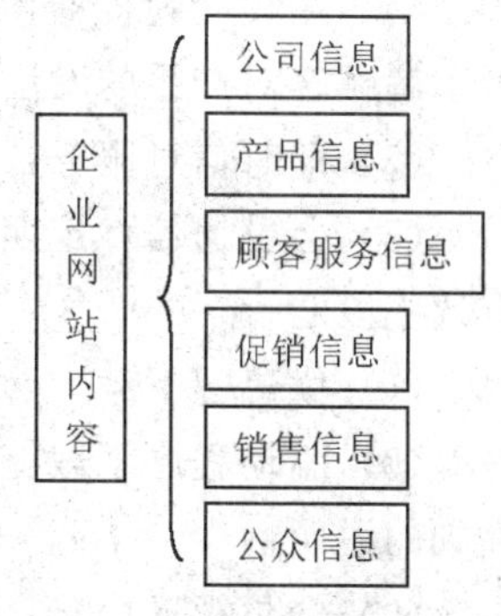

图2-4　企业网站的内容

（三）企业网站的常见功能

企业网站功能可分为前台和后台两部分。前台是用户所能看到和操作的内容，后台则是为实现前台功能而设计的。常见功能见表2-1。

表2-1　企业网站的常见功能

序号	功能	说　明
1	信息发布	一般采用后台信息发布的方式
2	产品管理	若产品种类多且需经常更新，则需要设计产品管理功能，实现产品信息的维护
3	会员管理	有些服务或活动需要会员注册才能参加，因此有必要设计会员管理功能
4	订单管理	如果网站具有在线销售功能，那么订单管理是必不可少的
5	邮件列表	建立邮件列表平台对于开展许可E-mail营销、顾客关系管理、顾客服务和产品促销都有良好的效果
6	论坛管理	对于大型网站、行业网站和专业网站，论坛能发挥明显的作用，因而在条件许可的情况下有必要设立一个论坛
7	在线帮助	包括FAQ、问题提交/解答和即时信息等，可根据需要设置
8	站内检索	当网站内容较多时，站内检索可给用户带来很大的方便。同时也可利用这个工具了解用户对站内信息的关注情况，具有一定的市场研究价值
9	广告管理	用于站内各种网络广告资源的管理，如更换、点击统计等
10	在线调查	网站自身的在线调查功能可在多方面获取用户反馈信息，是开展市场调研的重要手段
11	流量统计	检验网络营销效果的必要手段，完善的流量统计系统较为复杂，通常由专业服务商提供
12	网页静态化	出于搜索引擎优化的考虑，利用后台发布的信息需要转化为静态网页
13	模板管理	设置模板以便于改变网页颜色、样式和布局等

（四）企业网站的常见服务

在网站功能的支持下，网站可对用户提供以下服务。

（1）产品选购及保养知识：市场培育的有效方法之一。

（2）产品说明书：有助于用户了解产品。

（3）常见问题解答：将用户在访问网站、了解及选购产品过程中可能遇到的问题整理为FAQ，并根据用户的反馈不断改进和完善。一个优秀的FAQ可完成80%的在线顾客服务。

（4）在线问题咨询：专门回答用户特殊问题的服务，不仅能解决顾客的咨询，还可了解顾客对产品的看法。

（5）即时信息服务：开展实时顾客服务易获用户欢迎。

（6）会员通信：定期向注册用户发送有价值的信息是顾客关系管理和顾客服务的有效手段之一。

（7）优惠券下载：网上发布优惠券更容易获得用户关注，也降低了发放成本。

（8）驱动程序下载：若是需要用驱动程序的电子产品，需要在网上提供，并给以详细的说明。

（9）会员社区服务：为用户提供一个发表自己观点、与其他用户交流的空间。

（10）免费研究报告：如果企业有重要的信息资源，可定期地为用户提供有价值的免费研究报告。

（11）RSS订阅：若内容经常更新，可提供RSS订阅功能。

三、企业网站建设的一般原则

1. 企业网站的系统性原则

企业网站是网络营销策略的基本组成部分，应充分了解企业的营销目标、行业竞争状况、产品特征、用户需求行为，以及网站推广运营等基本问题，并将这些要素融入网站建设方案中。

2. 企业网站的完整性原则

企业网站是企业在互联网上的经营场所，应该为用户提供完整的信息和服务：网站的基本要素合理、完整，网站的内容全面、有效，网站的服务和功能适用、方便，网站建设与网站运营维护衔接并提供支持。

3. 企业网站的友好性原则

网站的友好性包括3个方面：对用户友好——满足用户需求，获得用户信任；对网络环境友好——适合搜索引擎检索，便于积累网络营销资源；对经营者友好——网站便于管理维护，提高工作效率。

4. 企业网站的简单性原则

在保证网站基本要素完整的前提下，尽可能减少不相关的内容、图片和多媒体文件等，使得用户以尽可能少的点击次数和尽可能短的时间获得需要的信息和服务。

5. 企业网站的适应性原则

企业网站的功能、内容、服务和表现形式等需要适应不断变化的网络营销环境，网站应具有连续性和可扩展性。

四、企业网站建设的一般流程

企业网站建设（或者升级改版）的基本流程如图 2-5 所示。

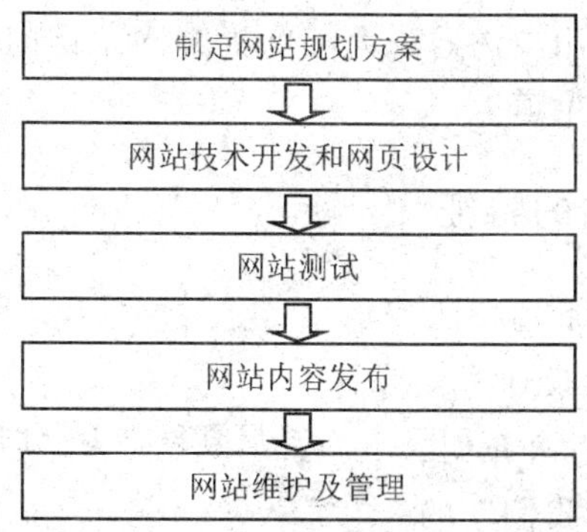

图 2-5 企业网站建设的基本流程

第三节 营销型企业网站建设

一、营销型企业网站的基本概念

所谓营销型企业网站，就是为实现某种特定的营销目标，能将营销的思想、方法和技巧融入网站策划、设计与制作中的网站。最为常见的营销型企业网站的目标是获得销售线索或直接获得订单。

一个好的营销型企业网站就像一个业务员一样，了解客户，善于说服，具有非常强的说服力，能抓住访客的注意力，能洞察用户的需求，能有效地传达自身的优势，能一一解除用户在决策时的心理障碍，并顺利促使目标客户留下销售线索或者直接下订单。

营销型企业网站是对网站的发展，整合了各种网络营销理念和网站运营管理方法，不仅注重网站建设的专业性，更加注重网站运营管理的整个过程，是企业网站建设与运营维护一体化的全程网络营销模式。

二、营销型企业网站的建站目的及要求

企业建立网站的根本目的是通过它获得商业机会和新客户，帮助企业提高产品的销售额和品牌知名度，为企业创造经济效益。企业网站应满足以下要求。

（1）信息表达清晰完整、获取信息方便快捷等充分满足企业网站推广效果的要求。

（2）网站的访问速度快，用户能快速访问网站，获取信息。

（3）营销型企业网站能够最快、最方便地把客户需要的产品信息与联系方式传给客户，最大限度地减少客户的流失。

（4）营销型企业网站能够让客户获得好的访问体验，客户喜欢经常到访问体验好的网站上获得信息，提高了企业对客户的黏性。

（5）营销型企业网站是“活”的网站，让企业和浏览用户互动沟通，能主动、及时、方便、多途径地与访问用户沟通，大幅度提升网站访问用户的转换率，让企业的网站成为真正意义上的销售渠道。

三、营销型企业网站的特征

营销型企业网站主要有下述特征。

1. 以用户为中心的网站设计

拓展阅读 2－1　什么是网站运营

很多企业仍停留在“公司介绍、产品展示、在线订单、联系我们”的老套路上。殊不知以用户为中心的网站设计才是有特色的设计，才能获得用户的青睐。以用户为中心并不是一个口号，而是应以专业的视角来审视，什么才是最重要的内容，什么才是用户最希望看到的，围绕用户的心理，通过最有特色的服务满足用户的需要，让客户喜欢网站。

2. 提供丰富的产品/服务介绍信息

多数网站在对产品/服务的介绍信息上没有做足文章，导致用户的兴趣全无。就好像来到一个装饰华丽的表演舞台，观众最期待的还是表演。表演得不好看，舞台再漂亮观众也不买账。

有调查表明，在网上零售商为提升顾客转化率采用的各种措施中，其中提供丰富的商品介绍信息明显有利于提升网上商店顾客转化率。对于企业网站也是如此，产品的特点介绍越详细，产品展示图片越清晰，用户的兴趣越高。随着视频技术的发展，为产品进行视频展示已经成为一种时尚。淘宝网的一家内衣店的女店主已经用自己做模特来展示店内出售的内衣商品，反响很好——要是再来几段视频展示的话，销售量更要飙升了。

3. 让用户对网站产生信任感

调查表明，网站备案信息、经营资质展示、完整的联系方式、权威的网络安全认证标志和详细的地址等信息，能够增强用户的认可程度。只有用户在感到安全的前提下，才会对网站产生信任感，进一步产生业务联系、在线购买等行为。

4. 简化转化流程

用户的转化流程主要体现在浏览过程、购买流程、注册流程和互动流程等。千万不要去考验用户的耐心，而应该尽量让用户心情愉悦地进行每一步操作，并快速得到他想要的结果。简化流程是一项细活，需要反复测试和揣摩。

5. 有效利用在线客服工具

在线客服是提高网络营销转化率的有效工具。有数据表明，企业网站大多数由于不能进行及时的互动沟通和线上交流，超过98.5%的潜在用户将会流失。推荐使用QQ、旺旺等在线客服工具，另外400电话也可以大幅提高广告效果，400热线电话一年只需几百元，在极速400电话网中有关于400业务的详细说明。在线客服工具是一个双向的交流沟通工具。用户可以主动同网站客服进行交流，网站客服也可以对用户的访问行为进行关注，并主动发出交谈邀请，帮助用户解决难题。

6. 精准的搜索引擎关键词广告

搜索引擎竞价广告是提高用户转化率的一种有效的网络营销方式。对用户检索行为进行分析并在此基础上选择最有效的关键词组合，优化广告着陆页面内容的相关性，能有效提高转化率。搜索引擎竞价的效果由多方面的因素组成，每日的消耗预算、关键词上词数量和报告分析等维护工作的好坏直接影响了搜索引擎竞价产品的效果。由于搜索引擎关键词广告具有一定的专业性，通过选择有实力的服务商进行广告维护，可以进一步提升网络营销效果。

7. 具有说服力的客户见证

客户见证是有效的营销技巧，但很多网站并没有充分利用客户见证到网络营销中来。在产品/服务展示的同时，展示该产品/服务客户的服务评价和使用体验，能增强产品/服务的说服力，增加用户购买的兴趣和信心。

8. 引导老客户进行转介绍

利用网络营销来引导老客户进行转介绍比传统营销方法还有优势。通常情况下，对于已成交客户，可以通过积分、折扣和礼品等形式来促进老客户再次消费；对于老客户介绍来的新客户，除了新客户能够得到比较优惠的价格，老客户也将得到积分或礼品等多种形式的回报。

9. 重视电子邮件营销的应用（潜在客户的跟踪关怀）

电子邮件营销并非指发送垃圾邮件广告。电子邮件营销除了在开拓新客户上有其作用之外，更大的作用还在于对于潜在客户的跟踪关怀上面。通过自身平台的电子杂志订阅用户、注册会员邮箱、有奖活动参与者邮箱，以及合作伙伴提供的相关电子邮箱等多种形式获取潜在客户的邮件列表，使用电子期刊、促销活动介绍、网站精华内容推荐和免费资源提供等多种邮件形式，吸引潜在客户继续关注网络平台和产品（服务），最终实现潜在客户的转化。

四、营销型企业网站的建站原则

营销型企业网站建站原则：①以服务目标访问者为原则；②以整合企业经营流程为原则；③以突出网站的服务功能为原则；④以积累客户资源为原则；⑤以易于维护和管理为原则；⑥以遵循用户可用性为原则；⑦以利于搜索引擎优化为原则；⑧以利于开展营销活动为原则；⑨以运用数据跟踪分析网站为原则；⑩宣传以真实为基础。

具体来说，可以分为以下五方面。

1. 以帮助企业实现经营目标为网站建设目标

营销型企业网站一定是为了满足企业某些方面的网络营销功能，比如面向客户服务为主的企业网站营销功能，以销售为主的企业网站营销功能，以国际市场开发为主的企业网站营销功能，以上简单列举均是以实现企业的经营目标为核心，从而通过网站这样的工具来实现其网站营销的价值。

2. 良好的搜索引擎表现

企业网站的另一个重要功能是网站推广功能，而搜索引擎是目前网民获取信息最重要的渠道，如果企业网站无法通过搜索引擎进行有效推广，那么这个企业网站从一定程度上来讲其营销性会大打折扣，所以营销型企业网站必然要解决企业网站的搜索引擎问题，也可以理解为搜索引擎优化的工作。在营销型企业网站解决方案中，搜索引擎优化工作为基础和长期的工作，从企业网站的策划阶段乃至从企业网络营销的战略规划阶段就已经开始，而且又贯穿于企业网站的整个运营过程。

3. 良好的客户体验

企业网站最终面对的是潜在客户或者与本公司业务有关联的任何组织和个人，如何提升企业网站的客户体验是营销型企业网站必须考虑的重要问题。客户体验在现代营销中无处不在，比如电话营销中不得不重视客户体验，在面对面营销中不得不重视客户体验，在设计企业业务流程时不得不重视客户体验；企业网站是一个直接面对市场主体的窗口更需要重视其客户体验性。客户体验又是一个无法量化的指标，更多的时候是不同受众的感觉。一般从这几方面来实现一个具备良好客户体验的营销型企业网站：易用性（网站的基础标准：速度、安全、兼容型及导航等）、网站的沟通性（对于特殊用户群体的定制，企业网站应该具备的交互与沟通功能）、网站的可信度（与传统信息的一致，以及站内信息的一致、信赖程度等）和易于传播（分享是网络营销中价值转换率最高的一种模式）等方面。

4. 重视细节

细节也是客户体验中的一个重要元素，由于其重要性，所以单独将其作为营销型企业网站的一个因素。在营销型网站的流程制定、内容维护和网站管理等中都需要关注细节问题。

5. 网站监控与管理

营销型网站的另一个因素是网站本身的监控功能与管理功能，最简单来说，网站总会需要加一段流量监测的代码。

五、营销型企业网站的建站关键点

1. 营销型企业网站建站的人性化设计

（1）速度要快。尽量不要使用 Flash，过多 Flash 会影响企业网站的打开速度，一方面不利于用户浏览体验，另一方面对搜索引擎的收录也不友好。尽量不要使用像设计稿中的过多图片堆积，这样也会影响网站的打开速度。图片和文字要合理排版，错落有致。

(2) 设计风格。设计风格不要盲目模仿竞争对手;网站设计一定要追求简约,越简单越大气,简单到极致就是艺术;网页设计一定都是以产品为核心,而不是设计美工。

(3) 内容规划。内容规划的核心思想如下:在设计网页时,不要站到企业自我的角度去考虑需要表现什么;要站到客户的角度去思考,分析客户需要看到什么;同时还要思考,在网页上呈现哪些内容,能够让客户立刻感兴趣,并且愿意与我们互动。

(4) 内容布局。网站导航一定要清晰明了,应做到用户在网站首页点击不超过2次鼠标,就可以立刻找到自己需要的信息。描写企业或者产品时,文字排版要错落有致,每一句话都要能打动客户,让客户喜欢。

2. 营销型企业网站建站的功能设计

(1) 潜在客户跟踪系统。让浏览网站的客户上来就愿意留下联系方式,积累潜在客户与粉丝数量。然后把需要传递的信息,第一时间通过邮件或者短信方式推送给这些客户,从而提升品牌的美誉度和忠诚度,并带来销售机会。其构成主要包括两部分:①订阅系统;②发送系统。

(2) 网络营销分析系统。要通过这个工具,每天去检测以下数据:①网站的流量;②网站的用户行为数据:跳出率、平均浏览时间和平均浏览量PV值等;③用户在网站上产生了哪些行为;④哪些产品和网页是最受欢迎的;⑥哪些推广渠道带来了效果;⑦不同渠道流量的转化率是多少。

(3) 在线客服系统工具。及时与在线浏览用户互动沟通的工具。

(4) 互动功能。互动功能的目标如下:①"黏"住客户;②传递品牌文化;③增进客户与企业的交流;④增进客户群体之间的交流;⑤可以通过互动交流,让客户参与到品牌的建设中,让客户成为品牌建设的一分子。

3. 营销型企业网站建站的注意事项

网站设计一定要符合搜索引擎技术标准,容易让搜索引擎抓取,并且容易在搜索引擎中获得较好的排名。需要考虑以下几点。

(1) 关键词策略。

(2) 关键词布局:按照SEO的要求,让每个网页中搜索引擎最关注的地方都出现关键词,如title、meta、h1和B等位置。

(3) URL设计:设计符合SEO的URL,如避免使用动态URL。

(4) 内部链接构架:设计出让搜索引擎和用户都方便发现的内部链接结构。

(5) 网站内容建设:根据客户和SEO共同的需求进行内容建设工作。

六、营销型企业网站的推广技巧

营销型企业网站的推广技巧有以下几种。

(1) 网站推广的文章标题中要有关键字。

(2) 标题通常是搜索引擎分析判断网页的第一步,也是用户决定是否要浏览该网页的第一步，标题中包含关键字，使搜索引擎可以更好地理解收录该网页，帮助用户第一时间了解网页并决定是否浏览。

（3）从用户的角度创作文章。

（4）一个好的文章标题肯定招用户喜欢，通过搜索引擎产生的流量会很大，好的标题在网站推广中对用户会有足够的吸引力。一个好的标题会让用户知道这里提供着他所需要的资料。

拓展阅读 2－2　网站建设与运营的步骤

（5）文章的标题要简单明了。

（6）标题注意要通俗易懂，用户都能明白，大部分的搜索引擎只会在搜索结果中显示 40～60 个字符的标题长度，在网站推广中，对于用户来说，也希望能通过阅读更少的文字来获得更多的信息，避免很长且烦琐的信息。另外，标题应该采用一些通俗易懂的语言，不可为追求标新立异而选用一些难以理解的话语。

（7）不可出现关键词积累现象。

（8）如果大量堆积关键词，虽然网页关键词的密度对排名有一定的影响，但明显的堆积关键词会增加用户阅读标题的难度，影响用户体验，同时还可能被搜索引擎判定为关键字堆砌作弊，两面都吃力不讨好。标题中重复网站的导航信息中的关键词做法跟这个是一样的。整个文章内容的关键词也不宜太多。

七、营销型企业网站的建设步骤

1. 总体定位

主要解决网站究竟要达到什么目的，靠什么赚钱，网站的目标受众是谁，他们有什么特征，网站的核心优势是什么。只有先明确目的、方向、策略和风格，然后围绕策略规划网站，才能赢得客户。

拓展阅读 2－3　“天猫商城”如雨后春笋般冒出

2. 结构规划

网站结构规划主要考虑的是逻辑关系，必须符合用户的逻辑思维并引导用户，用户最关注的是什么？让用户先了解什么内容，然后了解什么内容？规划时要有引导用户最终联系客服或者拿起电话的意识。

3. 视觉布局

先确定网站的基本色和辅助色，然后根据网站结构图画出首页 Demo 框架图和所有内页 Demo 框架，才能开始设计。规划网站框架时要综合考虑首页、内页及网站后台功能等。

4. 搜索优化

这里说的搜索优化其实包含两大部分，一是搜索引擎优化的关键字策略规划，二是网站 SEO 的一些功能。常见网站需具备的 SEO 功能见表 2-2。

表 2-2　常见网站需具备的 SEO 功能

功能	说明
动态页面伪静态化	迅速收录，迅速优化
META 标签自设定	后台自己添加修改 META 标签，动态管理
关键字自动互链	大量增加网站的关键字链接数，迅速提升排名
网页结构优化	网站导航采用文字并且采用静态链接
智能友情链接	自行在后台方便地添加和管理网站的友情链接
智能网站地图	网站完全自动生成网站地图
文件目录结构优化	网站文件目录结构及文件命名根据搜索引擎优化原则设立
TAG 标签自设定	方便搜索引擎爬行全站，快速提升收录
RSS 订阅、分享功能	为网站外部链接优化提供便利，能迅速增加大规模的外链

5. 后台规划

后台其实也是需要规划的，需要从操作的体验方面来规划，如何方便使用、用起来舒服快速，尤其要考虑前后台的匹配。

6. 销售沟通

不仅仅是客服联系方式，而是要规划好客服环节和人员，比如是设置专人的网络销售，还是由线下业务人员兼任，并且要做好培训排班等工作。

7. 内容规划

网站结构规划好，只是提供了栏目或者说是目录，而真正的销售力主要靠网站内容来打造。一个企业网站至少包括公司介绍相关、公司品牌相关、公司产品相关和公司新闻相关等内容，一定要精心策划撰写。

第四节　网站诊断与优化

一、网站诊断

网站诊断是针对网站是否利于搜索引擎搜索、是否利于浏览和给浏览者美好的交互体验，以及是否利于网络营销的一种综合判断行为。网站诊断一般思考的方面包括自身剖析、定位、模式、在行业中竞争性分析、短期规划与长期战略发展对策等信息。

网站诊断有如下要点：网站 URL 分析，网站结构分析，网站信息导航系统分析，HTML/CSS/JavaScript 等网站代码的正确性，网页交互性分析，链接正确性检查，浏览器兼容性测试，网站的文字和图片信息全面性检查，相关产品和服务信息展示的清晰性检查。

网站诊断的内容主要包括四个方面：网站规划与网站栏目结构、网站内容及网站可信度、网站功能和服务、网站优化及运营。

1. 网站规划与网站栏目结构

（1）网站建设的目标是否明确？网站要为用户提供哪些信息和服务？

（2）网站导航是否明确？用户通过任何一个页面可以回到上级页面及首页吗？

（3）各个栏目之间的连接关系是否正确？

（4）通过最多3次的点击，是否可以通过首页到达任何一个内容页面，是否可以通过任何一个页面到达站内其他任何一个页面？

（5）是否有一个简单清晰的网站地图？

（6）网站栏目是否存在过多、过少或者层次过深等问题？

2. 网站内容及网站可信度

（1）是否提供了用户需要的详细信息，如产品介绍和联系方式？

（2）网站内容是否更新及时？过期信息是否及时处理？

（3）网站首页、各栏目首页及各个内容页面HTML代码是否有合理的META标签设计？

（4）网站首页、各栏目首页及各个内容页面是否分别有能反映网页核心内容的网页标题？

（5）是否整个网站都用一个网页标题？

（6）是否提供了产品销售信息、售后服务信息和服务承诺？

（7）公司介绍是否详细，是否有合法的证明文件（如网站备案许可）？

3. 网站功能和服务

（1）网站是否可以稳定运行，访问速度是否过慢？

（2）为用户提供了哪些在线服务手段？

（3）用户真正关心的信息是否可以在网站首页直接找到？

（4）网站是否可以体现出产品展示、产品促销和顾客服务等基本的网络营销功能？

4. 网站优化及运营

（1）网站总共有多少页面？被主流搜索引擎收录的网页数量是多少？占全部网页数量的百分比是多少？是否有大量网页未被收录，或者在搜索结果中表现不佳？

（2）网站的PR值是多少？如果有首页PR值低于3，那么是什么原因造成的？是否有某些栏目页面值为0？

（3）对搜索引擎的友好性：网站首页、各栏目首页，以及各个内容页面是否有合理的有效文字信息？

（4）网站访问量的增长状况如何？网站访问量是否很低？如果访问量很低，是不是网站优化不佳造成的？

（5）与主要竞争者相比，网站在哪些方面存在明显的问题？

二、网站优化

网站优化的最终目的是为用户获取有价值的信息提供方便，网站优化包括对用户获取信息优化、搜索引擎优化和网站维护优化等三方面。

拓展阅读 2-4　打击网络欺诈，建立健康网络市场

根据《中国互联网协会企业网站建设指导规范纲要》，网站优化的主要内容包括以下几项。

（1）网站栏目结构合理，栏目设置不要过于复杂。

（2）网站导航清晰且全站统一，通过任何一个网页可以逐级返回上一级栏目直到首页。

（3）网页布局设计合理，网站设计符合用户浏览习惯。

（4）重要文字信息尽可能出现在网页靠前的位置。

（5）字体清晰，CSS 风格协调一致。

（6）最多 3 次点击可到达产品详细内容页面。

（7）通过网站的任何一个网页，不超过 3 次点击可达到站内其他任何一个网页。

（8）遵照搜索引擎为管理员提供的网站优化指南，通过网站结构和内容等基本要素的优化为搜索引擎检索信息提供方便，不采用任何被搜索引擎视为垃圾信息的方法和欺骗搜索引擎的方式（如堆积关键词、用户不可见文本、页面跳转和复制网页等）。

（9）网站首页、栏目首页及产品内容页面均有一定的文字信息量。

（10）每个网页有独立的、可概括说明该网页核心内容的网页标题（而不是全站或者一个栏目共用一个网页标题）。

（11）每个网页有独立的、与该网页内容相关的 META 标签设计（包括 description 和 keywords）。

（12）每个网页有独立的 URL。

（13）产品内容页面 URL 尽可能简短且体现出产品属性。

（14）产品/企业新闻详细内容页面是独立网页不是弹出窗口。

（15）对于产品品种多的企业网站，要有合理的产品分页方式。

（16）网站内容保持适当的更新周期。

【案例分析】

【案例 2-1】信息技术在沃尔玛中的应用

沃尔玛的创始人最初在第二次世界大战后在美国某小镇经营零售业，开办了一个廉价商店，当时只是当地一个名不见经传的小超市。沃尔玛以较低的价格、周到的服务向消费者提供各种优质商品。其经营的核心是天天平价，物超所值，服务卓越。

正如沃尔玛的创始人沃尔顿所言："我们从我们的计算机系统中所获得的力量，成为竞争时的一大优势。"比如，沃尔玛的机动运输车队是其供货系统的一个无可比拟的

优势。经营传统零售店的沃尔玛之所以如此辉煌，主要靠的就是电子商务的支撑。

沃尔玛很早就开通了网站，但是早期在网上零售业的排名曾一度落到第43名，因此被有些人称为电子商务领域的侏儒。但是沃尔玛并没有被公司网站一段时间以来的萧条而吓到，开始仔细研究网络竞争者的特性，并制订了一系列针对性的计划，尤其是它着力发展的越来越强大的技术力量令积极拓宽网上零售业的沃尔玛如虎添翼。

(1) 沃尔玛将全美的3 000家超市进行联网，采用统一的采购和配送网络，并将该网络与其供应商联网。

(2) 积极稳定与供应商的关系。沃尔玛的电子商务系统可以让公司根据零售店的销售情况来制订商品补充和采购计划，然后通过网络把采购计划立即发给供应商，同时供应商适时送货到零售商店。

(3) 沃尔玛通过互联网进行全球采购，斥巨资建设信息系统。

现在的沃尔玛已经发展得极为成熟，其网络应用在行业内也是数一数二。

从沃尔玛的发展轨迹中，我们可以清晰地看到信息技术发展在企业运营管理中的作用，无论是对客户的及时信息服务，还是公司内部管理，沃尔玛都处于同行业公司中的领先地位。作为零售企业的龙头老大，直接参与电子商务对整个行业起到了积极的带头作用。同时也应该看到，电子商务和信息技术的发展在零售企业并不是一帆风顺的，需要进行长期的摸索才能最终获得期望的结果。

问题：

1. 结合案例分析，为什么沃尔顿说“我们从计算机系统中所获得的力量，成为竞争时的一大优势”?

2. 请简述建立网站对沃尔玛产生的深远影响。

资料来源：梁露，林亚. 电子商务案例［M］. 北京：清华大学出版社，2009.

【思考练习】

1. 企业网站的营销职能有哪些?
2. 企业网站的一般要素有哪些?
3. 什么是营销型企业网站?
4. 营销型企业网站的核心要素有哪些?
5. 营销型企业网站的特征有哪些?

第三章

网络营销策略

【学习目标】

1. 了解网络营销产品组合策略和网络营销顾客服务策略。
2. 掌握网络营销的定价的方法，知道如何实施网络营销定价策略。
3. 了解网络营销的渠道形式。
4. 了解网络营销的促销的形式，知道如何实施网络促销策略。
5. 了解网络营销服务的分类与特点，知道如何实施网络营销服务。

【案例导入】

2017年“双11”数据直播

截至2017年11月12日0点，阿里巴巴“双11”促销正式结束。据“双11”实时交易数据显示，2017天猫“双11”正式落下帷幕，最终交易额定格在1 682亿，无线成交占90%。今年天猫“双11”全球狂欢节交易额在9小时0分04秒达到1 000亿元，并在13点09分49秒达到1 207亿元，破了2016年全天的交易额记录。

2017天猫“双11”全球狂欢节交易额在2小时15分18秒超800亿!

2017年天猫“双11”成交额实时记录：

1亿——11秒。

10亿——28秒。

100亿——3分01秒。

191亿——5分57秒（超2012年双11全天成交额）。

200亿——6分05秒。

362亿——16分10秒（超2013年双11全天成交额）。

500亿——40分12秒。

550亿——1小时整。

571亿——1小时0分49秒（超2014年双11全天成交额）。

800亿——2小时15分18秒。

历年“双11”销售额数据盘点：

2009年“双11”销售额0.5亿元，共27个品牌参与。

2010 年"双 11"销售额 9.36 亿，共 711 家店铺参与。

2011 年天猫"双 11"销售额 33.6 亿，淘宝和天猫共 52 亿，2 200 家店铺参与。

2012 年"双 11"，天猫和淘宝总销售额达 191 亿元，其中天猫 132 亿元，淘宝 59 亿元。

2013 年"双 11"销售额 350 亿元，超过 2012 年 191 亿元的销售额用了 13 个小时。

2014 年"双 11"销售额 571 亿元，作为阿里上市后的第一个"双 11"，13 个小时就超过 2013 年 350 亿元的销售总额。

2015 年"双 11"销售额 912 亿元，无线端占比 68%。

2016 年"双 11"销售额 1 207 亿元，15 个小时天猫销售额达到 2015 年 912 亿元的销售总额，线上占比为 82%。

资料来源：https：//www.53shop.com/pp_news82511.html。略有修改。

第一节 网络营销产品策略

一、网络营销产品概述

（一）网络营销产品的概念

市场营销一般把产品定义为商品交换活动中，企业为消费者提供的能满足消费者需求的所有有形或无形的产品的总和。这种产品一般可以分为核心产品、形式产品、附加产品三个层次。核心产品是指企业借助某种实物产品形式向消费者提供的基本效用或核心利益；形式产品是指核心产品借以存在并传递给消费者的具体形式与内容，它包括品牌、包装、式样、特色与品质等内容；附加产品是指消费者因购买核心产品而得到的附加利益的总和，包括服务、保证、承诺、信贷等内容。

网络营销活动中，消费者的个性化需求更加突出，并且借助网络的优势，消费者购物的主动性、选择性也大大加强，消费者的个性化需求更加易于实现。因此，网络营销的产品概念不应停留在"企业能为消费者提供什么"的理解上，而应树立起真正以消费者需求为导向的产品整体概念。

因此，网络营销产品的概念可以概括为网络营销活动中，消费者所期望的能满足自己需求的所有有形实物和无形服务的总称。

（二）网络营销产品的内容

根据网络营销产品在满足消费者需求中的重要性，可以将网络营销产品整体划分为以下五个层次。

1. 核心利益层

网络营销整体产品中，核心利益层是指消费者希望通过交换活动得到的最核心或最基本的效用或利益。这一层次的利益是目标市场消费者所追求的共同的无差别的利益。如消费者购买计算机并不是为了获得一个带有显示屏、装有各种部件的机器，而是把计算机当作一个黑匣子，目的是获得能满足自己学习、工作、娱乐等方面需要的效用。企业产品的研制、生产与提供正是在研究消费者这许许多多希望得到的效用的基础上完成的。企业营销的目标，就是最大限度地满足消费者的效用。

2. 个性化利益层

网络营销整体产品中，个性化利益层是指网络目标市场上，每个细分市场甚至每个个体消费者希望得到的，除核心利益之外的满足自己个性化需求的利益的总称。不同消费者对同种产品所期望的核心效用或利益一般是相同的，但除核心利益之外，不同消费者对产品所期望的其他效用会表现出很大的个性化，因此不同细分市场或不同个体消费者所追求的产品利益又是富有个性的。例如，不同消费者购买面包所期望的核心效用或利益都是充饥，同样是可以充饥的面包，有的消费者喜欢豆沙面包，有的消费者喜欢果酱面包，有的消费者却喜欢奶油面包等。

网络市场是一种典型的买方市场，是企业向消费者的求买，是企业对消费者的营销。消费者完全处于主导地位，鼠标就是选票，消费行为呈现出较大的个性化特征。因此，企业要想通过网络营销获取竞争优势，必须借助网络优势，更细致、更充分地向消费者提供具有个性化利益的产品。

3. 附加利益层

附加利益层也称延伸利益层。网络营销整体产品中，附加利益层是指消费者选择网上购物时希望得到的一些附加利益的总称。它通常包括销售服务、保证、优惠、信贷、免费、赠品等内容。

4. 潜在利益层

网络营销整体产品中，潜在利益层是指在核心利益、个性化利益、附加利益之外，能满足消费者潜在需求，尚未被消费者意识到，或者已经被意识到但尚未被消费者重视或消费者不敢奢望的一些产品利益。如果企业得到潜在利益层，消费者的潜在需求会得到较好的甚至超值的满足，消费者对产品忠诚程度会得到大大强化。如联想计算机推出天禧系列时，在提供计算机原有的一切服务之外，还提供了直接上网的便捷服务。

5. 产品形式层

网络营销整体产品中，产品形式层是指核心利益、个性化利益、潜在利益借以存在并传递给消费者的具体形式。对于实物产品，它主要由产品的质量水平、材质、式样、品牌、包装等因素构成。对于服务产品，则由服务的程序、服务人员、地点、时间、品牌等构成。

（三）网络营销产品的特点

经营适销对路的产品是企业营销活动的重要策略之一。开展网络营销就要经营适合以电子数据方式销售并适合利用互联网传递的商品。一般而言，适合在互联网上销售的产品通常具有以下特性。

1. 产品形式大多属于易于数字化、信息化的

通过互联网可以营销任何形式的产品，但最适合网上营销的产品是那些易于数字

化、信息化的产品，如音乐、电子图书、信息软件、信息服务、网上咨询、远程教育、远程医疗等。经营这类商品，商家投资小，消费者购买方便，消费者只需点几下鼠标就可以完成全部购物过程，商品可以直接通过网络实现配送。如果企业经营的产品是大型机械设备，网络营销的主要任务就是企业形象的宣传与产品品牌的推广，而非在线销售。

2. 产品性质一般属于质量差异不大的同质产品或非选购品

网络的虚拟性使消费者在购买之前可以进行较充分的挑选与评估比较。因此，适合在网上营销的产品一般属于质量差异不大的同质产品或非选购品，根据从网上获得的信息就能确定和评价产品质量，如书籍、计算机、手机、预订机票、名牌产品等。但是高档时装、首饰等需要消费者试穿试戴合适才会购买的产品就不适合在网上销售。

3. 产品品牌一般是那些名牌企业的产品或名牌产品

一般那些名牌企业的产品，或知名网站经销的产品，或名牌产品，可能属于质量差异比较大的异质产品，这些企业或产品，已经被众多的消费者购物，实践证明货真价实、质量可靠，消费者在购物过程中只是认牌购物，不必再花费太多的精力和时间去比较选择。对于不属于挑选性小的同质产品的网络营销，如海尔系列产品、TCL 产品的网络营销都比较成功。原因是它们拥有明确、醒目、较高知名度的网上品牌，在网络浩如烟海的站点中可获得访问者的注意。虽然在网上购买可以有很多选择，但是网上购物无法进行购物体验，只能认牌购物，以减小购物风险。所以，在网络营销中，生产商与经销商的品牌同样重要。

4. 产品的顾客群一般容量大、覆盖范围广、配送容易

适合在网上销售或能发挥网络营销优势的产品一般市场覆盖面、市场容量较大。如果产品的目标市场比较狭窄，就不能充分发挥出网络营销的优势，且营销效益也不佳。当然，如果网络目标市场覆盖范围很广、市场容量很大，但网络营销的可到达性很差，或者物流配送体系跟不上，或者网络营销信息到达率很低，也不适合网络营销的开展。

5. 产品价格一般要有低价优势

互联网的发展初期采用共享和免费策略，网上用户比较认同网上产品价格低廉的特性。实际上，由于通过互联网进行销售的成本低于其他渠道，网上销售产品一般采用低价位定价。

6. 产品的利益最好有不可替代的垄断性

网上营销企业一般应选择那些替代性不大的、具有较强垄断性的产品经营，或者选择那些不太容易在网下设店经营的特殊品。如果经营那些消费者随处可得或极易替代的产品，则很难形成网络营销优势。

二、网络营销产品组合策略

（一）产品组合的概念

所谓产品组合，是指网络营销企业向网上目标市场所提供的全部产品或业务的组

合或搭配：一个企业提供给目标市场的一般不会是单一的产品，而是产品组合，还可能包含若干不同的品牌、包装和服务等内容。网络营销活动中，企业不但要在产品的品牌、包装、服务和配送等方面做出决策，而且要从整体上对产品组合、产品线和产品项目做出决策。

（二）产品组合决策

一个企业生产经营的产品大类的多少，反映了企业网络营销活动中所涉及的产品或业务面的宽窄问题。企业在网络营销活动中所经营的产品项目内容的多少、产品开发的深度大小等，都是产品组合决策的内容。

（三）产品组合策略

企业在调整自己的产品组合时可选择下述策略。

1. 扩充产品组合策略

扩充产品组合策略主要包括扩大企业网上营销的产品范围，在原有产品线内增加新的产品项目。增加企业网络营销产品组合，扩大企业网上营销的范围，可充分发挥企业各项资源的潜力，提高效益，减少风险。增加网络营销活动中所经营的产品项目内容、增加企业经营产品的某一大类、加大产品开发的深度等，可以迎合广大网上用户的不同需要和爱好，吸引更多的顾客，从而占领同类产品的更多细分市场。

2. 缩减产品组合策略

从产品组合中剔除那些获利很少甚至不获利的产品大类或产品项目，使企业可以集中力量发展获利多的产品大类和产品项目。

3. 产品线延伸策略

产品线延伸策略就是突破企业网络营销原有经营档次的范围，使产品线加长的策略。一般可供选择的产品线延伸策略主要有以下三种。

（1）向下延伸。当企业生产经营的高档产品由于种种原因不能再提高销售增长速度，而且企业具备生产经营低档产品的条件，增加一些较低档的产品能最大限度地避免向下延伸带来的风险时，可以采用该策略。

（2）向上延伸。在以下几种情况下，逐步增加中高档的产品或业务，称为向上延伸：一是高档产品有较高的销售增长率和毛利率，二是为了追求高中低档产品齐全的完整的产品线，三是以某些高档的产品来调整整条产品线的档次。

（3）双向延伸。有些经营中档产品的企业，在一定条件下，逐渐向高档和低档两个方向延伸。

三、网络营销顾客服务策略

拓展阅读 3-1 吸引顾客尝试的方法

（一）网上顾客服务的概念

在网络营销中，服务是构成网络营销产品的重要组成部分。作为企业通过互联网提供的服务产品，一种是属于网络营销整体概念中作为有形实体产品核心利益的附加或延伸利益的服务，它是网络营销产品附加利益层重要的组成部分；另一种是独立向消费者传递利益的网上服务，称为网上服务产品。

1. 网络营销产品附加利益层的服务

有形实体产品的网络营销过程，根据顾客与企业发生关系的阶段，可以分为销售前、销售中和销售后三个阶段。因此，按照服务在有形实体产品网络营销过程中所处的阶段来划分，可以划分为网上销售前服务、网上销售中服务和网上销售后服务三个阶段。

2. 独立向用户提供利益的网上服务产品

在网络营销活动中，网上企业可以利用信息技术及互联网的特性开发多种大众化的信息服务这种无形的商品，如新产品开发与使用信息的发布、生活常识的介绍等；也可以提供众多专业化的信息服务产品，如网上股票信息、网上教学、网上诊疗等；也可以提供适应不同用户群的娱乐、消遣性的服务产品，如网络游戏、网上影院等。

（二）营销顾客服务的内容

网上顾客服务过程实质上是满足顾客除产品以外的其他派生需求的过程。用户上网购物所产生的服务需求主要包括：了解公司产品和服务的详细信息，从中寻找能满足他们个性需求的特定信息；需要企业帮助解决产品使用过程中发生的问题；与企业有关人员进行网上主动接触；了解或参与企业营销全过程等。因此，网上顾客服务的内容主要包括以下几方面。

1. 全方位的信息服务

用户做出购买决策需要了解产品或服务比较全面的信息，以增强决策的科学性。提供全面而详细的产品信息是网络营销的最大优势，这是传统的营销媒体难以比拟的。

2. 针对性的个性化服务

从人们对服务的需求而言，电子商务时代是一个服务需求多样化、个性化的时代。网络营销的个性化服务正是满足了用户个性化需求的趋势，其特点是企业针对每个用户的不同需求提供相应的信息服务。目标是达到量身定做。

3. 多元化的促销服务

网络还可以采用多元化的服务策略，使服务方式和内容多样化。如可以采用传统的折扣优惠，包括批量折扣及热销商品、廉价商品和专家精选商品推销，还可以利用网络技术提供服务。

4. 网上个人定制

网上个人定制是指作为网上用户，可以按照自己的目的和要求，在某一特定的网上功能和服务方式中，自己设定网上信息的来源和方式、表现形式、特定功能及其特有的网上服务方式等，以达到方便、快捷地获取所需服务内容的目的。可以说，个人定制的服务方式是个性化服务的一种高层次表现。

（三）网络营销顾客服务网站的功能

在企业的网络营销站点中，网上产品服务是网站的重要组成部分。有的企业建设网站的主要目的是提供网上服务，包括提供产品分类信息和技术资料，方便客户取得所需的产品、技术资料，提供产品相关知识和链接，方便客户深入了解产品，从其他网站获取帮助，常见问题解答，帮助客户直接从网上寻找疑难问题的答案。网上虚拟社区（BBS和Char）为客户提供发表语言和相互交流学习的园地。客户邮件列表使客户可以自由登录和了解网站最新动态，企业可以及时发布消息。借助网站的这些基本功能，一方面企业可以向用户发布产品或服务的信息，提升企业的服务水平；另一方面，企业也可以从用户那里接收到反馈信息。同时企业与客户还可以直接进行互动式沟通。

（四）网络营销服务策略

1. 售前服务策略

网上售前服务是指企业在产品销售之前，针对消费者的购物需求，通过网络向消费者开展诸如产品介绍、产品推荐、购物说明、协助决策等消费者教育与信息提供活动。企业网络营销售前服务的主要任务是向潜在的用户提供产品技术指标、产品性能、式样、价格、使用方法、功能、特色等全面有用的信息。

（1）发布产品信息和相关知识，开展网络消费者教育，培养消费需求。销售之前，企业应积极利用网络媒体开展多方面的消费者教育活动，利用网络开展发布信息、介绍消费时尚、引导消费潮流、宣传消费知识、营造消费文化、培养消费观念等服务。设计网上产品信息的发布时应努力使客户在看到这些产品信息或知识后，基本上不再需要通过其他渠道了解产品信息的效果。另外，需要注意的是，很多企业提供的服务往往是针对某一特定群体的，并不是针对网上所有公众。对一些复杂产品，客户在选择、购买与使用时需要了解大量与产品相关的知识和信息才能做出购买决策，特别是一些高新技术产品，企业在详细介绍产品各方面信息的同时，还需要介绍一些相关的知识，帮助客户更好地使用产品，以增强他们对购买行为的信心，减少顾虑，提高满意程度。

（2）建立虚拟展厅充分展示产品形象，激发消费者的购买欲望。网上购物的缺陷之一就是难以满足消费者眼观手摸商品的需求。如果建立网上虚拟展厅，利用网络上立体逼真的图像，结合声音甚至味道来展示企业的产品，就能使消费者身临其境一般感受产品的存在，对产品有一个较为全面的认识与了解，激发他们的需求与购买欲望。在技术上，企业应在展厅中设立不同产品的显示器，并建立相应的导航系统，使消费者能迅速、快捷地寻找到所需的产品信息。

2. 售中服务策略

网上售中服务主要是指销售过程中的服务。在交易过程中，企业向用户提供简单方便的商品查询、体贴周到的导购咨询、简便高效的商品订购、安全快捷的货款支付、迅速高效的货物配送等服务，以保证商品交换活动顺利完成。另外，设计网上营销网站时，在提供网上订货功能的同时，还要提供订单执行查询功能，方便顾客及时了解订单执行情况。如美国的联邦快递（www. FedEx. com）通过其高效的邮件快递系统将邮件在递送过程中的信息输送到指定的数据库，用户可以直接通过互联网查找邮件的足迹与最新动态，直到收件人安全收到为止。

（1）建立“虚拟组装室”，努力开展定制营销，满足个性化需求。在虚拟展厅中，对一些可以由消费者自主决策进行组装的产品，可设计多种备选方案，由消费者根据自己的需求或喜好，对产品进行个性化组装。

（2）建立实时沟通系统，增强消费者网上购物的信心。用户通常对网上购物的安全性与可靠性存有较大的顾虑。如果能建立及时的信息沟通系统，则可以大大消除他们的顾虑，增强他们网上购物的信心。为使企业的各种信息能及时地传递给消费者，应建立及时、快捷的信息发布系统。为加强与消费者在文化、情感上的沟通，要建立信息的实时沟通系统，还要建立快速高效的用户查询系统。

（3）发挥网络优势，提供个性化服务。个性化服务指按照用户，特别是一般消费者的要求提供特定的、有针对性的服务，包括服务时空的个性化、服务方式的个性化、服务内容的个性化。

3. 售后服务策略

网上售后服务就是为了使用户需求得到更好的满足，企业借助互联网直接沟通的功能，以便捷的方式满足用户在产品消费过程中所派生的各种需求。网上售后服务有两类：一类是基本的网上产品的消费支持和技术服务，另一类是企业为满足用户附加需求而提供的各种附加利益的服务。提供网上产品的消费支持和技术服务，可以帮助用户通过网站直接找到相应的企业或者专家进行技术咨询，从而减少诸多不必要的中间环节。

网上销售服务与传统的网下销售服务相比，具有方便快捷、灵活有效、成本低廉、直接自助的特点，大大增强了企业的竞争实力。网上销售服务是 24 小时开放的，不受作息时间的限制，用户可以根据需要从网上自助寻求相应的帮助。企业可以减少销售服务和技术支持人员，从而减少管理费用和降低服务成本。

（1）建立顾客数据库，积极管理顾客关系。在网络营销活动中，顾客是企业的一项重要资源，企业应树立关系营销观念，建立顾客数据库，以积极管理顾客关系，提高顾客的满意度，加强顾客的忠诚度，培养出大批的忠诚顾客。通过顾客数据库，企业可以全面了解顾客的购买、个性偏好等信息，从而在合适的时间，用极具针对性的促销方案，通过电子邮件的方式来向顾客推荐他所偏好或者过去购买过的产品。

（2）提供良好的网上自动服务系统，提高顾客满意度。消费者购物过程的最后一个阶段是购后评价阶段，在网上在线售后服务过程中，如果能根据顾客的需要，自动适时地提供网上顾客服务，是提高顾客满意度的重要途径。

（3）设计 FAQ 页面，解决常见问题。在网站中设置 FAQ 页面，主要是为顾客提供有关产品、公司情况方面的信息，它既能够引发那些随意浏览者的兴趣，也能够帮助那些在产品使用中遇到疑难问题的顾客迅速找到所需的信息，获得常见问题的现成答案。

（4）设计答疑解惑空间，解决疑难问题。目的是解答一些不是经常遇到的且相对深入的问题，特别是一些故障类的问题。可以让顾客在企业的技术指导下自己解决问题，并因此树立企业或网站在顾客心目中的可信度。

（5）利用在线聊天室。在企业网站上建立网上社区，可以通过在线聊天让用户对企业的产品或服务进行评论，提供售后服务人员与用户实时交流的渠道。企业设计网上虚拟社区就是让用户在购买后既可以发表对产品的评论，也可以提出针对产品的建议；既可以与一些使用该产品的其他用户进行交流，营造一个与企业的服务或产品相关的网上社区，又可以吸引更多潜在客户的参与。

（6）利用BBS。BBS是一种简单实用的方法，但一定要做到有问必答，网上解决不了的问题应马上通过电话、传真、信函等传统的方式回复用户并加以解决。

（7）电子邮件列表。电子邮件是最便宜的沟通方式，企业建立邮件列表，可以让客户自己登记注册，然后定期向客户发布企业最新的信息，加强与客户联系，这是很多企业网站经常采用的方法之一。这种方式的效果远远大于漫无目的、轰炸式的电子邮件广告。

（8）利用交互式的表格。在许多网站上有“在线反馈”“读者留言”的栏目，目的就是通过网络直接为用户进行产品的售前、售中、售后的全过程服务。网站设计中还可以考虑产品信息查询、驱动程序选择、疑难问题解答等内容。可以利用“信息查询”向用户提供服务政策、服务网点、在线支持、下载中心、服务产品等信息。

四、网络营销新产品的开发

拓展阅读3-2 网络营销产品的生命周期

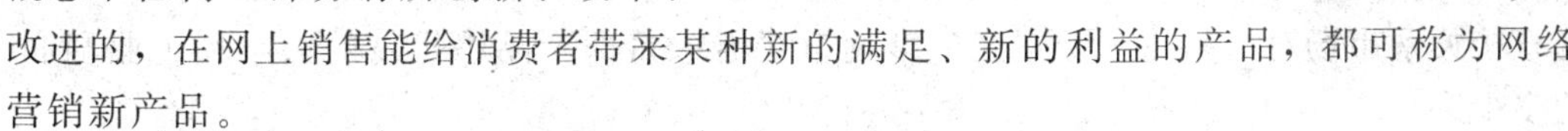

（一）网络营销新产品概念

第一次生产销售，或者产品整体概念中任何一部分有所创新、改革、改进的，在网上销售能给消费者带来某种新的满足、新的利益的产品，都可称为网络营销新产品。

（二）网络营销新产品开发策略

1. 首创型新产品开发策略

企业应用新技术、新材料研制出具有全新功能的产品（这种产品无论对企业还是市场来说都属于新产品），然后向网上市场推出一种新产品开发策略，这种策略称为首创型新产品开发策略。全新产品的开发通常需要投入大量的资金，而且需要足够的潜力，企业承担的风险也较大。在网络经济条件下，消费者的需求和心理发生了较大的变化，如果能拿出全新的，可以称得上“全球首创”“全国首创”等的产品构思或服务概念，将是最有效的策略。

2. 改创型新产品开发策略

企业不需要研制并推出全新的产品，只需对其他企业首创的新产品进行改良或改造，这种策略称为改创型新产品开发策略，基本特征是改创性。企业受消费者日益提高的需要驱动，必须不断地改进现有产品并进行产品的升级换代，否则就会被市场淘汰。

3. 仿创型新产品开发策略

一些缺乏首创能力和改创能力的中小型企业，一般来说，承担市场风险和市场开发成本的能力都比较小，常常进行仿创型新产品开发，这种策略称为仿创型新产品开发策略，基本特征是产品开发的模仿性。虽然仿创者不一定能取得市场领先地位，却可以通过自己某些独占的市场发展条件来获取较大的市场收益和市场竞争优势。

（三）网络营销新产品开发

网络营销新产品的研制与开发，首先是新产品构思和概念的形成。新产品的构思可以来源于顾客、科学家、竞争者、公司的专业技术人员、公司的销售人员、中间商和高层管理者，但最主要还是来源于市场，即由顾客来引导产品的构思。企业可以通过其网络数据库系统处理营销活动中的数据，发现顾客的现实需求和潜在需求，从而形成产品构思，进而指导企业营销策略的制定和营销活动的开展。

需要注意的是，在网络营销中，顾客可以全程参与概念形成后的产品的研制和开发工作，而不再是简单地被动接受测试和表达感受。但许多产品并不能直接提供给顾客使用，它需要许多企业共同配合才有可能满足顾客的最终需求，这就要求在新产品开发的同时，加强与以产品为纽带的协同企业的合作。

第二节　网络营销价格策略

一、网络营销定价

产品的销售价格是企业市场营销过程中一个十分敏感而又很难有效控制的因素，它直接关系市场对产品的接受程度，影响市场需求量即产品销售量的大小和企业利润的多少。

定价是管理者每天都关心的问题，是营销活动中最活跃的因素，一个公司或它的竞争对手可以在瞬间改变价格。随着网络技术的发展，互联网和信息紧密地联系在一起，而价格信息也意味着每个公司的定价行为都受互联网的影响。价格与信息之间的联系以多种方式体现出来。消费者的价格意识对正确的定价是非常关键的。正确的定价也建立在对不同来源的不同价格理解的基础上，其中还包括对公平的理解。

（一）网络营销定价应考虑的因素

影响企业定价的因素有企业的定价目标、企业的生产效率、国家的政策法规、消费者的接受能力、竞争对手的定价水平等，供求关系以及供求双方的议价能力也是影响企业定价的重要因素。一般认为，产品价格的上限取决于产品的市场需求水平，产品价格的下限取决于产品的成本费用。企业能把产品价格定多高，则受竞争对手同种产品水平、买卖双方的议价能力等因素的影响。

1. 需求因素

从需求因素方面看，市场需求规模以及消费者的消费心理、感受价值、收入水平、对价格的敏感程度、消费者的议价能力等都是影响企业定价的主要因素。经济学里因价格和收入变动而引起的需求相应变动称为需求弹性。需求弹性一般来说可以分为需求收入弹性、需求价格弹性等几类。

（1）需求收入弹性。需求收入弹性是指因收入变动而引起的需求相应变动的敏感程度。随着人们收入的增加（或减少），对某种产品或服务的需求可能会产生三种可能性：①人们对某种产品的需求基本上不发生变化，称为需求收入无弹性；②人们对某种产品的需求增加（减少），称为需求收入有弹性；③人们对某种产品的需求基本维持不变。一般来说，高档食品、奢侈品、服务产品、娱乐消费品多属于需求收入富有弹性的产品，而生活必需品则比较缺乏弹性。网络营销是以上网用户为目标的。我国的上网用户主要分布于收入较高的社会阶层，因此，定价要考虑需求收入弹性的大小问题。

（2）需求价格弹性。需求价格弹性是指因价格变动而引起的需求相应变动的敏感程度。在正常情况下，市场需求与价格的变化是反方向变动。随着价格的提高（或降低），对某种产品或服务的需求可能会产生三种变化：①人们对某种产品的需求基本上不发生变化，我们称之为需求价格无弹性；②人们对某种产品的需求减少（增加），我们称之为需求价格有弹性；③人们对某种产品的需求基本维持不变。一般来说，高档食品、奢侈品、服务产品、娱乐消费品多属于需求价格富有弹性的产品，而生活必需品则比较缺乏弹性。

（3）交叉价格弹性。交叉价格弹性即商品A需求变化的百分比与商品B价格变化的百分比的比率，可能是正数、负数，也可能是零。如果交叉价格弹性大于零，则商品A与B之间存在着相互替代的关系。如果交叉弹性小于零，则说明商品A和B之间存在着互补关系。如果交叉弹性的绝对值很小，接近于零，则说明商品A与B之间没有什么关系，互相独立。正因为价格会影响需求，所以企业制定的价格会影响企业产品的销售。因此，价格策略的制定必须了解需求量对价格的敏感程度。一般来说，对于需求价格富有弹性的产品可以实施低价策略，而对于需求价格缺乏弹性的产品则可以实施薄利多销的低价策略。同时，企业的定价要考虑产品需求弹性的大小，还要研究替代品、互补品的定价水平。

（4）用户的议价能力。网络营销活动中，用户有着较强的选择性，特别是在B2C（Business to Customer）网络营销活动中，用户的议价能力或用户的价格谈判能力对企业产品交易价格的形成有很大影响。

2. 供给因素

从供给方面看，企业产品的生产成本、营销费用是影响企业定价的主要因素。成本是产品价格的最低界限，也就是说，产品的价格必须能补偿产品生产、分销、促销过程中的所有支出，并且要有所盈利。对企业定价产生影响的费用主要有总固定成本、总变动成本、总成本、单位产品固定成本、单位产品变动成本、单位产品总成本等。

3. 供求关系

一般而言，当企业的产品在市场上处于供小于求的卖方市场条件时，企业产品可以实行高价策略；反之，当企业的产品在市场上处于供大于求的买方市场时，企业应该实行低价策略；企业的产品在市场上处于供给等于需求的均衡市场时，交易价格的形成基本位于均衡价格处，企业的定价不能过度偏离均衡价格。

4. 竞争因素

在营销实践中，以竞争对手为导向的定价方法主要有低于竞争对手的价格、随行就市与竞争对手同价、高于竞争对手的价格。

一般来说，无论竞争者采取降价还是不降价策略，企业采用降价策略都是最优策略。同理，无论企业采用降价还是不降价策略，竞争者的最优策略也是降价策略。因此，双方都采用降价策略，是一种双输结局。如果企业与竞争者都采取不降价策略，而是通过市场细分、产品开发、市场定位、加强服务等竞争策略，拿出各自独特的竞争，显然这是一种双赢结局。所以企业应进行充分的市场调研，以改变不利的信息劣势。对待竞争者应树立一种既合作又竞争、共同发展的竞争观念，以谋求双赢。

5. 交易方式

网络营销活动中，网络跨越时空的特性，使需求方可以通过互联网了解更完全的供给信息，消费者可以做到“货比全球”，因而做出的购买决策也更趋于理性，这使得买方的议价能力得到了大大提高。企业必须考虑这一明显的变化，制定更为合理的价格。商品交换活动中，交易方式不同产品的价格也不尽相同。网络营销活动中，企业可以考虑谈判定价、拍卖定价、密封投标定价、明码标价等交易方式。

（二）企业的定价目标

定价目标是指企业通过制定产品价格所要达到的目的。企业在为产品定价时，首先必须有明确的目标。不同企业、不同产品、不同市场、不同的时期有不同的营销目标，因而也就要求采取不同的定价策略。但是，企业定价目标不是单一的，而是一个多元的结合体。在网络营销中，企业定价目标主要有以下几种。

（1）以维持企业生存为目标。由于企业经营管理不善，或由于市场竞争激烈、顾客的需求偏好突然发生变化等原因，而造成产品销路不畅、大量积压、资金周转不灵，甚至濒临破产时，企业只能为其积压的产品定低价，以求迅速出清存货，收回资金。但这种目标只能是企业面临困难时的短期目标，长期目标还是要获得发展，否则企业终将破产。

（2）以获取当前理想的利润为目标，即追求目前利润的最大化，而不考虑长期效益。选择此目标，必须具备一定的条件，即当产品声誉好，而且在目标市场上占有竞争优势地位时方可采用，否则还应以长期目标为主。

（3）以保持和提高市场占有率为目标。市场占有率是企业经营状况和企业产品竞争力的直接反映，它的高低对企业的生存和发展具有重要意义。一个企业只有保持或提高市场占有率，才有可能生存和发展。因此，这是企业定价选择的一个十分重要的目标。所以，要实行全部或部分产品的低价策略，以实现提高市场占有率这一目标。

（4）以应付或抑制竞争为目标。有些企业为了阻止竞争者进入自己的目标市场，而将产品的价格定得很低，这种定价目标一般适用于实力雄厚的大企业。中小企业在市场竞争激烈的情况下，一般是以市场为导向，随行就市定价，从而也可以缓和竞争、稳定市场。

（5）以树立企业形象为目标。有些企业的定价目标实行的是“优质优价”，以高价来保证高质量产品的地位，以此来树立企业形象。

总之，企业定价目标一般与企业的战略目标、市场定位和产品特性相关。企业价格的制定应主要从市场整体来考虑，它取决于需求方的需求强弱程度和价值，取决于接受程度以及来自替代性产品的竞争压力的大小。在网络营销中，市场还处于起步阶段，企业进入网络营销市场的主要目的是占领市场以求得生存和发展的机会，然后才是追求企业的利润。因此，目前网络营销产品的定价一般都是低价，甚至是免费，以期在快速发展的虚拟市场中寻求立足机会。网络市场一般可分为两部分，即消费品市场和生产资料市场。对于消费品市场，企业必须采用相对低价的定价策略来占领市场；对于工业品市场，购买者一般是商业机构和组织机构，购买行为比较理智，所以企业可以采用通过网络技术降低企业、组织之间的供应采购成本而带来双方价值增值的双赢策略。总之，企业应选择合适的定价目标，以促进企业的长期、稳定发展。

（三）定价方法

公司在确定了定价目标、掌握了各有关影响因素的资料后，就开始了具体的定价工作。定价就是一个公司怎样把它提供给消费者的利益转变成它可以得到的利润。任何企业都不能只凭直觉随意定价，而必须借助于科学的、行之有效的定价方法。

1. 传统营销定价法

影响定价最基本的三个因素是产品成本、市场需求和竞争。因此，在传统市场营销行为中，企业对产品营销价格的确定方法主要有成本导向定价法、需求导向定价法和竞争导向定价法。

（1）成本导向定价法。成本导向定价法是指以成本作为定价的基础，根据成本确定商品的营销价格。成本导向定价法具有如下优点：计算方法简便易行，尤其在企业生产多种产品时，成本加成法可以迅速地解决价格的计算和确定的问题；可避免或减少同行业之间的竞争。

（2）需求导向定价法。需求导向定价法是依据卖方对产品价值的感受和对商品的需求程度来定价，而不是直接以成本为基础。需求导向定价法主要包括购买者理解价值法和需求差别法。

购买者理解价值法又称为认知价值法，即根据购买者对产品价值的认识和理解来确定价格。商品的价格并不取决于卖方的成本，而是取决于购买者对产品价值的理解和认识。所谓“理解价值”或“认知价值”是指卖方在观念上的价值。因此，卖方可以运用各种营销策略和手段，影响买方的感受，使之形成对卖方有利的价值观念，然后再根据产品在买方心目中的价值来定价。顾客对产品价值的理解和感受，主要由产品成本来决定。例如：在市场上，一罐可口可乐零售价不过 2 元多，而在高级饭店要 10 元左右；同一种干红葡萄酒，市场零售价格 40 元左右，而在三星级以上的高级饭店，价格为 80 多元甚至上百元。由于环境气氛、服务等因素提高了产品的附加值，所以顾客愿意支付那么高的价格，这就是购买者理解价值定价法。理解价值定价法的关键是准确地估计购买者对本企业产品的理解价值，然后据此确定产品的价格。

需求差别定价是根据购买者对产品需求强弱的不同，定出不同的价格。需求较强，价格可定得高些；需求较弱，则价格定得低一些。需求差别定价可以分为以顾客为基础、以产品为基础、以地域为基础和以时间为基础4种类型。

(3) 竞争导向定价法。这种定价方法主要是为了竞争，以竞争者的价格作为定价基础，以成本和需求为辅助因素。其特点是只要竞争者价格不变，即使成本或需求发生变动，价格也不动；反之亦然。竞争导向定价法主要有流行水准定价法、招投标定价法和拍卖定价法。

2. 网络营销定价法

从市场营销的基本理论来分析，传统市场营销定价的基本原理也同样适用于网络市场。但是，网络市场与传统市场相比存在着很大的差异，这种差别就导致了网络市场的定价方法不同于传统市场。在网络市场中，企业重点研究如何满足客户的需要，以成本为导向来确定产品价格将逐渐被淡化，而以需求为导向来确定价格将成为企业确定价格的主要方法。同时，竞争导向定价法中的投标定价法和拍卖定价法将不断被强化。

(1) 需求导向定价法。在网络环境下，理解价值法和需求差别法得到充分的应用。首先，价值法的关键问题是如何准确地进行价值评估。企业可以利用网络互动性和快捷性的特点，及时、准确地掌握和了解消费者或用户的预期价格，从而比较准确地确定商品的价格，避免估价过高或偏低现象的出现。其次，在网络市场上，企业也可以抓住网络互动性和快捷性的特点，比较准确地把握消费者需求的差异变化，使需求差别法得到更有效的使用。在传统的市场营销中，商品价格主要是根据其样式的新颖程度、外观的漂亮程度来确定的，而忽视了消费者的个性化和多样化需求；而在网络营销中，企业可让消费者根据自已的需求，自行设计产品的外观、式样、花色、档次，并依此来确定商品的价格，使消费者的个性化和多样化需求得到更好的满足。

(2) 竞争导向定价法。在网络市场中，同样存在着竞争，而且这种竞争并不逊色于传统市场的竞争。在网络市场中，目前以竞争为导向进行定价的方法主要有招投标定价法和拍卖定价法。

招投标定价法是招标单位通过网络发布招标公告，由投标单位进行投标而择优成交的一种定价方法。它是买方引导卖方通过竞争成交的一种方法，通常用于建筑包工、大型设备制造、政府大宗采购、劳务贸易等。一般由买方公开招标，卖方竞争投标、密封递价，买方按物美价廉的原则择优录取，到期公开开标，中标者与买方签约成交。这种定价法，扩大了招标单位对投标单位的选择范围，从而使企业能在较大范围内以较优的价格选择投标单位；对于投标单位来说，不仅增加了投标的营销机会，而且使企业能获得较为公平的竞争环境，为企业的发展创造了良机。

拍卖定价法是市场经济中常用的一种定价法，它是指拍卖行受出售者委托在特定场所公开叫卖，引导买方报价，利用买方竞争求购的心理，从中选择最高价格的一种定价方法。目前许多拍卖行在网上进行有益的尝试，使拍卖定价法在网络营销中得到了较快发展。例如，日本的AUC网在网上实施了旧车拍卖，并取得明显效果。相信在不远的将来，拍卖法将会在网络市场中得到广泛应用。拍卖价格与招投标价格的形成有所不同，其区别在于前者是买方公开竞价，后者是卖方密封递价。

（四）网络营销定价的特点

拓展阅读 3-3　常见的网络促销方法

在工业经济时代，由于信息的不对称及受市场空间和时间的限制，消费者不得不处于一种被动地位，从属于供应方来满足需要。买方由于对价格信息所知甚少，所以在讨价还价中总处于不利地位。互联网的出现不但使得收集信息的成本大大降低，而且还能得到很多的免费信息。网络技术的发展使得市场资源配置朝着最优方向发展，由需求引导市场资源配置成为网络时代的重要特征。由于网络技术在市场营销中的广泛应用，所以网络营销定价具有以下特点。

1. 全球化与本地化相互结合

网络营销市场，面对的是开放的、全球化的市场，消费者可以在世界各地直接通过网站进行购买，而不用考虑网站属于哪一个国家或地区。目标市场从过去受地理位置限制的局部市场拓展到范围广泛的全球性市场，因此网络营销产品定价时必须考虑目标市场范围的变化带来的影响。企业不能以统一的市场策略来面对差异性极大的全球性市场，必须采用全球化与本地化相结合的原则。

2. 低价位定价打开市场

由于互联网使用者的主导观念是网上的信息产品是免费的、开放的、自由的，所以在早期互联网的商业应用中，许多网站都想直接从互联网中赢利，结果证明是失败的。随着互联网商用推广的发展，网络消费者逐步接受了网上产品不是免费的这种观念，但仍有一种互联网上的信息和产品比较低廉的心理期望，因此，在现阶段，网络营销产品特别是消费品应以低价位进入市场。如果面对的是工业品市场，由于网上顾客对产品的价格不太敏感，主要考虑的是方便、新潮，所以这类产品就不一定要考虑低价位定价策略。

3. 以顾客需求为主导进行产品定价

在网络营销时代，根据产品成本进行定价逐步发展为以顾客需求为导向进行定价。互联网的发展使需求由过去的被动选择转变为主动选择，消费者可以根据市场信息来选择购买或定制自己满意的产品或服务。

总之，定价是企业营销活动中一个十分敏感又很难有效控制的因素，要综合考虑多方面的因素。由于互联网是从免费共享资源发展而来的，用户一般认为网上购买商品比通过一般渠道购买商品要便宜，因此，网上销售时定价一般要低于市场价格。另外，在网上公布价格时，要注意区分消费对象，对消费者、零售商、批发商、合作伙伴要有针对性地发布价格信息。

二、网络营销定价策略

企业为了有效地促进产品在网上销售，必须针对网上市场制定有效的价格策略。由于网上信息公开性和易于消费者搜索的特点，网上的价格信息对消费者的购买起着重要的作用。消费者选择网上购物，一方面是由于网上购物比较方便，另一方面是因为从网上可以获取大量的产品信息，从而可以择优选购。网络定价的策略很多，本部分主要根据网络营销的特点，着重阐述低位定价策略、个性化定制生产定价策略、使用定价策略、折扣定价策略、拍卖定价策略、声誉定价策略和免费价格策略。

（一）低位定价策略

借助互联网进行销售，比传统销售渠道的费用低廉，因此网上销售价格一般来说比流行的市场价格要低。采用低位定价策略就是在公开价格时一定要比同类产品的价格低。采取这种策略一方面是由于通过互联网，企业可以节省大量的成本费用；另一方面，采用这一策略也是为了扩大宣传、提高市场占有率并占领网络市场这一新型的市场。低位定价策略又可分为以下几种。

（1）直接低价策略。直接低价策略就是在公布产品价格时就比同类产品定的价格要低。它一般是制造商在网上进行直销时的定价方式，采用低价策略的前提是开展网络营销，实施电子商务，只有这样才能为企业节省大量的成本费用。

（2）折扣低价策略。这种定价策略是指企业发布的产品价格是网上销售、网下销售通行的统一价格，而对于网上用户又在原价的基础上标明一定折扣的策略。它有利于吸收并促进用户的购买。这类价格策略常用在一些网上商店的营销活动中，一般按照市面上的价格进行折扣定价。

（3）促销低价策略。企业虽然以通行的市场价格将商品销售给用户，但为了达到促销的目的还要通过某些方式给用户一定的实惠，以变相降低销售价格。如果企业想达到迅速拓展网上市场的目的，但产品价格又不具有明显的竞争优势，并且由于某种考虑不能直接降价时，可以考虑采用网上促销定价策略。比较常用的促销定价策略有有奖销售和附带赠品销售等。

总之，网络营销活动中，采用低价策略需要注意：①在网上不宜销售价格敏感而企业又难以降价的产品；②在网上公布价格时要注意区分消费对象，针对不同的消费对象提供不同的价格信息发布渠道；③因为消费者可以在网上很容易地搜索到价格最低的同类产品，所以在网上发布价格要注意比较同类站点公布的价格，否则，价格信息的公布会起到反作用。

（二）个性化定制生产定价策略

个性化定制生产定价策略，是在企业能实行定制生产的基础上，利用网络技术和辅助设计软件，帮助消费者选择配置或者自行设计能满足其需求的个性化产品，同时承担自己愿意付出的价格成本。这是利用网络互动性的特征，根据消费者的具体要求，来确定商品价格的一种策略。网络的互动性使个性化行销成为可能，也使个性化定价策略成为网络营销的一个重要策略。

（三）使用定价策略

所谓使用定价，就是顾客通过互联网注册后可以直接使用某公司产品，顾客只需要根据使用次数进行付费，而不需要完全购买产品。一方面减少了企业为完全出售产品进行大量不必要的生产和包装的花费，另一方面吸引了过去有顾虑的顾客使用产品，扩大市场份额。采用这种定价策略，一般要考虑产品是否适合通过互联网传输，是否可以实现远程调用。

需要说明的是，并非所有的产品都适合这种按使用次数定价的方式。采用这种定价的方式，需要考虑产品是否适合在互联网上传输，产品在使用过程中是否可以实现远程调用。目前，比较适合的产品有计算机软件、音乐、电影、电子刊物等，如用友软件公司推出的网络财务软件就采用这种定价方式，用户在网上注册后就可以在网上直接处理账务，而无须花费全额购买软件或担心软件的升级、维护等问题。

（四）折扣定价策略

为鼓励消费者多购买本企业商品，可采用数量折扣策略；为鼓励消费者按期或提前付款，可采用现金折扣策略；为鼓励中间商淡季进货或消费者淡季购买，也可采用季节折扣策略。

（五）拍卖定价策略

网上拍卖是目前发展较快的领域，是一种最市场化、最合理的方式。随着互联网市场的拓展，将有越来越多的产品通过互联网拍卖竞价。由于目前购买群体主要是个体消费者，所以这种策略并不是目前企业的首选，它可能会破坏企业原有的营销渠道和价格策略。比较适合网上拍卖竞价的可以是企业的原有积压产品，也可以是企业的新产品。拍卖展示可以起到促销作用。网上拍卖定价的方式有以下三种。

（1）竞价拍卖。网上竞价拍卖一般属于C2C（Customer to Customer）交易，主要是二手货、收藏品或者一些普通物品等在网上以拍卖的方式进行出售，它是由卖方引导买方进行竞价购买的过程。

（2）竞价拍买。网上竞价拍买是竞价拍卖的反向操作，它是由买方引导卖方竞价实现产品销售的过程。如在拍买过程中，用户提出计划购买商品或服务的质量标准、技术属性等要求，并提出一个大概的价格范围，大量的商家可以以公开或隐蔽的方式出价，消费者将与出价最低或最接近要价的商家成交。

（3）集合竞价。集合竞价模式是一种由消费者集体议价的交易方式。提出这一模式的是美国著名的Priceline公司。这对目前国内的网上竞价市场来说，还是一种全新的交易方式。如在中国，雅宝已经率先将这一全新的模式引入了自己的网站。根据交易双方的关系，拍卖交易的模式一般有4种，即“1对1”的交易模式、“1对多”的交易模式、“多对1”的交易模式、“多对多”的交易模式。

（六）声誉定价策略

在网络营销的发展初期，消费者对网上购物和订货还有很多疑虑，如网上所订商品的质量能否保证、货物能否及时送到等。所以，对于声誉较好的企业来说，进行网络营销时价格可定得高一些；反之，价格则应定得低一些。

（七）免费价格策略

简单地说，免费价格策略就是将企业的产品和服务以免费的形式提供给顾客使用，满足顾客的需求。免费价格策略是网络营销中常用的策略之一，它不仅是一种促销策略，而且是一种非常有效的产品或服务的定价策略。免费价格策略通常有完全免费、有限免费、部分免费、捆绑式免费。网络营销实践中，并非所有的产品都适合在网上实行免费价格策略。互联网作为全球性开放的网络，可以快速实现全球信息交换，只有那些适合互联网这一特性的产品才适合采用免费价格策略。一般来说，免费产品具有易于数字化、无形化、零制造成本、成长性、间接收益的特性。目前，企业在网络营销中采用免费策略的目的有两个：①先让用户免费使用，等习惯后再开始收费；②发掘后续商业价值，从战略发展的需要制定定价策略，其主要目的是先占领市场，然后再在市场中获取收益。

自从互联网被应用到商业实践中以后，一些富有战略眼光、先知先觉的企业家们都在想怎样才能使自己的企业实现网上迅速膨胀、迅速扩大自己的知名度、占领较大的网上市场份额。于是，免费价格策略被众多企业推崇使用。开创互联网上免费价格策略先河的是 Netscape。Netscape 把它的浏览器免费提供给用户，后来微软也免费开放 IE 浏览器。再后来 Netscape 公布了浏览器的源码，做到彻底免费。最初 Netscape 允许用户下载浏览器，主要的目的是在用户使用习惯后，就逐步开始收费，这是 Netscape 提供免费软件的初衷，但是，IE 的出现打碎了 Netscape 的美梦。所以，对于企业来说，为用户提供免费服务只是其商业计划的开始，赢利计划应该紧随其后。应该明确的是，并不是所有企业都能通过免费价格策略获得成功。通常实行免费策略的企业要承担很大的风险。

总之，企业可以根据自己所生产产品的特性和网上市场的发展状况来选择合适的价格策略。但无论采用什么策略，企业的定价策略都应与其他策略相配合，以保证企业总体营销策略的实施。

三、网络营销中的价格调整策略

网络营销活动中，企业制定了基本价格后，有必要针对不同的消费心理、购买行为、地区差异、需求差异等对基本价格进行调整。很多传统营销的价格调整策略在网络营销中采用并得到创新。一般来说，网络营销中的价格调整策略主要有以下几方面。

（一）心理类定价策略

心理定价是指企业定价时利用消费者不同的心理需要和对不同价格的感受，有意识地采取多种价格形式，以实现促进销售的目的。它包括以下几种类型。

1. 尾数定价策略

尾数定价策略也称零头定价策略，是指在定价时保留小数点后的尾数，使消费者产生便宜的感觉。对于价格弹性较大的中低档商品，尾数定价往往能带来需求量的大幅度增加。例如，将价格定为 29.80 元，而不是 30 元，就更有利于促进销售。

2. 整数定价策略

有些消费者认为较高档次的产品能显示其身份、地位等，能得到一种心理上的满足。在产品定价时，将产品价格合零凑整，把价格定成整数或整数水平以上，能给人以较高一级档次的感觉，这就是整数定价策略的应用。

3. 声望定价策略

对于那些产品质量不易鉴别、产品成本不易估算的产品，消费者有“一分钱一分货”的购物心理，因此对在消费者心目中享有声望的产品可制定较高的价格。价格高低常常被看作产品质量高低最直观的反映，特别是消费者在识别名优产品时，这种意识尤为强烈，这就是声望定价策略。这种定价策略在饮食、服务、修理、科技、医疗、文化教育等行业中也应用广泛。

现在消费者对网上购物和订货往往会存在着质量能否得到保证、货物能否及时送到等顾虑。这时候，企业的形象、声誉是影响顾客购买行为的重要因素。如果网上商店的店号在消费者心中享有较高的声望，则它出售的商品价格则可比其他商店高些。反之，价格则低一些，否至会无人问津。

4. 分档定价策略

当一种产品有许多品牌、规格、型号时，可以分成几档，每档定一个价格。这既可以使消费者挑选时易于做出决策，又可简化手续。但所分档次不可太多，各档间的差价要适当，分别代表不同质量水平，可以满足不同层次消费者的需求。

5. 招徕定价策略

多数顾客有贪便宜的心理，可将某几种商品定的价格很低，以招徕用户访问企业的网站，促进其他产品的销售。访问的顾客多了，在卖出低价商品的同时，就能带动一般商品和高价商品的销售。

（二）折扣类定价策略

1. 现金折扣

现金折扣是指在有赊销政策的情况下，企业为鼓励买方支付现款或提前付款，在原定价格的基础上给予一定的折扣。

2. 数量折扣

数量折扣是指企业为了鼓励顾客大量购买或多次购买企业的产品而给予的一种折扣政策，一般来说，购买的数量越多，给予的折扣也越大。

3. 季节折扣

季节折扣是企业给那些购买过季商品或服务的顾客的一种价格减让。例如，为了鼓励中间商淡季进货，或激励消费者淡季购买，可以采取季节折扣策略。

（三）地区定价策略

对于不能在网上直接配送的产品来说，必然要涉及异地运输、装卸、仓储、保险等费用支出的问题，对此问题的解决，企业应考虑地区定价策略的制定。地区定价策略指网络营销活动中企业如何为其所经销产品在不同地区的销售定价。它包括FOB产地定价（是顾客按照厂价购买某种产品，企业只负责将这种产品运到产地某种运输工具上。交货后，从产地到目的地的一切风险和费用概由顾客承担）、统一交货定价、分区定价、基点定价、免收运费定价等策略。

（四）差别定价

企业产品的价格随着市场情形、个性化服务的成本以及提供产品或服务的方式等发生变化，就是所谓的差别定价，也叫价格歧视。企业对同一产品制定两种或两种以上的不同价格，以适应不同的需要，从而扩大销售，增加收益。需要说明的是，这种价格上的差异并非由成本费用的差别造成，而是出于对消费者不同需求特征的考虑。差别定价的形式有按顾客身份差别定价、按产品的形式差别定价、按产品的部位差别定价、按产品销售时间差别定价等。差别定价策略的制定受某些因素的影响，如市场是否可以细分，各个细分市场部分是否有不同的需求强度，顾客以低价格买进产品之后有没有可能再将它以高价转手卖给别的顾客，竞争者会不会产生低价竞销，该策略所增加的管理费用是否超过从差别定价中获得的额外收入，差别定价能否被顾客接受，是否引起他们的反感，等等。

（五）个性化定价策略

网络的互动性能及时获得消费者的需求信息，而且使个性化营销成为可能，也使个性化定价策略成为网络营销的一个重要策略。个性化定价策略是根据消费者的个性化需求特征，对同种产品制定有差别价格的一种定价策略。消费者对产品的功能、款式、颜色、样式等方面有着鲜明的个性化需求。网络营销条件下，网络为企业满足这种个性化需求提供了强有力的技术支持。网络营销活动中，对提供给不同用户的同种产品，企业不一定制定一致的价格，而完全可以根据具体情况制定有差别的个性化产品价格。

（六）特殊品定价策略

特殊品是指特定品牌或具有特色的产品或为特定顾客群专门供应的物品，如高档乐器、名牌钟表，供收藏的邮票、古董等。网络营销中，对特殊品的定价可以根据该产品在网上的需求状况来进行。

第三节　网络营销渠道策略

一、网络营销渠道概述

网络营销渠道就是借助网络将产品从生产者转移到消费者的中间环节。与传统营销渠道一样，以网络作为基础的网络营销渠道也应具备传统营销渠道的功能。一个网络分销系统是企业关键性的外部资源，对于大量从事网络分销活动的企业以及它们为之服务的特定市场而言，网络分销系统代表着公司的承诺。所以，公司旨在建立完善的产品分销渠道。

与传统的销售渠道相比，网络营销渠道有其自身的特点，这些特点主要表现在以下几方面。

（1）每一条网络分销渠道和传统的分销渠道一样，起点是制造商，终点是最后的消费者或用户。

（2）网络营销渠道的中介模式为电子交易市场，即在线中间商。而传统的分销渠道由参加商品流通过程的各种类型的机构组成。在网络营销中，电子交易市场完全承担起为买卖双方收集信息的任务，同时也利用其在各地的分支机构，发挥着批发商和零售商的作用。

(3) 商品在由生产者转移到最后消费者或用户的流通过程中，最少要转移一次商品的所有权，即从生产者到中间商，再到消费者。人们一般认为，网上销售就是直销，而实际上并不尽然。网络营销中的中间商与传统的中间商相比，其内容发生了一些变化。网络虽然缩短了人们的沟通距离，但并没有缩短人们与商品的物理距离，开展电子商务后，虽然服务方式、方法发生了改变，但中间渠道的作用还是必要的。

营销渠道是指与提供产品或服务、消费产品或服务过程中有关的一整套相互依存的机构，它涉及信息沟通、资金转移和产品转移等。因此，一个完善的网络营销渠道应有三大功能，即订货功能、结算功能和配送功能。订货系统要能为消费者提供产品信息，同时要便于厂家获得消费者的需求信息，以达到供求平衡。结算系统要能提供给消费者与厂家多种结算方式，如信心卡、电子货币、网上划款等。物流配送系统的功能是执行与控制原材料和最终产品从产地到使用地点的实际流程，并在盈利的基础上满足顾客的需求。

互联网的发展改变了营销渠道的结构。从总体上看，网络营销渠道可分为网络直销渠道和网络间接营销渠道两种类型。

网络直销渠道一般通用于大型商品及生产资料的交易，与传统的直接分销渠道一样，都没有中间商，商品直接从生产者转移给消费者或使用者。网上直销渠道也有订货功能、支付功能和配送功能。在网络直销中，生产企业可以通过建设网络营销站点，使顾客直接从网站进行订货，并通过和一些电子商务服务机构的合作，如网上银行等，直接提供支付结算功能，解决资金流转问题。另外，还可以利用互联网技术，通过与一些专业物流公司进行合作，建立有效的物资配送体系。

网络间接营销渠道是指由中间商把商品销售给消费者或使用者的营销渠道，一般适应于小批量商品及生活资料的交易。传统间接分销渠道可能有多个中间环节，而网络间接营销渠道只需要新型电子中间商这一中间环节即可。

直接营销渠道和间接营销渠道构成了网络营销渠道的两种基本类型。需要说明的是，在网络技术比较发达的情况下，信息流、商流和资金流可直接通过网上来完成，但物流也就是商品实体运动，还必须通过储存和运输来完成。一个企业不可能也不需要在自己的营销区域内建立完善的物流配送体系，它只需要通过不同区域、不同环节的物流商来完成商品的实体配送。

二、网络营销渠道策略的选择

（一）根据销售对象的不同选择渠道的策略

由于网上销售对象不同，所以网络营销渠道也有很大区别。在具体建设网络营销渠道时应考虑以下 4 个问题。

(1) 应从消费者的角度来设计营销渠道。要采用消费者易于接受的方式来建设网络营销渠道。

（2）订货系统的设计要简单明了。在进行订货时，不要让消费者填写太多的信息，而应采用现在流行的“购物车”方式模拟超市，让消费者一边看物品，一边选购，在购物结束后，一次性进行结算。另外，订货系统还应该提供商品搜索和分类查找功能，以便消费者能利用最短的时间找到需要的商品。

（3）在选择结算方式时，应考虑目前的实际发展状况，尽量为消费者提供多种结算方式，同时还要考虑网上结算的安全性。

（4）要建立完善的物流配送系统。消费者只有真正收到所购买的产品后，才会感到踏实放心，因此建设快速有效的配送服务系统非常重要。

（二）根据销售产品特性选择渠道的策略

选择网络营销渠道时要注意产品的特性，因为有些产品易于数字化，可以直接通过互联网传输，而大多数有形产品，还必须依靠传统配送渠道来实现货物的空间移动。因此，对于部分产品依赖的渠道，可以通过对互联网进行改造，以最大限度提高渠道的效率，减少渠道运营中的人为失误和时间耽误造成的损失。

三、常见网络营销渠道策略

（一）网络营销直销策略

网络直接销售简称网络直销，是指企业通过网络营销渠道直接销售产品，中间没有任何形式的网络中介商介入。

网络直销具有以下优点。

（1）网络直销对买卖双方都有直接的经济利益。由于网络营销大大降低了企业的营销成本，企业能够以较低的价格销售自己的产品，消费者也能够买到大大低于现货市场价格的产品。

（2）营销人员可以利用网络工具，如电子邮件、公告牌等，随时根据消费者的愿望和需要，开展各种形式的促销活动，迅速扩大产品的市场占有率。

（3）企业能够通过网络及时了解到消费者对产品的意见和建议，并针对这些意见和建议提供技术服务，解决疑难问题，提高产品质量，改善经营管理。

但是，面对大量分散的企业域名，消费者很难有耐心一个个去访问制作平庸的企业主页，特别是对于一些不知名的中小企业，大部分消费者不愿意为此浪费时间。据了解，我国目前有数万个企业网站，除个别行业和部分特殊企业外，大部分网站的访问者寥寥无几，营销收效不大。

（二）网络间接销售策略

为了克服网络直销的缺点，网络产品交易中介机构应运而生、这类机构的基本功能是连接网络上推销产品或服务的卖方和在网络上寻找产品或服务的买方，成为连接买卖双方的枢纽，使得网络间接销售成为可能。其基本原理和传统的间接销售渠道一样，产品或服务的卖方和买方不直接面对，产品或服务通过网络产品交易中介机构完成向消费者的转移。

与网络直接销售相比，网络间接销售具有以下优点。

(1) 有利于生产与消费的平衡。通过网络产品交易中介机构，一方面，产品以最短的渠道销售给消费者；另一方面，利用计算机自动撮合的功能，可组织产品的批量订货，满足企业对规模经济的要求，产品、服务和其使用者之间的缺口得以弥补，商品和服务的流通能顺畅进行。

(2) 使交易活动常规化。网络产品交易中介机构可以一天 24 小时、一年 365 天不停地运转，避免了时间上和时差上的限制；买卖双方的意愿通过固定的交易表格统一和规范地表达，避免了相互扯皮；网络产品中介机构所属的配送中心分散在全国各地，可以最大限度地减少运输费用；网络交易严密的支付程序，使得买卖双方彼此增加了信任感。很明显，由于网络产品交易中介机构的规范化运作，减少了交易过程中的大量不确定因素，降低了交易成本，提高了交易成功率。

(3) 便利了买卖双方的信息收集过程。从整个社会的角度来看，网络产品交易中介机构凭借自己的经验、专业知识、规模及掌握的大量信息，在把产品由企业推向消费者方面比企业自己来推销更简化，也更加经济。

(三) 网络营销分销策略

对企业来讲，广义上的客户指企业提供产品和服务的对象。对于企业里的每一名员工来说，客户的观念更加广泛。这里在论述“客户关系”管理时所提到的客户指的是和企业发生交互行为的客户，也就是“外部”客户。

凸显中间顾客，是想让企业重视“分销商”这种重要的客户。在传统观念里，企业并不把“分销商”当成自己真正的顾客，往往忽视“分销商”的利益和要求。企业和分销商之间即使有关系存在，也是暂时的、脆弱的、不平衡的。现在，已经有越来越多的企业用对待“顾客”的态度和方法来处理与分销商的关系，并取得了良好的效果。在这方面，宝洁和沃尔玛的关系堪称典范。在一段时间里，两者是一种不对称的关系，开始宝洁强势控制了双方的大部分交易，并且要求沃尔玛为其各种品牌的产品增加货架；而沃尔玛则凭借其巨大的销售力量和不断增长的潜力，要求制造商按它的标准行事。它们彼此之间没有信息共享，没有合作计划，没有系统的协调。宝洁的销售经理从来没有拜访过沃尔玛公司，而沃尔玛对待宝浩的态度也正如其创建者山姆·沃顿所说：“我们只是让我们的采购员和它们的销售员讨价还价，争吵不休。”20 世纪 80 年代中期以后，两家公司都开始审视并且改变这种关系。一个电子信息交换系统连接了两家公司，这个系统传递产品的销售和库存情况，并且处理订单、结算等业务。这样，宝洁可以根据销售情况随时调整生产，而沃尔玛也在保证满足客户需求的情况下，保持最恰当的库存。

第四节　网络营销促销策略

网络促销是指企业利用互联网来进行的促销活动，即通过网络技术向虚拟市场传递有关产品的服务的信息，以激发消费者的需求，使其产生购买欲望和购买行为的各种活动。快捷的、双向的网络传播模式，为网络促销提供了更加丰富多彩的表现形式。与传统促销方式相比，网络促销在时间、空间观念以及在顾客参与程度上都发生了较大的变化。网络使时空得到了大大拓展，订货和购买可能在任何时间、任何地点进行。网络中消费者的概念和客户的消费行为都发生了很大的变化，消费者直接参与生产和商业流通的循环，进行大范围的选择和理性的购买。因此，营销人员应深刻理解网络促销的特性，制定行之有效的网络促销策略。

一、网络促销形式

网络促销形式有 4 种，分别是网络广告、销售促进、站点推广和关系营销。其中网络广告和站点推广是主要的网络促销形式。网络广告已经形成了一个很有影响力的产业市场，因此企业的首选促销形式就是网络广告。网络广告作为有效而可控制的促销手段，被许多企业用于网上促销。

站点推广就是利用网络营销策略扩大站点的知名度，吸引上网者访问网站，达到宣传和推广企业以及企业产品的目的。其主要方法有两种：①通过网络广告宣传推广站点。这种方法可以在短时间内扩大站点知名度，但费用比较高。②通过改进网站内容和服务，吸引用户访问，起到推广作用。这种方法费用较低，而且容易稳定顾客访问流量，但推广速度比较慢。

销售促进就是企业利用可以直接销售的网络营销站点，采用一些促销方法宣传和推广产品，如价格折扣、有奖销售、拍卖销售等方式。关系营销则是借助网络的交互功能吸引用户与企业保持密切关系，培养顾客忠诚度，提高企业收益。

（一）网络促销相对于传统促销的变化

虽然传统促销和网络促销的作用都是促使消费者认识商品，引导消费者的注意和兴趣，激发他们的购买欲望，并最终实现其购买行为，但互联网强大的通信能力和覆盖面，使得网络促销在时间和空间、信息传播模式，以及顾客参与程度上，与传统的促销活动相比都发生了较大的变化。

1. 时空观念的变化

拓展阅读 3－4　加多宝：《中国好声音》网络推广

以商品流通为例，传统的商品销售和消费者群体都有一个地理半径的限制，网络营销却大大地突破了这个半径，使之扩展为全球范围的竞争。传统的产品订货都有一个时间的限制，而在网络上，订货和购买可以在任何时间进行。这就是现代最新的电子时空观。时间和空间观念的变化要求网络营销者随之调整自己的促销策略和具体实施方案。

2. 信息沟通方式的变化

促销的基础是买卖双方信息的沟通。在网络上，多媒体信息处理技术提供了近似于现实交易过程中的各种商品表现形式，双向的、快捷的、互不见面的信息传播模式将买卖双方的意愿表达得淋漓尽致，也留给对方充分思考的时间。网络营销者需要掌握这些新的促销方法和手段，促进买卖双方的合作。

3. 消费群体和消费行为的变化

在网络环境下，消费者的概念和消费行为都发生了很大的变化。网购者是特殊的消费群体，具有不同于消费大众的消费需求。这些消费者直接参与生产和商业流通的循环，普遍实行大范围的选择和理性的购买。

这些变化对传统的促销理论和模式会产生重要的影响。

（二）网络促销的作用

网络促销的作用主要表现在以下几方面。

1. 告知功能

网络促销能够把企业的产品、服务、价格等信息传递给目标公众，引起他们的注意。

2. 说服功能

网络促销的目的在于通过各种有效的方式，解除目标公众对产品或服务的疑虑，说服目标公众坚定购买决心。例如，在同类产品中，许多产品往往只有细微的差别，用户难以察觉。企业通过网络促销活动，宣传自己产品的特点，使用户认识到本企业的产品可能给他们带来的特殊效用和利益，进而推动其购买本企业的产品。

3. 反馈功能

网络促销能够通过电子邮件及时地收集和汇总顾客的需求和意见，迅速反馈给企业管理层。网络促销所获得的信息基本上都是文字资料，信息准确、可靠性强，对企业经营决策具有较大的参考价值。

4. 创造需求

精心策划的网络促销活动，不仅可以诱导需求，而且可以创造需求，发掘潜在的顾客，扩大销售量。

5. 稳定销售

由于某种原因，一个企业的产品销售量可能时高时低，波动很大，这是产品市场地位不稳定的反映。企业通过适当的网络促销活动，树立良好的产品形象和企业形象，往往有可能改变用户对本企业产品的认识，使更多的用户形成对本企业产品的偏爱，达到稳定销售的目的。

有人曾说，网络营销改写了一部分传统营销的经典理论，网络促销也大大改变了传统促销的形式。但是，不要以为传统的促销策略就已过时，由于网络促销仅仅是新出现的一种大众传播媒体的形式，网络客户关系管理和网络广告也只不过分别是公共关系和广告的子策略。因此传统企业在推行促销策略的时候，还是要着眼于促销方式的综合应用。

二、网络促销策略实施

网络促销策略的实施程序由四个方面组成，即确定网络促销对象、设计网络促销组合、制定网络促销预算方案和衡量网络促销效果。

（一）确定网络促销对象

网络促销对象是指有可能在网络虚拟市场上产生购买行为的消费群体。随着网络的迅速普及，这一群体也在不断膨胀。其主要包括下述三部分。

第一部分是产品的使用者。这里是指实际使用或消费产品的人，实际的需求构成了这些顾客购买的直接动因。只要抓住这一部分消费者，网络销售就有了稳定的市场。

第二部分是产品购买的决策者。在许多情况下，产品的使用者和购买决策者是一体的，在虚拟市场上更是如此。因为大部分的上网人员都有独立的决策能力，也有一定的经济收入。但在另外一些情况下，产品的购买决策者和使用者则是分离的。例如，中小学生在网络光盘市场上看到富有挑战性的游戏，非常希望购买，但实际的购买决策者通常是学生的父母。所以，网络促销同样应当把购买决策者放在重要的位置上。

第三部分是产品购买的影响者，也就是在看法或建议上对最终购买决策可以产生一定影响的人。人们在购买高档耐用消费品时，购买者往往比较谨慎，希望广泛征求意见后再做决定，这时能对产品购买者施加一定影响的人尤为重要。由于这部分人群对购买者的决策影响很大，自然不能忽视。

（二）设计网络促销组合

网络广告促销和网络站点促销是网络促销活动的两种主要方法。对企业而言，应当根据网络广告促销和网络站点促销两种方法各自的特点和优势，结合本企业产品的市场、顾客情况，扬长避短，合理组合。企业的产品种类不同、销售对象不同，促销方法也会随之不同。因此，促销组合是一个比较复杂的问题。

网络广告促销主要实施“推战略”，就是将企业的产品推向市场，获得广大消费者的认可。网络站点促销主要实施“拉战略”，就是将顾客牢牢地吸引过来，保持稳定的市场份额。一般来说，对日用消费品，如化妆品、食品、饮料、医药制品、家用电器等，网络广告促销的效果比较好。而对大型机械产品、专用品采用网络站点促销的方法则比较有效。在产品的成长期应侧重于网络广告促销，宣传产品的新性能、新特点。在产品的成熟期，则应加强自身站点的建设，树立企业形象，巩固已有市场。企业应当根据自身网络促销的能力确定两种网络促销方法配合使用的比例。

（三）制定网络促销预算方案

在互联网上促销，对于企业而言是一个相对新颖的问题。在网络促销实施过程中，企业预算方案的制定是一个难题。首先，必须明确网络促销的方法及组合的办法。企业选择自己设立的站点进行宣传的方法价格最低，但宣传的覆盖面可能较小。若选择其他的信息服务商，宣传的价格可能很高。所以，企业应当认真比较各站点的服务质量和服务价格，从中筛选适合本企业、质量与价格匹配的信息服务站点。其次，需要确定网络促销的目标。是树立企业形象、宣传产品，还是宣传售后服务，针对不同的目标相应选取促销方法，策划投入费用的多少。要把各种细节确定好，整体的数额就有了预算的依据，与信息服务商谈判时也有了一定的把握。

（四）衡量网络促销效果

衡量促销的实际效果是否达到了预期的促销目标，对企业来说十分重要。对促销效果的评价主要依赖于两个方面的数据。一方面，要充分利用网络上的统计软件，及时对促销活动的成功与否做出统计。这些数据包括主页访问人次、点击次数、千人广告成本等。利用这些统计数字，网上促销人员可以了解自己在网上的优势与弱点，以及与其他促销者的差距。另一方面，销售量的增加情况、利润的变化情况、促销成本的降低情况，有助于判断促销决策是否正确。同时，还应注意促销对象、促销内容、促销组合等方面与促销目标的因果关系的分析，从中可以对整个促销工作做出正确的判断。在此基础上，对偏离预期促销目标的活动进行调整，是保证促销取得最佳效果必不可少的程序。在促销实施过程中，不断地进行信息沟通的协调，也是保证企业促销连续性、统一性的需要。

第五节　网络营销服务策略

工业化时代的到来，使得企业的分工越来越细，商品的生产也越来越标准化。以手机为例，几乎所有的手机制造商都是全球采购零部件，然后由代加工企业组装完成。硬件上的趋同，使得这些手机产品本质上的差异非常小，因此企业间的竞争越来越多地转移到对客户的服务方面。尤其是在互联网高速发展的今天，网络平台提供了“一对一”营销服务的可能性和便利条件，优秀的企业也借助服务的差异性创造出独特的竞争优势。

一、网络营销服务的分类与特点

（一）网络营销服务的分类

根据企业可提供的产品和服务的比例、类型和内容，网络营销服务可以分为下述两种类型。

1. 有形商品的伴随服务

有形商品可以在网上完成部分交易环节，但无法实现交易的全过程。如客户在企业网站上或某网上商城看到一款心仪的净水器，他可以在网上了解产品信息然后到实体店购买，也可以在网上下单，但商品还需物流企业送货到家，而且还需售后服务人员上门安装。商家针对这类商品的网络营销服务主要体现在对商品的良好展示、对客户疑问的耐心解答以及对售后服务的郑重承诺等方面。

2. 无形商品的服务

无形商品可在网上完成全部的交易环节。由于不涉及实体商品的转移，物流环节不复存在。客户可以在网上购买并通过在线体验或下载后使用的方式完成消费活动。如客户在某游戏公司网站上看到一款付费游戏，网上付费后便可在线体验。商家的网上营销服务伴随着客户的交易和使用的全过程，除了交易前、交易中，还包括交易后。

如回答客户在玩游戏过程中的疑问、游戏的升级服务等。

（二）网络营销服务的特点

与传统的营销服务相比，网络营销服务的特点主要体现在以下几方面。

（1）网络营销服务突破了时空的限制，这是由互联网本身的特性所决定的。无论客户身处何方，也无论客户与企业相距有多远，只要双方能够通过网络连接在一起，企业就可以实施有效的网络营销服务，如在线咨询、在线培训、远程医疗等。

（2）可以提供更高层次的“一对一”服务。传统营销服务受限于成本因素，无法为客户提供个性化的“一对一”服务，而在网络营销模式下，这一切都不成问题。客户可以通过互联网直接向企业表达服务的诉求，企业也可在网络平台上及时给予回复。

（3）企业的服务成本较低，服务效益上升。一方面，互联网降低了客户服务的沟通成本，另一方面，企业通过互联网实现远程服务，扩大了服务的范围，能够创造更多的市场机会，从而有效提高服务的效益。

二、网络营销服务的实施过程与管理

（一）网络营销服务的实施过程

拓展阅读 3－5　依云：唤起童心

网络营销服务的实施过程可以分为交易前、交易中和交易后三个阶段，每个阶段的工作内容各有不同。在交易前，企业所做的工作主要是根据所销售的商品，进行全面的市场调查和分析，在此基础上制订销售策略和销售方式，并有效地利用互联网发布商品信息，最大限度地寻找潜在的交易对象。在交易中，网络营销服务的内容主要包括交易谈判和签订合同，以及办理交易前的手续等。在交易后，网络营销服务主要是指履行所签订的合同，如备货、组货、发货等，同时要处理买方的付款、结算等业务。此外，如果双方有业务纠纷或是违约等行为时，企业还需进一步处理索赔等事宜。

（二）网络营销服务的管理

网络营销服务的管理主要包括制订网络营销战略计划、开展网络市场调研、进行网页设计、网络公共关系管理以及制订网络渠道策略等。

【案例分析】

【案例 3－1】淘宝网“双 11”网络促销方法

2009 年，淘宝尝试“双 11”概念，提出在 11 月 11 日“光棍节”进行大促销，当年的“双 11”销售额是 5 000 多万元；“双 11”网购狂欢节引爆了这个时间点的网络消费热情，并且一发不可收拾，次年的“双 11”，淘宝的销售额突破 9 亿元大关；到了 2011 年，这个数字已经飙升到 52 亿元；2014 年“双 11”突破 500 亿元；到了 2015 年，网民们的热情不减，销售额竟然达到了令人咂舌的 912 亿元！

在此总结一下淘宝及其旗下的天猫网上商城“双 11”促销活动有哪些。

一、优惠券

天猫派送 100 亿优惠券供用户收藏在“双 11”当天使用。派送优惠券的商家包括骆驼、杰克琼斯、Only、七格格和耐克等，既有国际大牌又含淘品牌。

这一举动是天猫“双 11”打响的第一炮，提前一个月便开始在用户群体预热、传播，起到了很好的传播和宣传作用。

二、预售

10 月 15 日起，天猫开始预售“双 11”产品，进入预售平台付定金再付尾款即可购买。预售产品的好处很明显：缓解“双 11”当天的压力，提前备货，更加精准锁定用户群体，有效管理供应链，可谓是业界对电商促销模式的一种新尝试与探索。

三、抢红包

“双 11”另一大举动为抢红包，继续添油加火为网购狂欢节预热。11 月 1 日开始，天猫、支付宝和聚划算联合推出提前充值抢红包、11.11 支付宝余额支付抽现金，以及付定金获红包等系列活动，在活动前 11 天就开始引爆用户热情及活动氛围，效果明显。

四、5 折包邮

这个噱头不用多说，5 折封顶就是用户为什么扎堆在“双 11”购买的最直观、最实际的原因。所有参与活动的产品都被系统自动标上“11.11 购物狂欢节”的字样，并且承诺价格是近 30 天最低价，部分产品还有 5 折封顶的标识。“全场 5 折”这一优惠不得不说是直接刺激到了用户神经最敏感的部位。

五、移动端口

不同往年的是，手机移动端口同样出现了很多的新花样。手机下单可在整点时段参加抽红包，还能浏览最热宝贝、最八卦内容，以及附近的人购买（收藏）了哪些宝贝等，此举为上网不便的用户提供了很多便利。

案例思考：天猫采用了什么样的网络促销方法？

【案例 3 - 2】VANCL 凡客诚品网络直销

服装与鞋袜的成本其实并不高，许多世界知名名牌都在国内设有加工厂，服装价格动辄数千元，但实际成本却是令人想象不到的低廉，也许对于做服装的人来说这并不是一个秘密，去一些外贸市场也可以淘到很低价的尾货。但是对于企业来讲，还有品牌推广成本、运营成本和渠道成本等各种因素影响，因此服装的价格自然直线上涨。而网络直销可以在很大程度上降低服装的成本，这也是服装网络直销网站最近频频冒出的重要因素之一。

PPG 是国内男性服装直销的范例，不仅进入市场早，而且通过各种渠道的广告进行狂轰滥炸，加上风投的资金介入，风光一时，不过随之而来的诚信问题、质量问题和服务问题，都带来了很深的负面影响。在 PPG 之后又诞生了不少男装直销网站，其中陈年创建的 Vancl 凡客诚品就是其中很有特色的一家。

Vancl 凡客诚品的 CEO 是当年卓越网的创始人之一陈年，创建 Vancl 时召回了多名前卓越网的资深旧部加盟，另外陈年前期创建的“我有网”股东都转移到了 Vancl，他们在业界有相当多的资源可以进行整合，也许正因如此，才使其顺利拿到了两期的风险投资。正如陈年所说，“互联网很多模式的门槛在哪，大家也每年都在讨论，但结论其实还是人，是团队。”从目前来看，Vancl的团队素质和口碑都是毋庸置疑的，由此自然会让人感觉踏实放心。

Vancl凡客诚品选对了市场：男装比较标准化，容易生产，交货快；选对了用户群体：男性用户对服装没那么挑剔；选对了进入时机：在PPG负面新闻连连的情况下加入，可以迅速赢得口碑；选对了运营团队：带领卓越的班底的陈年有着丰富的物流运作经验；选对了投资商：IDG，联创策源和软银赛富的加入会反过来增强用户对Vancl的信赖。

案例思考：凡客诚品的渠道创新带给我们什么样的思考？

【思考练习】

1. 什么样的产品比较适合于网络营销？
2. 价格策略对于开展网络营销的企业来说意义何在？
3. 网络营销如何适当、适时地调整价格？
4. 如何做出正确的渠道策略？
5. 从现代市场营销的角度来看，产品整体概念包括哪几个层次？
6. 试论述企业的定价目标。
7. 试论述网络直销的优缺点。
8. 试论述网络促销的特点。

第四章

网络消费者行为

【学习目标】

1. 掌握网络消费者的内涵、类型及特征。
2. 知道影响网络消费者购买行为的因素都有哪些。
3. 了解网络环境下消费者的购买动机。
4. 了解网络环境下消费者购买行为的变化。
5. 掌握网络消费者的购买决策过程。

【案例导入】

“精准化营销”思维杀入糖酒会

在近期举行的第91届糖酒会酒店展上，残酷的冷清局面反映出行业进入深度调整期，倒逼酒厂与酒商深度转型，未来行业的转型还得看互联网思维。

多家上市酒企出现亏损

2014年披露的白酒上市公司半年报数据显示，包括白酒概念股顺鑫农业在内的16家上市酒企中，有15家净利润增速下降，水井坊、酒鬼酒、皇台酒业更是出现了亏损。

营销模式变革成行业共识

面对需求不足这个白酒行业当前最主要的冲击，不管业绩如何，几乎所有酒企都在半年报中提到，自身正在对销售模式进行调整，对营销费用的投入都开始注重精确计算、稳步推进，担心“突围不成反被围剿”。营销这个昔日催化业绩的法宝，成为酒企继续深耕、创新的战略要地。

各大酒企使出浑身解数进行营销模式的革新。茅台在提升管理、优化结构、深耕市场等方面做了大量的工作，通过不断向市场放量抢占份额，还投资2 500万元与大股东等关联方合资成立电商平台。

未来营销模式将变为喇叭形

“对于酒企来说，传统的营销模式正在被互联网颠覆。改变成本结构，做精准化营销将成为互联网时代酒企营销的核心。”郝鸿峰表示，未来的营销模式将变为喇叭形：

利用互联网的放大效应，找准受众人群，以口碑推动，一传十，十传百，而这种营销模式的成本几乎为零。

不过，这种营销模式将倒逼酒企更细致地研究自身的消费人群，提供更好的产品。郝鸿峰表示，围绕精准化营销，酒仙网已经搭建起了自己的“全网时代”营销渠道。

资料来源：庞倩影等：《“精准化营销”思维杀人糖酒会》，载《新快报》，2014-10-14。有改动。

启示：传统营销模式被互联网颠覆，未来营销的核心是“全网时代的精准化营销”。

消费者行为分析是经济学与管理学研究的重要内容，然而，过去这方面的研究主要集中于传统的购物行为，而网上购物与传统的购物活动有明显区别，因此，网上销售商应该多多关注网络消费者行为。

第一节　网络消费者概述

一、网络消费者的内涵

网络消费者是通过互联网在电子商务市场中进行消费活动的顾客人群。人类学家很早以前就提出，人类将有一种新技术，能够对社会关系产生转变性的影响。互联网便是这一造就社会转变的新技术，它“扰乱”了企业与顾客的关系。这一新技术降低了信息收集、处理、传播的成本，增加了顾客力量，此时传统上顾客与企业间的失衡将被扭转。因此，任何有兴趣、有动机的顾客都能扮演以往可能需要庞大资源和组织能力的角色。

网络营销企业竞争是一种以顾客为焦点的竞争。顾客心理和行为的变化要求企业的营销策略必须针对这些变化而改变。具体而言，这些变化主要体现在以下几方面。

(1) 个性化消费的回归。消费品市场发展到今天，多数产品无论在品种还是数量上都已极为丰富，现实条件已初步具备，使顾客能够以个人的意愿为基础挑选和购买产品或服务。在网络营销中，顾客的主导权更是体现得淋漓尽致。网络的便利性使得数以万计的顾客成了选择的决策人，网络顾客足不出户，不受时间和空间的限制，就能了解与商品有关的一切信息，尽情比对，并不断发现新奇有趣或者更加匹配其需求的产品。凭借网络的强大优势，网络顾客不仅能做出选择，而且渴望选择。从理论上看，没有哪两个顾客的心理是完全一致的，每个顾客都是一个细分市场，个性化消费正在也必将成为消费的主流。

(2) 更主动地了解产品信息。在网络市场中，销售者通常会用详细的介绍对其产品进行描述，各种参数一览无余，大大提高了顾客在信息的客观性和选择的主动性方面的满意度。网络给予了用户极速获取和处理信息的“法宝”，此时的网络顾客，不再满足于被介绍、被推荐，而是希望通过对该类产品的了解做出自己的判断，这时，其购买行为的第一步就是学习。之所以出现这种现象，部分原因在于，网络市场中备选产品的增多给顾客带来了购买的风险感。现实中比较突出的例子就是在准备购买一些价格较高的耐用消费品（如电脑）时，顾客会主动通过各种可能的途径获取与产品有关的信息并进行分析比较。这些分析也许不够准确和充分，但顾客可从中获得心理上的平衡，降低风险感和购买后后悔的可能性，增加对产品的信任和心理上的满足感。

（3）顾客心理稳定性降低。现代社会科技和经济都在飞速发展，新生事物不断涌现。顾客心理受这种趋势带动，稳定性降低。以往一件产品流行十几年的现象现在已十分罕见。现在产品更新换代速度极快，品种花式层出不穷。人们结束对于一件产品的使用，不会等到它使用价值消失之时，更多的时候，是由于新功能的出现、替代品的出现，甚至仅仅是因为新鲜感的丧失。尤其在网络时代，信息的流通速度之快使人们对于流行的追求有了坚实的科技基础。这直接导致了产品生命周期不断缩短，产品生命周期的缩短反过来又会促使顾客心理转换速度进一步加快。例如，电视机在中国由黑白发展为彩色经历了十几年的时间，但现在每年都有采用新技术、增加新功能的电视机出现，以满足顾客的某些求新、求变的需求。

（4）追求购物的实用性和享乐性。网络消费最初吸引人们的注意力时打出的旗号非“便利”莫属。在网上选择产品不需“真刀真枪”，这对很多顾客来说是对时间和劳动成本的极大节约。现代社会人们的工作压力普遍增大，对很多忙碌的顾客来说，这种节约是很大的诱惑。特别是对于需求和品牌选择都相对稳定的产品，这一点尤为突出。然而另外一些可供支配时间较多的顾客，不仅需要以购物来打发时间、寻找乐趣，而且能通过购物过程减少孤独感。这一点在一些自由职业者或家庭妇女中表现突出。因此该群体愿意多花时间和体力去购物，前提必须是购物能给他们带来乐趣，满足其心理需求。这两种相反的心理将在今后较长的时间内并存和发展。

综上所述，可以看出信息时代的一种新的市场的实质，权力就掌握在“握鼠标的人”手中。顾客可能在任何时候进入网站获取信息以及产品，具体的行动只不过是一次点击而已。网络营销者必须时时刻刻关注顾客的需求与动向，许多潜在的顾客可能仅仅因为一个信息或者一张图片而离开或进入企业的网站。

二、网络消费者的类型

网络消费者是以网络为工具，通过互联网在电子商务市场中进行消费活动的顾客人群。网络消费者与网民有所不同：网络消费者一定是网民，但网民不一定是网络消费者。进行网络购物的消费者可以分为简单型、冲浪型、接入型、议价型、定期型和运动型等 6 种类型，见表 4－1。

表 4－1　网络消费者的 6 种类型

序号	类型	说　明
1	简单型	简单型的消费者需要的是方便、直接的网上购物。该类消费者每月只花少量时间上网，但其进行的网上交易却占了一半。零售商必须为这一类型的人提供真正的便利，让该类消费者觉得在网站上购买商品可以节约更多的时间

续表

序号	类型	说　明
2	冲浪型	冲浪型的消费者在网民中所占的比例不高，但他们在网上花费的时间却占很大比例，并且访问的网页数量比其他网民多得多。冲浪型消费者对经常更新、具有创新设计特征的网站很感兴趣
3	接入型	接入型的消费者是刚触网的新手，很少购物。那些拥有著名传统品牌的公司应对这群人保持足够的重视，因为网络新手们更愿意相信自己生活中已熟悉的品牌
4	议价型	议价型的消费者有一种趋向购买便宜商品的本能，著名的 eBay 网站一半以上的顾客属于这一类型，喜欢讨价还价，并有在交易中获胜的强烈愿望
5	定期型	定期型消费者常常访问新闻和商务网站，通常都是被网站的内容所吸引，网站必须保证自己的站点包含该类网民所需要的和感兴趣的信息，否则消费者会很快跳过该网站进而转入下一个网站
6	运动型	运动型消费者则喜欢运动和娱乐网站，通常都是被网站的内容所吸引，网站必须保证自己的站点包含该类网民所需要的和感兴趣的信息，否则消费者会很快跳过该网站进而转入下一个网站

三、网络环境下消费者的特征

互联网络的出现使得消费观念、消费方式和消费的地位正在发生着重要的变化，使网络消费者心理及需求呈现出新的特点和趋势。

（一）个性消费的回归

在过去相当长的一段历史时期内，工商业都是将消费者作为单独个体提供服务的。在这一时期内，个性消费是主流，只是到了近代，工业化和标准化的生产方式才使消费者的个性被淹没于大量低成本、单一化的产品洪流之中。然而，没有一个消费者的心理是完全一样的，每一个消费者都是一个细分市场，心理的认同感已成为消费者做出购买品牌和产品决策的先决条件：网络时代，个性化消费将再度成为消费者的主流。

（二）消费需求的差异性

网络时代消费者需要的是某种量身订制或个性化的服务，这不仅仅是因为消费者的个性化消费使消费需求呈现差异性，不同的网络消费者因所处环境不同也会产生不同的需要，即使不同的网络消费者在同一需求层次上的需求也会有所不同，所以，从事网络营销的厂商要想取得成功，就必须在整个生产过程中，从产品的构思、设计、制造，到产品的包装、运输、销售，认真思考这种差异性，并针对不同消费者的特点，采取有针对性的方法和措施。

（三）从单向到互动

在互联网络时代，企业与消费者的关系正从独自转变为对话。这种角色的互换来源于现代社会中不确定性的增加和人类追求心理稳定和平衡的欲望。网络消费者要求的是，厂商能询问他们各种不同的爱好，并且尽可能尊重他们的这些爱好。例如荷兰跨国巨人飞利浦电子公司在20世纪90年代发展在线儿童产品的做法就是一个很好的案例。飞利浦公司派遣工业设计师、认知心理学专家、人类学家和社会学家乘坐厢形车到意大利、法国和荷兰的各个社区，研究员邀请成人和儿童一起动脑筋、出主意，想新电子产品的点子。经过一系列的对话和讨论以后，飞利浦把收集到的建议浓缩成一份简短的清单，然后选择一项新的互动式产品，下一步，研究员重返社区，在参与协助的同一批儿童身上测试新产品的概念。

（四）网络消费仍然具有层次性

网络消费本身是一种高级的消费形式，但就其内容来说，仍然可以分为由低级到高级的不同层次。在网络消费的开始阶段，消费者侧重于精神产品的消费，到了网络消费的成熟阶段，消费者在熟悉了网络消费的规律，并且对网络消费产生了一定的信任感后，消费者才会从侧重于精神消费品的购买转向日用消费品的购买。

第二节　影响网络消费者购买行为的因素

一、营销因素

（一）产品因素

（1）产品的新颖性。追求时尚与新颖是许多网上消费者（特别是青年消费者）进行网上购物的主要原因，这类消费者关注产品的款式、格调和社会流行趋势，讲求新潮、时髦和风格独特，力争站在时尚潮流的浪尖。

（2）产品的个性化。产品的个性化表现为企业根据网络客户的个性化需求对产品在功能、外观、结构上进行重新设计和组配，提供冗余功能与结构，增添新的个性化功能，并根据个性化要求优化外观结构，以实现客户追求的高度个性化效果。

（3）产品的购买参与程度。一些产品要求的消费者参与程度比较高，消费者一般需要现场购物体验，而且需要很多人提供参考意见，这些产品通常不太适合网上销售。对于消费者需要购买体验的产品，可以利用网络营销推广功能辅助传统营销活动的开展，或者将网络营销与传统营销进行整合，将网上购买和网下体验结合起来，这就是O2O（Online to Offline）电子商务模式。

（二）商品陈列因素

传统商店可以通过不同的商品陈列方式达到展示商品和吸引消费者购买的目的，但是在虚拟的网络空间中没有了店堂货架的概念，取而代之的是网页、商品分类目录和店内商品搜索引擎，所列出的也不再是商品的实体，而是有关该商品的说明介绍和图片等，这必然也会影响到网络消费者的行为。

（三）服务因素

网上零售商店的信誉和服务质量等因素也是影响网上消费者行为的重要因素。在网络环境下，零售商提供的服务不仅包括网上服务（例如，网上提供的产品信息全面、翔实，对顾客提出的问题能够及时解答，网页的界面设计合理等），而且包括产品的配送及售后服务，这些都会对消费者的购买意愿产生重要影响。

（四）网络推广因素

网络推广是影响网络消费者购买行为的一个重要因素。在网络生活中，网络推广的痕迹几乎随处可见。网络推广是指通过基于互联网采取的各种手段进行的宣传推广等活动，以达到提高品牌知名度的效果。与传统广告一样，网络推广的目的也是增加自身的曝光度以及对品牌的维护。

二、风险因素

拓展阅读 4-1　传播媒介的发展推动营销传播模式的改变

消费者在网上的虚拟环境中购买商品时，一般需要先付款后送货，这不同于传统购物的一手交钱一手交货的现场购买方式，网上购物使时空发生了分离，交易过程中物流与资金流是相互分离且非同步发生的，消费者有失去控制的离心感。因此，网络环境下的购买者面临着交易和购买结果的双重不确定性，这些不确定性增加了消费者的风险认知，进而直接影响消费者的购买决策过程。

传统购物环境下已确定的六种感知风险，在网上的购物环境下同样存在。网上购物给消费者造成的身体风险和社会风险类似于传统购物，但是其余的风险则有所不同。下面介绍网上购物的四种特有风险。

（一）财务风险

在网络上，商家的身份难以确认，销售的商品也不能查看，交易过程中物流、信息流与资金流的不同步，都增加了消费者的风险感知。交易另一方主体的虚拟性会使消费者担心对方不守信用或故意欺诈给自己造成经济上的损失。同时，消费者也会感知到在线使用信用卡的风险，往往不愿意在网上提供信用卡信息。

（二）性能风险

产品性能风险可能源于消费者不能准确判断在线销售的产品质量而导致的错误决策。消费者在网上购买产品时，不能像在传统购物环境中那样对产品“眼看、手摸、口尝”，而主要依靠网上商家对产品的描述。不准确的产品展示、不充分的产品信息说明都会增加消费者感知的产品性能风险。

（三）心理风险

许多消费者担心个人隐私问题，当个人信息被泄露，消费者可能会失望、受挫并感到受辱。消费者的购物习惯可能被网上商家追踪，并且提交的个人信息可能会被擅自公开，从而遭受未经允许的“垃圾”邮件的侵扰。

（四）时间风险

订单提交、网站搜索、送货和退换货时间过长等带来的时间损失，网站设计混乱，网页加载速度过慢等都是消费者关注的问题。

三、个人及心理因素

（一）个人因素

1. 性别

在传统的实体市场中，男性与女性的购买行为存在较大的差异，这种差异在网络市场中同样有所体现。比如男性网络消费者在购物时比较理性，往往在深思熟虑之后才做出购买决策，女性网络消费者在购物时则比较感性，往往一旦浏览到自己喜欢的商品就会下意识地放入购物车中。另外，男性网络消费者的自主性较强，往往会自己去寻找关于商品价格、质量、性能等方面信息的资料，然后自己做出判断；女性网络消费者则依赖性较强，在做出购物决策时往往会比较在意其他人的意见和评价。

2. 年龄阶段

互联网用户的主体是年轻人，处于这一年龄阶段的消费者大多思维活跃、好奇、冲动、乐于表现自己，既喜欢追逐流行时尚，又喜欢展现独特的个性。这些特征在消费行为上表现为时尚性消费和个性化消费的趋势，因此，在网络市场中时尚和个性化的商品往往更受消费者欢迎。

3. 受教育程度和经济收入

统计数据表明，互联网用户中大多数人都接受过高等教育，平均收入水平略高于总人口水平。网络消费者的受教育程度越高，在了解和掌握互联网知识方面的难度就越低，也就越容易接受网络购物的观念和方式。因此，越是受过良好教育的网络消费者，网络购物的频率也越高。

4. 网络消费者的购物导向

网络购物提供的效用比较大，比较容易使用，对于便利导向的消费者而言，也比较倾向于网络购物。然而另一方面，网络渠道也存在无法接触产品、缺乏娱乐性等缺陷。在网络上，消费者无法真正地触摸、感觉及试用产品，对体验导向的消费者而言，网络购物变得十分不确定，从而使其更倾向于传统的购物方式；网络购物环境下，商品的展示、买卖双方的交互及交易过程都是通过互联网与计算机完成的，无法满足消费者购物时面对面人际互动、社会交往等方面的需求，因此网络购物对娱乐导向型消费者的吸引力比较弱。最后，价格导向的消费者偏向于网络渠道，因为一般而言网络渠道比传统的销售渠道能够提供更低的价格。

5. 网络消费者的网络经验

网络消费者网络经验的指标可以细化为计算机使用年限、网络使用年限，平均每周使用网络时间等。通过对消费者网上购物的研究发现，感知网络购物易用性、感知网络购物有用性、消费者网络经验、收入和体验型购物导向是决定消费者网络购物决策的五个关键因素。根据这些发现，网上零售商应当重点针对收入较高、网络使用经验丰富的消费者制定营销策略，还应该进行资源整合，提高消费者对网络购物有用性及易用性的感知。

6. 使用互联网的熟练程度

网络消费者对互联网的熟悉或使用熟练程度同样会影响其行为。当消费者刚刚接触网络时，对互联网的认识还处于比较低的水平，操作应用也并非很熟练，对互联网充满兴趣和好奇，其行为主要是通过实验和学习力求了解和掌握更多的互联网知识，但由于对互联网还存在比较强的恐惧心理，因此网络购物行为发生的比率较低。随着消费者每周上网时间的增加，对互联网越来越熟悉，操作应用也越来越熟练，同时消费者对互联网的恐惧心理也会逐渐减弱。此时的消费者把互联网当作一种平常事物，并开始进行各种各样的网络购物活动。随后网络消费者的行为开始出现分化：一部分消费者由于刚开始时的新奇和神秘感已经逐渐消失，会逐渐削减每周上网时间直至某一固定水平，只在必要时才会上网，并且形成了固定的浏览网站（网络商店）和消费习惯，这类消费者被称为喜新厌旧者；另一部分消费者仍在互联网上花费大量的时间，把网络空间看作现实社会的替代品，在互联网上学习、交流、购物、娱乐等，这类消费者被称为网络黏滞者。

（二）心理因素

1. 个性心理特征

网络消费者在购买活动中所产生的感觉、知觉、记忆、思维、情感和意志等心理过程，体现了人类心理活动的一般规律，但人们的购买行为实际上又是千差万别的。构成这种差异的主要心理基础，就是网络消费者的个性心理特征。对于网络消费者而言，其个性心理特征具体表现为一个人的能力、性格和气质等个别特征。

2. 社会心理特征

人是生活在社会、组织和群体中的，因此，其所具有的心理状态和心理现象不可能是孤立的、个体性的，必然具有社会性。这种社会性的心理，以及在此基础上发展起来的社会态度，对网络营销信息传播效果有根本性的影响。因此，企业不仅要研究了解网络消费者的个性心理特征，更要把握其社会心理特征。

研究表明，个人在群体行为过程中，往往会失去应当具有的或者个人情境下具有的本性，在群体心理过程压力下，个人会做出个人情境下一般不会采取的行为，这就是失个性化。应该说，失个性化并不是人的积极心理现象，也不是人的全部群体心理过程。但是，网络消费者在接受网络信息传播时，会明显地产生失个性化的现象，受到群体心理过程的影响，而在群体情境下接受网络营销信息就有其特有的规律和现象，主要有相互模仿、相互感染、社会遵从等。

第三节 网络营销环境下消费者行为分析

在互联网时代，“商业来源”和“公共来源”的信息因信息的单向性和企业的营销过度，被消费者认为是王婆卖瓜自卖自夸，对其的信任度也随之下降。而“个人来源”和“经验来源”，则以用户原创内容（User Generated Content，UGC）的形式，开始通过网络大行其道，是为“网络分享”和“网络口碑”。根据“社会认同”的群体影响力理论，个人在群体中存在从众心理，人们倾向于认为他人比自己更加了解所处的情况，他人的行为也总是合理和正确的。因此个人会做出和他人一样的行为，以获得群体的认同，这种效应就是“社会认同”。于是消费者们更倾向于相信那些已购买者说的话当消费者在阅读产品评价和用户评论时，只要他们认为这些评价和评论都是属实的，而且来自真正使用过的消费者，那么这些评论就一定能影响他们做出购买决策。并且，他们会认为自己在做这一购买决策时是比较理智和明智的。这不仅能提升企业产品的销量，同时还能为消费者带来比较愉悦的购买体验。

来自 CompUSA 和 iPerceptions 做的一项研究表明，63%的消费者表示如果在网站上看到产品的评论和普遍的评价都不错，那么他们就会购买这一产品。美国的购物网站 PETCO 的副总裁曾说道：“商品的用户评论功能帮助网站带来了不少的销售业绩。”他们曾经做过一项用户调查，在用户确认订单之后，对其问道：“您觉得在购物过程中，哪一项工具对您的购物决定产生了影响?”最后的结果显示，回答“商品的用户评价和评论功能”的用户数量遥遥领先。

这些“个人来源”和“经验来源”的信息主要通过即时通信工具、交易社区和其他社交媒体呈现，再经过搜索引擎对社交媒体的抓取实现了对“个人来源”和“经验来源”的信息汇聚，从而扩大了其权威性和影响力。当越来越多的“个人来源”和“经验来源”的信息通过社交媒体汇聚到网络上来，其在传统时代信息量少、权威性不够的问题便得到了良好的解决。而信息量和权威性一旦提升上来，便打破了传统时代，产品信息收集中存在的信息不对称壁垒便对产品选择与购买决策产生重要影响。

企业应该意识到，消费者的购买决策提升上来将越来越受网络传播的影响，受社交媒体中的其他消费者的影响，而这种消费者间的相互影响，最终可能将决定企业的命运。在这种趋势下，通过社交媒体营销将有助于提升消费者的购买意愿。尼尔森针对 80 万 Facebook 用户对 70 个品牌 125 个广告的反应进行研究发现，在社交网络上投放广告比其他广告更有效果。调查者发现消费者更留意在社交网络上的广告，并且购买产品的意愿也更大。

一、网络环境下消费者的购买动机

网络消费者的购买动机是指在网络购买活动中，能驱使网络消费者产生购买行为的某些内在动力。企业只有了解消费者的购买动机，才能预测消费者的购买行为，以便采取相应的促销措施。由于网络促销并不是面对面的销售，消费者的购买行为不能直接被观察到，因此对网络消费者购买动机的研究显得尤为重要。总体而言，网络消费者的购买动机可以分为两大类：需求动机和心理动机。

（一）需求动机

网络消费者的需求动机是指由需要而引起的购买动机。要研究消费者的购买行为，首先必须研究网络消费者的需求动机。美国著名的心理学家亚伯拉罕·马斯洛把人的需要划分为 5 个层次，即生理需求、安全需求、社交需求、尊重需求和自我实现需求

(见图 4-1),这就是需求层次理论,这一理论对网络需求层次的分析具有重要的指导作用。

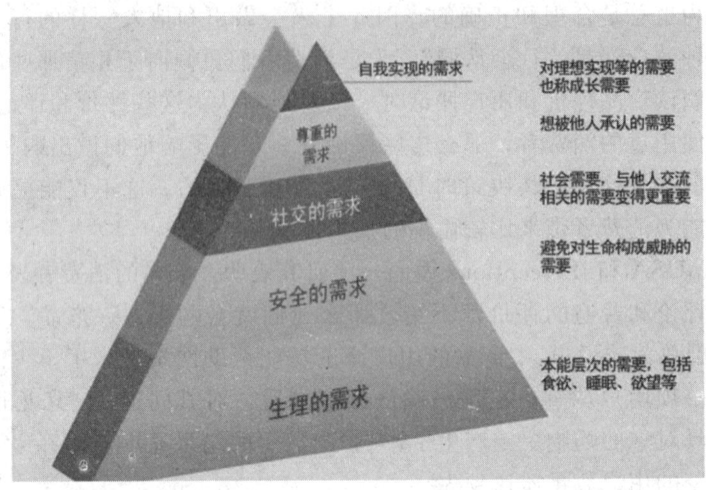

图 4-1 马斯洛需求层次理论

网络技术的发展,使现在的市场变成了网络虚拟市场,但虚拟社会与现实社会毕竟有很大的差别,所以在虚拟社会中人们希望满足以下三方面的基本需要。

1. *兴趣需要*

兴趣需要即人们出于好奇和能获得成功的满足感而对网络活动产生兴趣。这种兴趣主要来源于两种内在驱动力:一是探索。人们出于好奇心理探究秘密,驱动自己沿着网络提供的线索不断深入地查询,希望获得更多的信息。二是成功。当人们在网络上找到自己需要的资料、软件、游戏等,自然会获得一种成功的满足感,随着这种成功的个人满足感的不断加强,人们对网络的接受程度也不断提升。

2. *聚集需要*

人类是以聚集而生存的动物。在现代社会中,由于人们生活节奏的加快,常常没有整块的时间在一起聚集,网络却能够给相似经历的人提供聚集的机会。这种聚集不受时间和空间的限制,且能够形成富有意义的人际关系。

3. *交流需要*

聚集起来的网民,自然会有交流的需要。随着这种信息交流频率的增加,交流的范围也在不断扩大,从而产生示范效应,带动对某些种类的产品和服务有相同兴趣的成员聚集在一起,形成商品信息交易的网络,即网络商品交易市场。

(二)心理动机

拓展阅读 4-2 亚马逊利用搜狗搜索,实施"马上有惊喜"推广

心理动机是由人们的认知、感情、意志等心理过程而引起的购买动机。网络消费者购买行为的心理动机主要体现在理智动机、感情动机和惠

顾动机三方面。

1. 理智动机

理智动机是建立在人们对于在线商场推销商品的客观认识基础上的。网络购物者大多是中青年，具有较强的分析判断能力，其购买决定是在反复比较各个在线商场的商品之后才做出的，对所要购买的商品的特点、性能和使用方法，早已心中有数。理智购买动机具有客观性、周密性和控制性的特点。在理智购买动机驱使下的网络消费者购买行为，首先注意的是商品的先进性、科学性和质量，其次才注意商品的经济性。这种购买动机的形成，基本上受控于理智，而较少受到外界氛围的影响。

2. 感情动机

感情动机指由人的情绪和感情引起的购买动机。这种购买动机又可以分为如下两种形态。

（1）低级形态的感情购买动机。它是由喜欢、满意、快乐、好奇而引起的。这种购买动机一般具有冲动性、不稳定性的特点。

（2）高级形态的感情购买动机。它是由人们的道德感、美感、群体感引起的，具有稳定性、深刻性的特点。在线商场提供送货服务，大大促进了这类购买动机的形成。

3. 惠顾动机

这是基于理智经验和感情之上的，对特定的网站、图标广告和商品产生特殊的信任与偏好而重复地、习惯性地前往访问并购买的一种动机。惠顾动机的形成，经历了人的意志过程。网络消费者在为自己做出购买决策时，心目中首先确立了购买目标，并在各次购买活动中克服和排除其他同类水平产品的吸引和干扰，按照事先计划实施购买行动。具有惠顾动机的网络消费者，往往是某一站点的忠实浏览者，不仅自己经常光顾这一站点，而且对众多网民具有较大的宣传和影响功能，甚至在企业的产品或服务出现某种过失的时候，也能予以谅解。

二、网络环境下消费者购买行为的变化

与传统的营销环境相比，消费者在网络环境下购买或消费商品时会感受到以下几方面的好处。

（1）信息更充分。对于一个熟练的网络用户，要想在互联网上查询某种产品的信息，如功能、价格、生产厂家、品牌的对比等是轻而易举的。

（2）体现在支付的成本与承担风险。信息的充分，使消费者支付产品的价格从理论上趋于该产品的实际市场价值，相应的经过充分比较的产品带来的风险也相对较小，这就是所谓的货比三家的实惠。此外，在互联网上查询信息、定购产品、下单交易等也可为消费者节省时间成本和距离成本。

（3）产品和服务。理想状态下的假设认为任何产品都可以在网络上进行展示、销售，因此网络营销首先涵盖了传统营销的产品范围，此外网络上还有大量五花八门的、触手可及的信息产品，因此消费者在网络环境中所能够接触到的产品要比传统环境更为丰富。同时网络技术为符合用户个性化需求的产品和服务的实现提供了重要的保证。

网络环境下，信息沟通模式发生了变化，使消费者的角色随之发生了革命性的变化。传统大众媒体的信息沟通模式是一对多，如图 4－2 所示。

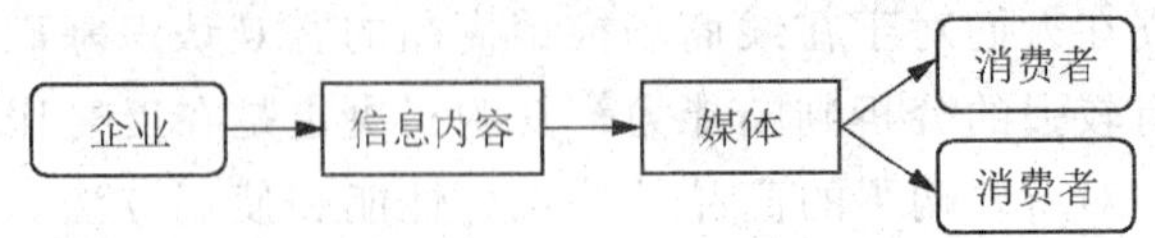

图 4－2　传统大众媒体信息沟通模式

信息发送者——企业把经过编译的信息通过媒体传播到消费者群中，在这种沟通模式下，信息的传输是单方向的，作为信息接收者的消费者是被动的，他们不参与信息内容的制作，也没有选择接收或不接收的权利，正如电视观众不能参与某一产品的电视广告，也不能要求电视台停止播出这一广告，虽然电视观众可以选择更换频道，但是永远不可能让电视广告在这一媒体消失。信息沟通在市场营销中主要有三个重要的功能：信息告知、信息提醒、购买劝说。在这种传统的沟通模式下，只能完成信息告知和信息重复提醒两个步骤的功能作用，信息传递的单向性使产品和品牌的差异化工作变得困难，而这是推动消费者做出购买决策的关键。

网络环境下信息沟通模式既包括一对一模式，也有多对多的模式，信息沟通的过程是动态的，如图 4－3 所示。

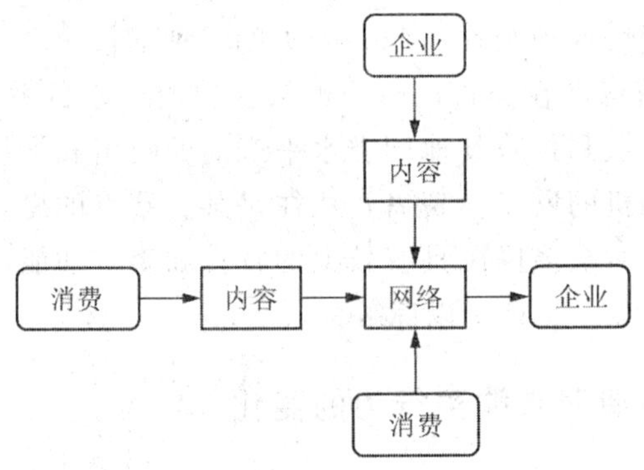

图 4－3　网络环境下信息传递模式

在这种新的沟通模式下，不论是消费者还是企业，既是信息发布者又是信息的接收者。消费者可以直接和企业进行信息互动，也可以主动在媒体上发布自己的需求，消费者是积极的、主动的，其行为过程是完全以自我意识为导向的，这与传统的沟通模式有着本质的差别，也正是这种本质差别对消费者的购买行为产生了很大的影响。消费者行为理论研究表明消费者的购买行为受多种因素影响，如图 4－4 所示。

与传统环境下相比，个人因素与心理因素的位置提前了，文化因素和社会因素的位置向后移动，这是因为在网络环境下，消费者的个人行为得到了极大的发挥，整个消费者市场也变得更加复杂，消费者上网是非常富有个性色彩的个人行为，完全受自己的独立意识支配。国外学者在研究后也发现，个人的这种自我意识对其自身行为的影响要远远超过个人通过经验和能力所获得的协调性的影响，虽然人们的行为潜在地受到其所接受的教育、文化和经验的影响，但是在网络环境下，由于个人的行为在很大程度上所受的风险会小一些。比如一个性格木讷、说话口吃的人在网上就不怕说话被人耻笑，如果他没有尝试使用麦克风和别人进行交流的话，这样，人们的行为在网络环境下会显得更随心所欲一些。

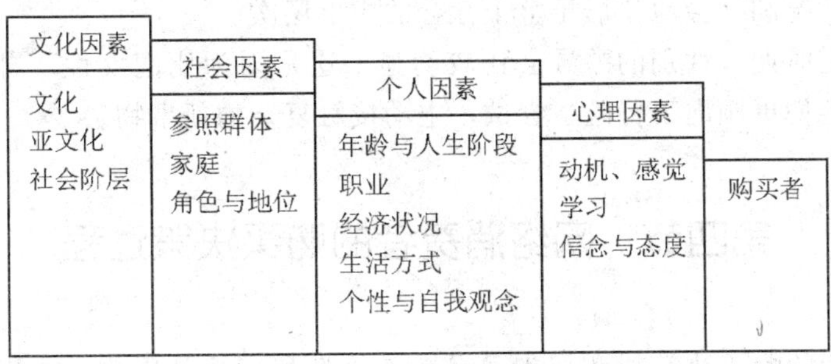

图 4－4　网络环境下消费者购买行为影响因素

（1）与传统环境下消费者的购买行为模式相比较，在网络环境下，个人因素一栏增加了一个项目：个人的受教育情况，这一点很容易理解，统计资料显示当前中国上网人口中大专、本科及以上文化程度的占 71％。个人的受教育情况不同决定了个人的知识水平差异，而网络环境本身就是一个可共享的资源中心，如何寻找有价值的信息、如何评价某种商品信息等都会因人而异，并明显地体现在他们知识水平的差异上。

拓展阅读 4－3　质量与价格是影响网购用户的核心因素

（2）在网络环境下，消费者购买行为过程图还增加了两个因素——能力因素和环境因素。环境因素主要指的是消费者网上消费的难易程度、便捷程度和满意程度。它主要涉及一些客观存存的现实问题，如现有上网方式的局限、上网费用过高、信息传输不稳定、网络安全得不到保障、银行不支持网上支付或支付手续烦琐、成功率低等，这些因素对消费者在网上所产生的影响结果也很容易理解。消费者不论在网络上浏览信息还是订购商品都必须支付费用、成本和时间，其中的一些问题如果不能得到很好的解决，就会成为消费者购买过程的重大障碍。此外，能力因素也是一个非常重要的影响因素，但是它的重要性却显得非常微妙，因为能力本身就是消费者主观意志行为表现的结果，消费者个人的智力水平、经验决定了其个人的能力，但是能力又可以从不断尝试和积累的经验中得以提高。网络是个开放的环境，内容极其丰富，各种资源无穷无尽，而相对于此，个人所能够支付的时间和精力却是有限的，所以消费者在信息充分的网络环境下实际上是几乎不可能达到信息完全充分的程度的，因此在这种情况下，消费者必须具备在网络环境中搜索特定项目的能力。影响消费者网上购买行为的因素发生了变化，与传统营销环境相比，网络环境的消费者结构也发生了变化，用户的受教育状况、经济能力、生活方式、价值观以及使用网络和学习的能力是影响用户网上行为的重要因素：从这一点不难理解，网络环境下的消费者从整体上将会出现以下特点。

(1) 年龄比较集中在30岁左右的年龄段，这部分人群比上一代人更早也更有条件接触网络，也容易接受新的事务，比他们更年轻的一代则具有更强的消费能力。

(2) 受教育程度普遍较高。

(3) 经济状况和社会地位居于整个社会的中上层次。

(4) 在一定时期，性别的差异会比较明显，这是因为比起女性，男性网上用户数量更多，而且他们更倾向于冒险、尝试，主动接触复杂的新事物。

第四节　网络消费者的购买决策过程

网络消费者的购买决策过程一般可分为5个阶段：确认需求、收集信息、比较选择、购买决策、购后评价。这5个阶段只是消费者购买决策过程中所经历的一般步骤。需要指出的是，不是任何一个消费者的购买决策过程都会按照次序执行所有步骤，在某些情况下消费者可能会跳过某些阶段。比如某购买固定品牌服装的年轻人会越过收集信息和比较选择阶段，直接对其喜欢的服装进行购买。与此同时，出于各个方面的原因，消费者在购买决策过程中随时有可能放弃购买，造成购买决策的提前终止。但是这一模式依然具有重要意义，因为它全面地阐述了参与程度较高的消费者在购买产品时所需的全部思考过程以及影响其决策的各种因素。

一、确认需求

需求的识别是消费者购买决策过程的起点。当消费者察觉到实际与需要之间存在一定的差距时，便萌发了希望弥补这一差距的想法，这时就开始了购买的决策。这种需要的产生，可能是由人体机能的感受引起的，可能是由外界某种刺激导致的，也可能是内外因同时作用的结果。

经济学理论认为，需求是在一定的时期，在一既定的价格水平下，消费者愿意并且能够购买的商品数量。需求显示了在价格升降而其他因素不变的情况下，某个体在每段时间内所愿意购买的某商品的数量。引起需求是指让消费者确认自己需要什么来满足自己的需求。消费者的需求一般由两种刺激引起：一是内部刺激，比如个人的正常需要强烈到一定程度，变成了一种动力，像饥饿、干渴等；二是外部刺激，比如一个人路过一家烤鸭店，新出炉烤鸭的香味可能刺激其购买。

在确认需求阶段，网络营销人员的任务主要有以下两项。

(1) 了解引起与本企业产品有关的现实需求和潜在需求的驱使力，即是什么原因引起消费者购买本企业产品。例如，了解了消费者为什么购买蜂产品，就可以开发出多种蜂产品来满足消费者需求，如蜂蜜、蜂王浆等。

(2) 设计引起需求的诱因，促使消费者增强刺激，唤起需要，引发购买行为。如“脑白金”一到节日前夕就加大广告播放的频率，让消费者牢牢记住“送礼就送脑白金”。

二、收集信息

为了满足需要，消费者要收集相关的信息。消费者的信息来源主要有个人来源、经验来源、公共来源和商业来源四个方面。个人来源是指来自亲朋好友的信息；经验来源是从使用产品中获得的信息；公共来源是从网络、电视等大众传播媒体、社会组织处获取的信息；商业来源是指从企业营销活动中获取的信息，例如，通过广告、推销员、展览会等获取的信息。个人来源和经验来源的信息对消费者购买行为的影响最直接，公共来源和商业来源的信息影响虽然比较间接，但诱导性强。例如，在通过媒体获取与禽流感相关的信息后，很多人不敢吃鸡肉、鸡蛋，后来人们通过媒体获知，经过高温烹饪，禽流感病毒可以被杀死，才恢复吃鸡肉、鸡蛋。

在收集信息阶段，网络营销人员的主要任务包括以下三项。

(1) 了解不同信息来源对消费者购买行为的影响程度。

(2) 注意不同文化背景下收集信息的差异性。

(3) 有针对性地设计恰当的信息传播策略。

三、比较选择

拓展阅读 4－4　餐饮业的网络促销

消费者在获取足够的信息之后，要对备选的产品进行评估。对产品的评估主要涉及 4 个问题，即产品属性、属性权重、品牌信念、效用要求。

（一）产品属性

产品属性是指产品能够满足消费者需求的特征。它涉及产品功能、价格、质量、款式等。在价格稳定的情况下，消费者对属性多的产品感兴趣。由于使用者不同，对产品属性的要求也不同，如消费者对汽车轮胎的安全性要求低于航空公司对飞机轮胎的安全性要求，正是由于安全性能高，因此飞机轮胎价格昂贵。

（二）属性权重

属性权重是指消费者对产品有关属性给予的不同权重。例如，消费者购买电冰箱时，如果注重的是它的节能性，就会购买耗电量小的电冰箱。

（三）品牌信念

品牌信念是指消费者对某种品牌产品的看法。它带有个人主观因素，由于受到选择性注意、选择性曲解、选择性记忆的影响，消费者的品牌信念与产品的真实属性往往并不一致。

（四）效用要求

效用要求是指消费者对某种品牌产品的各种属性的效用功能标准的要求。如果产品能满足消费者的效用需求，消费者就愿意购买。

在比较选择阶段，网络营销人员的主要任务包括以下两项。

（1）增加产品功能，改变消费者对产品属性的认识。

（2）重新进行心理定位，树立新的品牌信念。

四、购买决策

购买决策是指通过产品评估，消费者对备选的某种品牌产品形成偏爱，产生购买意向，实施实际购买行为。消费者的购买决策主要有产品种类决策、产品属性决策、品牌决策、购买时间及地点决策等。

消费者的购买意向是否转化为购买行动受他人态度和意外因素的影响，也受可觉察风险的影响。可觉察风险的大小取决于产品价格、质量、功能及个人的自信心等。

在购买决策阶段，网络营销人员的主要任务包括以下两项。

（1）消除或减少引起可觉察风险的因素。

（2）向消费者提供真实可靠的产品信息，增强其购买自信心。

五、购后评价

购后评价是指消费者购买产品以后产生的某种程度的满意或不满意。消费者对产品的期望值越高，不满意的可能性越大，因此企业在采取促销措施时，如果盲目地提高消费者的期望值，虽然可以在短期内增加产品的销量，但会引起消费者的心理失衡，从而导致退货、投诉的增加。从长期来看，这有损企业形象，会影响消费者以后的购买行为。

在购后评价阶段，网络营销人员的主要任务包括以下两项。

（1）采取广告宣传等促销手段时要实事求是，最好有所保留，以提高消费者的满意度。

（2）采取有效措施减少或消除消费者的购后失调感，及时处理消费者的意见，给消费者提供多种消除不满情绪的渠道。建立与消费者长期沟通的机制，在有条件的情况下进行回访。研究和了解消费者市场的特征及其购买决策过程是企业市场营销成功的基石，是制定正确的目标市场策略的有效保证。

【案例分析】

【案例 4-1】欧莱雅：如何追逐“Y 一代”消费者

基于线下传统媒体的营销策略一直是欧莱雅的优势所在，“你值得拥有”的品牌形象也早已深入人心，但近几年，以“80后”“90后”为主的年轻一代成为化妆品的主力消费群，他们有完全不同的消费习惯。于是，欧莱雅也开始了年轻化和数字化的营销变革。

与“Y 一代”同步数字化

欧莱雅开始探索“80后”“90后”这一新增消费群——“Y 一代”（也称“Y 世

代”）的美妆渴望。欧莱雅发现中国人普遍喜欢粉嫩的白皙，因此在2012年推出了美宝莲粉嫩光采蜜乳。而当消费者开始习惯于网络和移动端的时候，欧莱雅的营销策略也随消费者的变化而改变，逐渐从线下走到线上。

多渠道整合

欧莱雅与消费者的沟通方式不仅限于互联网这种单一渠道，它开设了多元平台让消费者参与、分享自己对品牌的感受。在PC端，欧莱雅选择与年轻人最习惯使用的问答平台百度知道合作，颠覆了传统的营销思维。在线下渠道中，商场专柜配合提供相应的小样申领服务，在用户领取试用装之后，欧莱雅会鼓励用户在巴黎欧莱雅官方网站和官方微博上提交试用报告，为目标受众解决更多皮肤问题提供建议。同样，欧莱雅也会在商场的柜台上收集许多消费者购买数据，并通过网上的客户关系维系平台和欧莱雅CRM（客户关系管理）系统，了解消费者的反馈和需求。在微信兴起之后，欧莱雅旗下品牌都注册了自己的微信公众账号，欧莱雅也为旗下的许多药妆品牌开设了“E-Skin”微信公众平台。

欧莱雅的整合营销并不仅限于集团层面，如果进入欧莱雅旗下兰蔻“玫瑰社区”(Rosebeauty by Lancome)，用户可以随时参与兰蔻开展的免费体验活动。在垂直零售业务上，如果打开科颜氏的手机客户端，就会收到系统基于消费者位置而推送的附近专卖店等信息。

当然，欧莱雅在数字领域的积极探索并不意味着会减小传统渠道的推广力度，明星代言、电视广告等传统方式也是欧莱雅一直以来的优势。

创意视频的力量

为配合2013年3月25日的“清润葡萄籽精华膜力水”上市，欧莱雅推出了动画版微视频《再见吧，试水年华》和《葡萄，不能不说的秘密》，不再用明星化的传统化妆品广告，表现手法更贴近年轻消费者的日常生活，用娓娓道来的方式告诉受众好的护肤品是什么样的，其中讲述的内容实际上都来自消费者对试用装产品的使用体验反馈。

年轻消费者群对于美的理解和接触更加多样化，也更倾向于用自己的方式表达美。但不管消费者迁移至哪个平台，欧莱雅的营销方案都会随之迁移，正如Asmita Dubey所说，“欧莱雅所坚持的营销理念只有一个，就是用户在哪里，品牌就在哪里”。

资料来源：《欧莱雅：如何追逐“Y一代”消费者》。

问题：

1. “Y一代”消费者具有哪些特点？
2. 欧莱雅针对“Y一代”的特点采取了哪些网络营销措施？
3. 分析欧莱雅网络营销的优缺点。

【案例4-2】苏宁收购红孩子事件

2012年9月25日，苏宁并购红孩子媒体通报会在南京举行，苏宁易购将这次发布会的主题定为“整合垂直电商，升级综合网购”。

一、收购背景

苏宁对红孩子的收购传言已久，在召开通报会的前一天，苏宁易购执行副总裁李斌在微博上称，“明日将会有一件影响电商行业的大事发生”。很多人都猜到了这件事就是苏宁完成对红孩子的收购。9月25日的通报会证实，苏宁拟出资6 600万美元或等值人民币收购红孩子公司，承接“红孩子”及“缤购”两大品牌和公司的资产、业务，全面升级苏宁易购母婴、化妆品品类的运营。收购完成后，红孩子的品牌与运营仍将保持相对独立，但在物流配送方面将与苏宁现有网络进行整合。

二、当事双方

1. 苏宁易购

苏宁易购（www. suning. com）2010年年初上线，两年多来一直保持高速发展的态势。到2012年上半年，苏宁易购的市场活跃度和增速大幅提升，百度用户关注指数上升增幅超过300%，Alexa网站排名上升近1 800位，第二季度比第一季度增长75%，远超行业平均20%的增速。在高速发展的同时，苏宁易购的经营品类已从3C、家电延伸至图书、百货、日用品、金融产品、虚拟产品等，目前SKU（库存单位）数量已达100万。根据规划，至2012年年底，苏宁易购的SKU数量将会达到150万，销售规模直指200亿元，而发展女性用户群体则是实现这一目标的重要策略。

市场容量大、关联产品多的母婴用品和女性广泛适用的化妆品自然成为苏宁易购首先需要攻克的品类。

2. 红孩子

红孩子成立于2004年，最早以直邮目录形式销售母婴产品，随后推出B2C网站（www. redbaby. com. cn），是国内最早专注于母婴用品的电商企业。2011年又推出以化妆品、食品为主的女性网购品牌“缤购”（ww. binggo. com）。目前，红孩子已成为国内专业性最强的母婴和化妆品垂直电商，年销售额超过10亿元，注册会员750多万。

三、收购原因解读

1. 内部因素

(1) 双方互补性强。红孩子以女性消费者为主，与苏宁易购现有的客户群体资源互补；而借助苏宁在全国领先的仓储配送网络，可大幅降低红孩子前后台的经营成本。

(2) 理念相同。苏宁副董事长孙为民认为，红孩子以目录销售起家，成功将线上线下结合，与苏宁线上线下融合发展的理念相同。红孩子在发展过程中同样注重供应链、仓储配送、客户服务等核心能力的培育，对电商零售本质的认识也与苏宁不谋而合。

(3) 红孩子在业界有很好的口碑，苏宁与红孩子有相同的零售背景，并购红孩子可以为苏宁易购“批量”引进电商人才，加快苏宁易购团队的建设。

(4) 去电气化、平台化的发展符合苏宁易购的战略方向。收购垂直电商是苏宁的一次战略转型，并购可以实现规模引入相关的专业人员，可以加快苏宁易购规模的发展。

2. 外部因素

艾瑞咨询发布的数据显示，2012年上半年我国母婴网络购物市场交易额超过200

亿元，预计全年将增长86%，达到610亿元，约占我国网络购物整体市场的4.3%。据了解，母婴用品一般具备较高的客户忠诚度和客户黏性，母婴用品的消费时间长，涵盖从孕期到3岁幼童不同阶段的产品需求。同时，母婴用品市场的关联产品多、交叉性强，自身及其周边市场空间很大。

资料来源：李光明、雷祺、陈晓燕：《网络营销》，北京，人民邮电出版社，2014。

问题：

1. 结合我国电子商务发展的现状，谈谈苏宁易购收购红孩子的战略意图能否实现，可能面临哪些困难。
2. 做一个小型的市场调查，了解消费者对此次并购事件的知晓度和态度。
3. 举出另外一个网络企业合并的例子，谈谈该并购的主要意愿和可能前景。

【思考练习】

1. 网络消费者有哪些行为特征？
2. 网络消费者的购买决策过程的特点是什么？
3. 网络消费者购买行为的影响因素有哪些？

第五章

网络营销模式

【学习目标】

1. 了解平台模式的定义、构成条件、分类与战略定位。
2. 了解平台模式的价值主张、价值创造和盈利方式。
3. 了解垂直电子商务模式的内涵、类型。
4. 了解垂直模式的价值主张、价值传递、价值实现。

【案例导入】

京东智能：一站式体验平台更符合智能用户需求

2015年9月，京东智能推出智能硬件一站式体验平台，帮助消费者以更智能、更快速便捷的方式挑选心仪的智能产品，让购买智能产品的过程变得简单、快乐。改版后的网站汇集了160余款智能产品，为消费者提供"可看、可买、可试、可议并且放心使用"的全方位智能体验。京东智能的出现，是一系列因素共同作用的结果。

一、智能硬件需要更智能的购买方式

京东智能对官网首页进行全面改版，以特色功能模块构建"多·快·好·省"的智能产品一站式体验平台，帮助用户以更智能的方式挑选智能产品。

二、以消费者为导向的一站式平台

改版后的网站具有以下三大特色：

(1) 入口方便，一键跳转：消费者可直接访问http：//smart.jd.com，也可在京东商城首页右上方点击"智能"一键跳转到京东智能官网，而不必像从前那样在搜索栏输入关键字进行查找。

(2) 品类丰富，一键购买，消费者可以一键下单购买产品，足不出户即可享受京东统一的快速配送和售后服务体系。

(3) 功能齐全，体验丰富：除了商城服务，京东智能主页还聚合了首发、试用、社区、众筹、微联等多项特色功能，为消费者提供全方位的智能体验。

京东智能正在逐步构建智能产品与消费者快速对接的平台，搭建用户与厂商沟通的桥梁，提升用户体验。此次网站改版是京东智能推动智能业态快速对接终端用户的又一重要举措，未来，京东智能平台将从智能生态的各个方面继续向这一目标迈进。

资料来源：《京东智能：一站式体验平台更符合需求》，http：//www.pcpop.com/view/l/1128/1128141.shtml? r=07125238。

启示：随着经济与互联网的发展，企业开始寻找新的发展路线，在此背景下，企业纷纷整合各种可利用资源，平台企业如雨后春笋般崛起，但是平台模式究竟该如何发展？

第一节　平台模式

一、平台模式概述

（一）平台模式的定义

平台就是为合作参与者和客户提供的一个合作和交易的软硬件相结合的环境，平台模式则是通过双边或多边市场效应和平台的集群效应，形成符合定位的平台分工。这个平台上的众多参与者有着明确的分工，都可以做出自己的贡献。每个平台都有一个平台运营商，它负责集聚社会资源与合作伙伴，为客户提供良好的产品，通过集聚人气，扩大用户规模，使参与各方受益，达到平台价值、客户价值以及服务最大化。

（二）平台模式的构成条件

从形式上看，超市就是一种交易平台，各种商品和顾客在这里集中交易，而超市提供场地、环境、收银、促销等各种服务。证券交易所同样也是一种平台，无数买家与卖家在这里对接，交易所则提供信息服务和交易服务。

平台模式要健康运营，取得成功，必须具备以下6个条件。

（1）平台模式具有开放性特征，也就是对合作伙伴开放，合作伙伴越多，平台就越有价值。

（2）平台模式具有双边市场和网络外部性特征。图5-1所示为双边市场的平台模式。平台企业为买卖双方提供服务，促成交易，而且买卖双方任何一方数量越多，就越能吸引另一方数量的增长，其网络外部性的特征就能充分显现，买家和卖家越多，平台就越有价值。

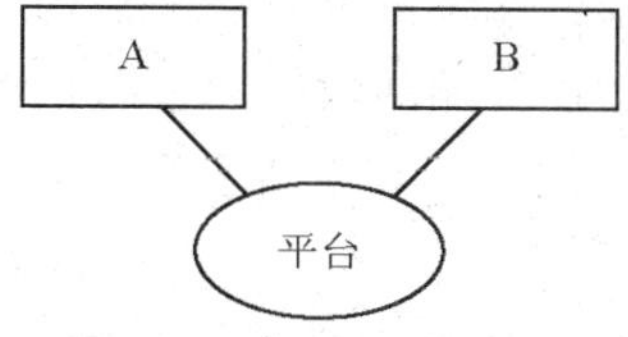

图5-1　双边市场的平台模式

2017年8月4日，中国互联网络信息中心（CNNIC）在京发布的第40次《中国互联网络发展状况统计报告》显示：2017年上半年，商务交易类应用持续高速增长，网络购物、网上外卖和在线旅行预订用户规模分别增长10.2%、41.6%和11.5%。网络购物市场消费升级特征进一步显现，用户偏好逐步向品质、智能、新品类消费转移。同时，线上线下融合向数据、技术、场景等领域深入扩展，各平台积累的庞大用户数据资源进一步得到重视。

(3) 市场中要有大量（潜在）买家和卖家期望得到对接，也就是说，平台需要拥有聚合力，能将潜在的买家和卖家的期望进行对接。

(4) 平台企业具有至少一项在行业中是稀缺的且有竞争力的核心能力或核心应用，如资金、品牌、关键技术、渠道通路、运营能力以及核心应用。

(5) 平台企业与其合作伙伴不存在直接的竞争关系，而是分别具有不同的盈利模式与市场目标。

(6) 平台企业通过打造开放平台、扶持合作伙伴等策略，能给合作伙伴和第三方开发者带来利益。

(三) 平台模式的分类

目前平台的竞争已逐渐形成不同的模式，可以从平台的业务属性以及运营主体两个角度对平台模式进行分类。

1. 按照业务属性分类

当前，应用型平台模式是移动互联网平台模式的主流，应用型平台模式主要有以下几种。

(1) 新媒体平台模式：如新浪、搜狐、Twitter、开心网、微博、微信以及各类媒体APP应用等。

(2) 垂直应用平台模式：专注于某类产品或某一类目标市场而打造的平台，如阿里巴巴、优酷土豆、盛大文学、我买网等。

(3) 电子商务平台模式：如京东商城、当当网、淘宝网、唯品会等。

(4) 综合服务平台模式：通过与产业链合作伙伴合作，为客户提供多种产品和服务的平台，如腾讯公司是综合服务平平台模式的典型企业，它不仅提即时通信服务，还向客户提供游戏、音乐、视频、安全软件、支付等各类服务。

2. 按照产业链运营主体分类

按照产业链运营主体分类，平台模式主要有终端商平台模式、互联网公司平台模式和移动运营商平台模式3种。

(1) 终端商平台模式。智能终端本身就是一个平台，它汇聚了操作系统、浏览器、内嵌各种应用和客户端。如今智能终端的功能越来越强大，消费者可以随时随地上网，使用购物、音乐、影视、阅读、游戏、交友等各种应用，当然这些应用未必是终端平台商自己开发的。

智能终端在很大程度上就是操作系统之间的竞争，只有掌握了操作系统，才能获得更多的用户规模，掌握平台的主动权，终端商平台模式才能获得成功。

(2) 互联网公司平台模式。互联网公司平台模式的最大特点就是基于做大核心应用提升平台价值并向其他服务延伸。专注于搜索核心应用的百度，通过技术创新、商业模式创新、客户体验创新以及平台开放，将搜索信息更加精细化，“即搜即用”的实现让用户的搜索体验大幅提升。

（3）移动运营商平台模式。移动运营商拥有网络，因此其搭建的平台也必须与自己的网络绑定。移动运营商可以通过开放自己的一部分能力，例如短信、计费以及位置服务等能力，帮助内容开发者开发相关的应用。同时，发展移动互联网业务和打造自己的应用商店，通过提供平台，聚集合作伙伴和应用开发者，丰富平台上的应用，满足客户的多元化需求和长尾需求。移动运营商的平台面向的操作系统和终端很多，但是用户一般是自己网络的使用者，对于开发者和终端商而言，自由度更大，对用户的控制力也更强。

目前看来，三种平台模式各有特点，差异比较大。终端商平台模式无论是操作系统还是终端，都是单一的，平台是封闭还是开放由终端商决定。互联网公司平台模式是开放的，它的优势是其拥有的核心应用，以及在此基础上打造的互联网平台，互联网公司是平台的领导者。移动运营商平台模式是完全开放的，但由于运营商既不掌控终端、操作系统，又没有内容优势，因此，移动运营商平台模式比较脆弱。移动运营商平台模式要成功，就必须做好战略定位，聚焦垂直应用，只有通过战略创新、模式创新、市场创新、机制创新才能取得成功。

（四）平台模式的战略定位

平台模式的最大特点是汇聚产业链上下游企业，它的成功必将释放巨大的经济价值，对促进产业发展、繁荣社会文化经济、提高人们物质文化生活品质具有重大意义。实施平台模式，首先必须明确自身的战略定位。通常，平台战略有以下几种选择。

（1）成为完全的平台中介者。成为完全的平台中介者意味着需要首先搭建一个交易平台，通过强化平台运营和管理，汇聚内容开发者以及其他合作伙伴，自己不开发任何产品和服务，所有应用均由合作者以及开发者提供，并通过合作分成、前向内容收费、后向广告收费等方式盈利。

（2）建立独特的优势，成为差异化垂直平台。如今，在移动互联网所有领域都有市场成功者和领先者，对于进入移动互联网的企业来说，不能盲目跟风。只有立足本身，结合自身资源能力和优劣势，做好市场研究和客户需求分析，选择细分市场为切入点，从而构建与市场领先者的差异化平台优势，企业才有立足之地。

（3）对原有平台提供支持服务，成为平台的平台。

（4）对现有平台提供延伸增值服务，成为“综合平台供应商”。平台模式的发展一般是先从满足客户核心需求的垂直应用平台做起，在垂直平台规模做大、品牌做强后，通过流量导入拓展和延伸业务服务领域，往往能取得巨大的成功。

（5）开创全新的平台。当前，在互联网领域，如果按照既有的规则行动，企业往往难以获得独特的竞争优势。所以，移动互联网企业要有勇于创新、开创全新业务领域的精神，打造全新的业务平台。其关键点在于：①切实满足客户需求，创造对顾客有价值的产品；②通过创新实现产业的拓展和延伸，提高竞争门槛；③不断推行产品创新，努力开发适应顾客需要的产品；④实行商业模式的变革。全新的平台是全新的创新平台，甚至是颠覆性的创新平台。为适应电子商务个性化和定制化的消费趋势，

C2B 模式将越来越受到电子商务企业的重视，它是对现有 B2B、B2C 和 C2C 电子商务模式的突破和延伸，具有广阔的市场前景。捷足先登者，则将有机会在未来的电子商务市场上立足。

二、平台模式的价值主张

（一）定位多边市场

平台企业建立的前提是面对不同的用户群体。因此，建立平台企业的第一步，就是确定这些不同的用户群体是谁，以及该用户群体的需求是什么。因此，平台企业需要同时制定能够纳入多边群体的策略，为每一边使用者创造价值，这样才能吸引用户群体，实现扩大市场规模的目标。

对于平台模式的分析首先是定义双边乃至多边使用群体。许多典型的平台企业连接了两个不同的群体，也有平台企业涉足三方及以上群体的。随着平台群体的增加，平台的复杂性也不断增强。即使一个平台同时连接四五个不同群体，其分析基础也是一样的。值得注意的是，当一个平台企业对某一群体采取策略性开放措施时，这一群体就将成为平台中一个独立的边；反之，若该群体的个体完全由平台企业私有，则不能算作独立的边。“双边”是最基本的分析单位，而多边模式的核心，则是以双边模式为基础构建单位，连接起两方不同的群体。

（二）激发正向网络效应

拓展阅读 5-1　360 助推荣威关键之战多平台推广模式引车企追逐

在人们接触平台企业的瞬间，便被多种精心策划的配套机制团团包围，这些机制吸引用户入驻平台，主动与平台中的其他用户互动。这种基于环环相扣机制建立的体系，更有利于实现有层次的、循序渐进的多重目标。

设计适合平台的产业与服务群体的整套机制非常困难但特别重要，而设计整套机制的关键是正确运用网络效应。平台模式中的网络效应包括两大类：同边网络效应和跨边网络效应。同边网络效应指的是，当某一边市场群体的用户规模增长时，将会影响同一边群体内的其他使用者所得到的效用。跨边网络效应指的是，一边用户的规模将影响另外一边群体使用该平台所得到的效用。

通常效用增加称为“正向网络效应”，效用减少则称为“负向网络效应”。平台企业所设的机制，一般都是为了激发网络效应的“正向循环”。建立足以激发同边网络效应和跨边网络效应的功能机制，能大大增加用户的使用意愿和满足感，进而提高盈利水平。

（三）建立过滤机制

网络有可能呈现负效应。这就意味着，某些成员的加入会降低其他使用者的效用和意愿。而不良用户一旦被纳入平台中，可能会干扰平台的正常运转，甚至出现欺诈等行为。

只要平台企业在建立的初期即拥有完善的过滤机制，便不用再惧怕用户群体规模大幅增长可能带来的一些问题。最基本的方式就是用户身份的验证。真实身份验证不仅可以促进个体用户与平台的成长，也有利于促进交流双方的沟通、互动和评价。

因此，应当建立一套机制体系，让平台的多个参与方能熟悉甚至评价彼此的表现。当今电子商务平台建立的用户彼此评分机制，均是为了健全交易机制，区分优劣产品、协助精确配对。

通过机制体系来过滤用户通常有以下几种方法。最基本的方法，就是用户身份的验证。有些平台企业设置了实名机制，强制要求用户必须以真实身份注册账号，有效地提升了此类平台服务的可靠性。此外，平台企业会设置奖励机制，让提供真实资料的用户获得更多的回报。还有一种方法就是让用户成为彼此的监督者，比如让用户彼此评分的机制往往比其他过滤方式更为有效，因为集合大众意见的结果最具公信力。

（四）赋予用户归属感

平台企业在制定机制的初期，往往主要关注硬性功能，忽略了用户心理的软性层面。若平台能建立一套机制体系，让用户对平台产生归属感，将产生非常可观的效果。

一旦平台企业成功唤起了用户的归属感，就可以完成两项重要任务：①用户黏性在无形中大幅提升，而且效果往往比强制性的捆绑更好；②这些拥有强大归属感的用户，很有可能成为“意见领袖”，自发地表达自己对平台的喜爱，无形中会给平台带来更多的新用户。

一系列的互动机制打造了环环相扣的体系，促进了平台中的双边群体在与对方交流中找到各自的归属，并与对方一起扎根于此平台。尊重用户、赋予用户权限（如分享机制）、增强用户的话语权（如投票机制）是激发用户归属感的常用方法。

三、平台模式的价值创造

拓展阅读 5－2　世纪佳缘网站的差别定价

（一）确定付费方和被补贴方

在双边平台模式中，平台所连接的两组使用群体被视为两个不同的市场，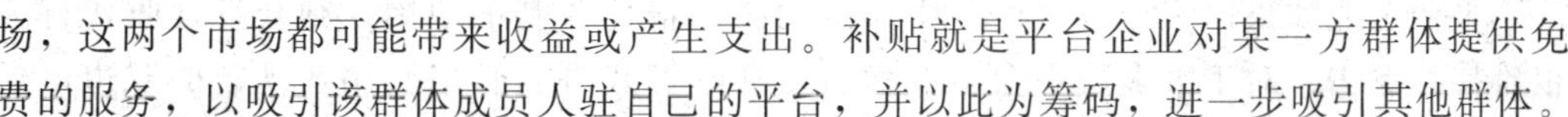这两个市场都可能带来收益或产生支出。补贴就是平台企业对某一方群体提供免费的服务，以吸引该群体成员人驻自己的平台，并以此为筹码，进一步吸引其他群体。

平台企业为一个市场提供费用的补贴，借以激起该群体中的人们进驻平台的兴趣，该群体被称为被补贴方。反之，平台另一端的群体若能带来持续的收入以支撑平台的运营，被称为付费方。

设定补贴模式的目的，就是在不同的市场群体之间形成一种刻意的不平衡，像倾斜的跷跷板一样引发第一股推动力，进而激发网络效应。

1. 价格弹性反应

当平台提高其费用标准（包括进入平台的会员费用、增值服务的费用等）时，价格敏感度高的群体，流失会特别严重。当平台降低其费用标准时，价格敏感度高的群体更容易被引发网络效应，从而大量涌入平台。相对而言，低价格弹性代表消费者对价格的变化敏感度低。无论平台提高还是降低费用标准，低价格弹性群体的用户数量都不会出现大幅变化。

因此，价格弹性高的群体适合作为被补贴方，因为只要平台提供折扣甚至免费的服务，就能吸引大批群体进入平台中消费。价格弹性低的群体适合作为付费方。

2. 成长时的边际成本

在双边模式里，若某一方群体的用户数量增加，企业为服务于这些新用户所产生的边际成本仍然能够保持在较低水平，该群体称为被补贴方。平台企业若希望平台快速增长，会将更多的支出用于补贴。

反之，使用者数量增长时带动了高边际成本的群体，则称为付费方。如此一来，平台企业不但能够挪出此付费方所支付的一部分款项来抵消所产生的较高成本，也能在一定程度上增加被补贴方的整体数量。

3. 同边网络效应

正向的同边网络效应指的是，当越来越多的属于此群体的人加入该群体时，每位用户的效用都会增加，从而吸引更多属于该群体的使用者加入。因此，当某一边群体拥有正向的同边网络效应时，成为被补贴方是最理想的。因为一旦平台企业提供补贴，便能有效地吸引这群人以倍增的速度加入，产生惊人的成长效果。但是如果向这一群体收费，会让使用者的数量增长趋缓，导致网络效应带来的增值性无法得到体现。当某一边群体的同边网络效应为负向时，企业可以将这一群体中用户相斥的特性转换为获利机制，让有支付能力的使用者出钱购买排他性的地位。

4. 多地栖息的可能性

如果用户多地栖息的可能性较大，也就是在不同平台间转换的成本低，一旦平台决定收费，该用户将转向其他平台，所以想要向用户收费将有相当大的难度。该用户可以很容易地跳到费用更低的平台，这种行为甚至容易引发平台间的恶性降价，所以这类群体适合成为被补贴方。若某个群体多地栖息的可能性较小，也就是转换平台的成本较高，那么该群体适合成为平台的收入来源，也就是付费方。

5. 现金流汇集的方便度

平台企业如果以现金流难以集中作为向某一群体收费的原因，则会发现收费行为很难持续下去。对于大多数平台企业而言，补贴模式可以直接套用在既定的双边市场框架上。然而有时候，平台企业会发现，双边的大部分使用者都很不愿付费，此时，平台不能简单地将一边群体完全视为付费方，将另一边群体完全视为被补贴方，而应在两边的使用群体中找出比较愿意支付的使用者作为付费方，其他则作为被补贴方。

（二）建立准入机制

在平台模式中，对于用户“边”的定义必然拥有开放性的特质。否则，即使某一群体与平台有商业往来，也不能被称为平台中的一个群体边。

拓展阅读 5-3　腾讯推出车联开放平台

然而，由于产业和市场性质不同，某些平台企业会选择设置“用户过滤系统”，拒绝将不符合要求的群体纳入平台企业。如此一来，应该如何定义“开放”呢？如果审核机制过于严格，甚至将众多客户成员隔离，是否无法合理地称其为平台中的一边群体呢？

一种最基础的辨别方法是，只要平台企业与该群体的关系是通过“中立的机制选择”被纳入平台之中的，该群体都可以称之为开放的“边”。反之，若是由平台企业亲自挑选搭配的成员，则不能够视其为“边”，因为平台企业已经失去了固有的中立性，这些成员顶多算是供应商或者合作企业。

（三）突破引爆点

所有平台企业都必须正确认识面临的最大挑战：平台企业在创始之初，究竟该如何引发网络效应并确保其持久性？在平台企业连接了双边市场后，应该先发展哪一边的群体？

平台企业在创建初期就必须首先认识到，在用户面前塑造良好的愿景是非常重要的。一旦人们相信该平台企业将持续发展、壮大，从众效应就容易产生。因此，人们在一开始会犹豫观望。如果平台企业通过一定的手段，明确传达企业的发展前景，在正面的预期之下，这些期望发生自我应验的可能性就会增大，推动人们迅速进驻平台。这也意味着，当用户认可平台的愿景时，后续的网络效应将非常可观。

若平台企业希望享受到网络效应的果实，有一个关键的前提：平台的用户必须已达到存货的最低临界数量。在平台模式中，临界数量指的是平台吸引用户的规模到达一定的数量，而这一数量能让平台自行运转和维持。若平台能够推进使用者的加入，使其规模达到引爆点，那么已经在平台上的使用者带来的效应将会自动吸引新的使用者进驻平台，促使平台继续发展壮大。突破引爆点以后，平台企业将迅速成长，企业无须花过多的钱争取用户，既有用户自行产生的网络效应就足以吸引更多人加入。

（四）扩大用户规模

拓展阅读 5－1 外卖平台的产业链扩张：解决应力之困

平台企业连接起多边市场后，补贴模式就是促使企业成长的核心战略，若实施得当则能快速促进用户规模的增长，往引爆点推进。在平台的用户规模抵达引爆点之前，通常需要平台制定更多的策略来推进发展。

初创时期，平台必须先突破缺乏网络效应的真空地带，才能切实挖掘出用户之间关系的增值潜能——这对以网络效应为核心的商业模式来说很具讽刺意味。然而增值潜能是每个平台企业都必须面临的难题。如何将平台推向引爆点，不同的平台企业、不同的产业均需要不同的方法。但总的来说有个大原则：由于平台初期的网络效应甚微，这一时期的发展策略必须侧重于为潜在用户提供其他的“非网络效应的价值”，这样才有可能引诱早期使用者进入。

平台企业可以给初次进入平台的消费者提供折扣，为其提供赠品甚至奖金，或者主动协助不熟悉平台服务的消费者完成初次体验。建立在免费、优惠、体验等基础上的策略都是吸引人们首次使用平台的好方法，即使在尚未引发网络效应的初期，这些举措也足以提供明确的非网络效应诱因，引导人们进一步了解平台将为其提供怎样的服务。

（五）提升平台质量

并非所有的平台企业都单纯将规模增长视为发展的主轴。对于某些平台而言，群体的质量要比数量更重要。盲目追求数量的增长，很可能对平台企业的定位产生负面影响。某些类型的平台商业模式，其核心就是建立在质量的基础之上。

在建立用户过滤机制的过程中，几乎所有的平台企业都能从过滤不良用户的机制中获益，以维护平台的信誉标准。质量维度的主题，则将平台的进一步发展视为战略性选择。其中，知名用户在平台中发挥重要的作用。顾名思义，知名用户是指已在大众脑海中有一定声望的用户或者使用频率高的用户，可以是个人，也可以是企业组织。对于以知名用户巩固发展基础、连接双边市场的平台而言，若能网罗到具有高度相关性的知名用户，其引发的网络效应能量将迅速而强大。知名用户的加入能够让整个平台的价值获得提升，使平台企业的品牌得到肯定、质量得到认可。这些知名用户能够吸引更多的人慕名而来，大幅增强同边或跨边网络效应。

（六）精耕细分市场

平台模式的精髓在于连接多方不同市场，使其通过彼此互动来满足需求。即使是相同领域的产品或服务，每位用户所需要的细节也不一定相同，因此设立个性化机制成为满足各方需求的重要环节。只有根据平台的不同发展阶段制定合适的发展框架，才能有效引导多边市场里的用户找到其真正所需。

当今的人们极端重视个性化，因此市场细分机制也变得格外重要。通过这样的体系，跨边网络效应将得到最完美的体现——不仅大众喜欢的项目能得到重视，而且其他项目能将有相同兴趣的人聚集在一起，此外，同边网络效应也将得到提升。

大多数平台企业都是自己依照某些标准进行市场细分，最大限度地满足相关者的利益。一个成长中的企业若没有打造出细分配对渠道的框架，很可能被新进的竞争者侵蚀掉某一部分的细分市场。对于一个既有的平台而言，细分市场策略要取得成功，首先必须达到足够的规模。在规模还未达到某个水平之前，进行种类划分或许会带来负面效果。严格地说，一个健全而庞大的平台企业，本质上可以划分为多个细分市场，质和量相辅相成。这正是开放的平台所能获取的优势：物以类聚，人以群分，以市场细分活化企业的发展。在平台规模大幅增长的同时，设立精细的框架将为使用者提供精确的匹配机制，并依此筑起多元且丰富的多边互动。

（七）累计双边话语权刺激增长

平台企业拥有激发跨边网络效应的潜能，但是当被连接的双边群体均选择观望时，平台企业很可能发展不起来，因此，先吸引哪一方群体进驻

拓展阅读 5－5　如花鲜花：定位大众消费，打造接地气的垂直电商

是平台企业面临的难题。企业必须首先意识到，平台的健康发展需要依靠多边市场模式，战略灵活度在企业的发展过程中是比较缺乏的，但是企业仍然可以决定在哪个市场上投入更多的资源。而其中的关键，便是判别哪方使用者拥有更多的话语权。

一个企业在协商、交涉过程中的影响力，取决于其话语权的大小。平台商业模式中涉及的协商、交涉的关系比单向传统产业链更为复杂。存在于平台企业中的对应关系至少分为两种：①各边群体彼此之间的交涉关系；②各边群体与平台企业的交涉关系（见图 5－2）。

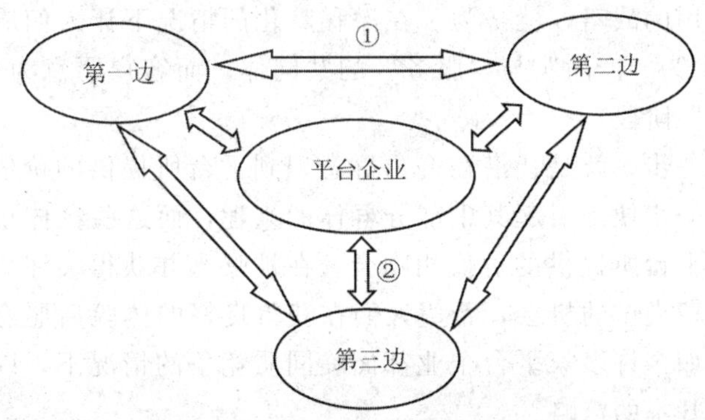

图 5－2　平台模式的话语权关系

说明：图 5－2 中，①代表第一种协商交涉关系，它存在于各边群体之间，并未牵涉到平台企业本身，平台企业仅需提供一个交涉场所，且负责建立起完善而中立的沟通机制、交易机制，接下来就可以让各群体自由互动。②代表第二种协商交涉关系，它是平台企业与其所服务的各边群体所进行的博弈。作为平台企业，需要与栖息在平台中的各边群体进行协商，甚至谈判利润分成原则、促销责任归属等。

平台企业本身话语权的增加通常取决于其能否使一方群体吸引到一定规模的另一方群体，能否为特定用户提供好的盈利机会，以鼓励用户参与。因此，评估平台企业所连接的多边市场的相对权限变得至关重要。只有这样，平台企业的战略发展步骤才能更加有效。

单边市场只有在达到足够的规模时，才可能要求平台企业调整基础架构来满足它的期望。但是，该群体达到一定规模之时，往往也正是平台企业往下个阶段转型的时期。该群体的规模壮大不仅增加了自己与平台交涉的话语权，同时也增加了平台企业本身的话语权。

平台企业的本质就是对话语权的操控，通过巧妙掌控双边市场的互动，在推动双方势力的同时也提高了平台自身的价值，因此平台企业不要拘泥于仅仅协助其中一边用户的成长。

（八）拟定用户转化

从初次发现产品的存在，到决定是否购买，消费者通常会经历察觉、关注、尝试、行动 4 个阶段。

首先，在察觉阶段，必须让一位新的潜在消费者意识到产品的存在。企业若能够简明扼要地传达产品的核心价值，使有机会将客户推往第二阶段，也就是真正关注该产品。

平台必须努力激起消费者对产品的兴趣，使其进入关注阶段。只有自身需求与产品价值契合的人才会愿意花时间了解产品的细节。

这时，如果平台提供试用版本或试用渠道，消费者很可能会欣然接受，即进入第三阶段——尝试，若试用体验良好，再加上正确的营销手段推动，消费者将立即进入最终的行动阶段，即掏腰包购买产品或成为正式会员。

许多平台所使用的战略，就是为了在潜移默化的情况下让人们愿意进驻到平台中（在本书中，视平台为“产品”与“服务”的共同体，而客户愿意为使用平台而付费，就是进入了“行动”阶段）。

发展平台的第一步，就是让潜在客户群意识到平台所提供的价值。在平台企业被人们注意到后，下一步便是引起其中部分群体的兴趣，而这些群体正是企业的实际潜在客户，其需求与平台所提供的价值相吻合。在被曝光并获得关注后，多数平台企业都会为顾客提供免费尝试的机会，希望人们在获得良好的体验后愿意付费购买平台的服务或者产品。在如今许多家平台企业都面临同质竞争的情况下，以免费体验吸引用户似乎已经成为最基本的策略。

为使消费者心甘情愿地采取行动付费，其中的一个关键就是支付的可靠性和便捷度。一个具有可靠信誉的支付模式，能够避免消费者产生疑虑；一个方便迅速的支付模式，则能使消费者平稳地完成消费体验。要让潜在用户最终买单，确保这一点是最重要的。

四、平台模式的盈利方式

（一）实施多元定价

许多平台企业提供的价值，并不是可以精确计算成本的实物产品，而是无形的服务。因此，平台企业的定价不能采用传统的“原料成本加上附加价值”的模式。每个平台企业在确定其定价策略时，必须重点考虑以下几点：①群体之间是相互影响的，对每一边群体的定价策略，都会对其他群体产生影响；②平台的发展阶段；③产业竞争格局。

对不同层级的客户执行不同的产品定价。通过分级制的定价策略所赚取的盈余，有一部分必须回归到平台或者让利给其他群体。唯有如此，才能使平台连接的多边群体不断受到鼓励，增进彼此的发展。因此，平台企业必须考虑到价格对该群体付费意愿的影响，以及能够让利给其他边群体的比例。

平台企业在依靠免费或补贴策略冲抵临界数量后，该如何引导平台上的群体接受付费条款？以淘宝为例，小额但多样化的付费增值服务慢慢建构起盈利基础。这些多元增值服务包括为店家提供定制内容的“淘宝旺铺”、以广告内容呈现的“淘宝直通车”，以及店家上架费、交易佣金等。

若竞争对手提供相同的服务，且同时免费，平台在市场中的定位必然会受到冲击，其中的关键在于平台企业的利润来源是多元的还是单一的。一边群体是否有“多地栖息”的现象，不仅影响平台企业对它的定价策略，也影响其对另一边群体的定价策略。

平台企业定价策略的终极目标是多元化。平台企业将产品或服务进行切割、打包，以一系列多元的价格选择提供给多边群体市场，协助需求各异的人找到自己能够接受的价位。多元化定价策略可以帮助平台企业摸清市场的动向，有效捕捉用户群，以实现成长。

（二）提高用户转换成本

将用户绑定在平台生态圈中的关键，在于用户转换成本的大小。诱发网络效应的种种机制条件，往往是提升转换成本的最佳工具。阻止用户脱离平台最有效的方法之一，就是让该用户与其他用户建立起深厚的关系。

被视为平台生态圈中某个“边”的市场群体，大多具有开放性的特征。此群体中的人们能够自由选择是否进入这个生态圈。当平台企业需要大幅补贴某方用户时，防止用户任意流失的壁垒显得尤其重要，否则补贴策略产生的效益便会付之东流；一旦转换平台过于简单，补贴模式很可能导致灾难。

转换成本以各种不同的形态出现，成为人们离开平台时的一股有效阻力。这些成本包括用户学习使用平台所投入的时间与精神成本，养成习惯所需投入的精力，已花费在原平台上的沉没成本，转换到新平台所需的费用，以及转换平台所造成的商机损失。这些转换成本的增加，能够提升锁定用户的概率，使其不能轻易离开生态圈。

由于服务的市场群体和商业模式不同，平台企业用以提高用户转换成本的策略也存在相当大的差异。诱导人们购买平台设备、以机制吸引人们投入时间、提供诱因让人们进驻生态圈等，仅是其中的几种方式。让用户留驻于平台的最有效方法，就是让用户在平台中建立自己认为重要的身份。

平台是个聚集多方群体的场所，构建多元、优良的交流系统，能够让各边群体成为绑定彼此的力量，而赋予人们权利与选择，是塑造归属感的基础。

（三）利用关系网增值

平台商业模式的特点，就是利用群众关系来建立无限增值的可能性，这种现象被称为“网络外部性”或“网络效应”。传统的经济与理论将消费时所获得的价值观视为个人层面的东西，与他人无关；然而现实中却存在这样一些产品和服务，当使用者越来越多时，每一位用户得到的消费价值都会出现跳跃式的增加。这就是典型的网络效应。网络效应在平台商业模式中可以发挥极大的作用，而平台商业模式也需要利用网络效应持续增强竞争力。

大多数平台企业不仅能够拓展单一群体之间的关系规模，还能够连接双边（或多边）的使用群体，让不同的群体能通过平台相连达到为彼此增值的目的。每个人在使用这些平台的产品或服务时，或许并非抱着为他人创造价值的心态，但实际结果却是整体价值的提升。

（四）不断调整盈利方式

平台企业不仅商业模式千变万化，其盈利的方式也逐步走向多元化。具体来说，付费方群体通常是平台的收入来源，他们不但可以补贴另一边群体，使其茁壮成长，也为平台注入了足以维持其运营的资金血液。付费方对价格的敏感度相对较低，拥有较弱的价格弹性反应，因此成为平台索取费用的目标，包括进入平台的参与费用、增值服务费用。

但商业竞争态势多变，有时平台企业必须做出战略性调整，改变补贴模式，原来的被补贴方可能需要承担起“付费”的责任。另一种更常见的情况是，平台企业在扩大规模的过程中逐渐分散其盈利途径，以不同的方式向各方群体收费。因此，平台企业应该根据自身的发展，及时调整盈利方式。

第二节　垂直模式

一、垂直模式概述

（一）垂直电子商务模式的内涵

垂直电子商务模式是指在某一个行业或细分市场深化运营的电子商务模式，简称垂直模式。垂直电子商务网站旗下商品都是同一类型的产品，这类网站多从事同种产品的B2C或者B2B业务，其业务都是针对同类产品的。垂直模式的优势在于专注和专业，能够提供更加满足特定人群需求的消费产品，符合某一领域用户的特定习惯，因此更容易取得用户信任，从而加深产品的印象和口碑传播，形成品牌和独特的品牌价值。

垂直模式不仅能集中展示某一类型的产品，价格更低，更重要的是能够提供专业化的服务。这里的“垂直”主要有以下两层含义。

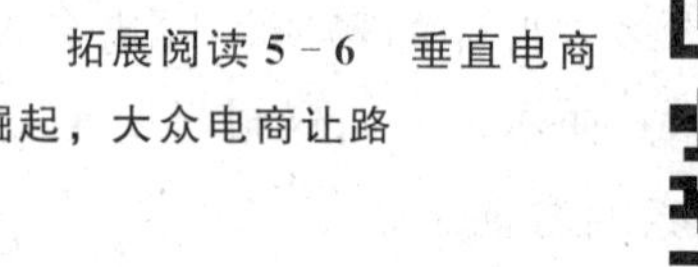

拓展阅读5-6　垂直电商崛起，大众电商让路

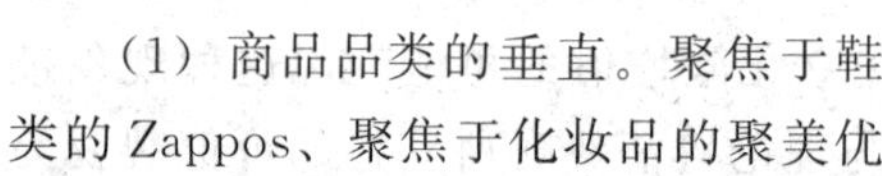

（1）商品品类的垂直。聚焦于鞋类的Zappos、聚焦于化妆品的聚美优品等，这类垂直电商非常注重产业链上下游资源的整合，从而可以为消费者提供具有更多附加值的产品和服务，将标准品做出特色，将非标品做出品牌。

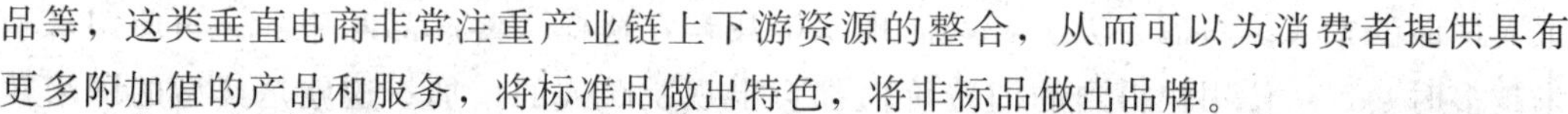

（2）目标人群的垂直。聚焦于母婴群体的Zulily、聚焦于军事爱好者的铁血君品行等，这类垂直电商通过挖掘特定人群的核心需求，进行品类的扩张，满足这类人群的综合购物需求。国内外都存在一些创新型的垂直电商企业，在垂直品类或者垂直人群的基础上又进行了多维度的创新，不但在市场上站稳了脚跟，也取得了很大的发展。

（二）垂直模式与综合平台模式的比较

与垂直模式不同，综合平台模式指聚焦于各个领域、全面拓展的电子商务模式，两种电商模式存在一定的差异。垂直电商在产品、服务、渠道整合等方面更专业，可为消费者提供更好、更贴心的购物体验，也能有效地整合上下游供应链。但垂直电商模式也存在一定的劣势，如产品种类较少，市场占有率相对较低等。总体而言，综合平台模式与垂直模式两者之间的区别主要体现在以下三方面。

1. 消费者群体

综合类平台电商聚焦于所有的消费者群体，让所有的购物者均能在综合平台上找到自己想要的产品与服务。而客户的专业化是垂直电商最大的特点，企业通过不断的对其专业客户群体进行分析，满足这些客户的需求来提升自身的服务质量，通过精准化营销在专业性领域里谋求一席之地。

2. 产品与服务

随着平台所经营产品的不断丰富，消费者可以在一家平台上使自己的需求得到满足，多种产品线与各类服务是综合平台模式最主要的特点。依托所经营产品的专业性，通过提供专门的服务来提升用户体验也是垂直电商的特色之一。如今，大多数垂直电商遭到综合平台的围剿，能够脱颖而出的企业往往都具有更加专业与细致的服务，通过自身专业服务来培养客户的忠诚度，进而提高重复购买率。如美乐乐通过开设线下体验馆来解决消费者在网络购物过程中存在的疑虑，并且立足于体验馆开展了一系列特色服务，大大提升了用户体验，使自己在家具网购的市场中赢得了良好的口碑。

此外，垂直电商的产品种类相对较少，价格处于劣势。从产品来讲，垂直电商销售的商品在综合平台上也能找到，而且综合平台产品更全，经营商家多，价格或许更便宜。另外，与综合电商相比，垂直电商的财力、物力和人力难以与之抗衡，这不利于垂直电商平台开展大规模的促销活动。

3. 市场占有率

从流量来讲，垂直电商需要流量，势必与综合类电商（如京东、淘宝）产生冲突。京东、淘宝基本上是全面布局，预算充分，媒体议价能力强，而垂直电商流量的购买成本无法与综合电商平台竞争。

从转化率来讲，综合平台的优惠价促销投入大，且产品全，因此转化率大大高于垂直电商。在这种形势下，对于大众化、标准化的实物商品来说，综合类电商平台必将凭借自身的供应链优势，迅速扩张并占领市场。目前3C家电、母婴用品、服装、护理用品、视频等主要商品由综合平台商经营，垂直电商确实很难有机会扩大市场份额。

（三）垂直模式的主要类型

垂直模式的核心就是为某一细分领域的消费者提供专业化的产品与服务。主要分为垂直B2B模式、垂直B2C模式、垂直B2B2C模式、垂直O2O模式及垂直跨境模式等。

1. 垂直B2B模式

拓展阅读5－7　什么是B2B

垂直B2B模式主要是在某一细分行业或市场由生产商与采购商之间专业经营批发业务的电子商务交易平台，这类平台主要面对各种原材料、半成品等行业，比如化工原料、纺织

原料、金属矿产、五金原料等行业。垂直B2B平台收入模式也与其他平台相同，以广告费和交易佣金为主。

2. 垂直B2C模式

垂直B2C模式是在某一细分行业或市场由生产商（品牌商）对个人开展零售业务的电子商务交易平台，主要适用于生活服务、品牌直销、虚拟产品等行业。其中比较具有代表性的有聚美优品、梦芭莎、唯品会等网站平台。

垂直型B2C电子商务网络营销平台的特点表现在以下两个方面：第一，专业、专一，就是集中全部的资源和力量重点打造专业性的网络商品销售信息平台，主要是以自身行业为发展特色，对某一类商品行业做重点的全面研究，例如鞋、服装、电器等。第二，深入、深层次，坚持主要发展方向，具有相当独特的专业性。它通常在专业销售的基础之上再进行更加深层次的研究。专业、专一是垂直型网站取得发展的前提条件，深层次的进一步发展是为了提升产品的服务品质和提高商业盈利。

3. 垂直B2B2C模式

垂直B282C模式是在某一细分行业或市场，生产商（品牌商）与零售商之间、零售商与消费者之间、品牌商与消费者之间，集批发、分销、零售于一体的综合性平台，主要适用于标准化和非标准化产品行业。

这种新兴的商业模式是适用于标准化和非标准化产品的最佳模式，可以对整个产业链进行整合，实现厂家、网商、消费者的实时对接，为厂家提供一个完整的批发分销零售平台。厂家可以把所有的仓储营销业务都利用平台网络进行管理，提升效率、降低成本，为厂家实现规模化、品牌化经营提供有力支撑。同时，平台为网商创造零库存运营的条件，为消费者提供厂家质保产品，物流也可以与传统行业物流相结合，在砍掉所有中间商及仓储环节，降低物流成本后让利消费者，形成整个产业链的产供销一条龙服务；对于需要安装等售后服务的产品，如家装及汽车后市场，还可以形成服务一条龙，谋求厂家、网商、实体店和消费者“四赢”，而不是靠恶性价格竞争互相损利来争夺市场；平台的主要收入依靠广告费和交易佣金，后期可以针对消费者提供增值服务进行收费。

拓展阅读5-8　曲线救国的B2B2C模式

4. 垂直O2O模式

垂直分为两种情况：一种是品类垂直，有一些品类可以采取传统电商的形式独立存活；另一种是地域垂直，不少熟知当地市场的本地玩家借助O2O逐渐兴起，随着移动互联网的发展，垂直类垂直O2O得到了迅猛的发展。垂直O2O在某一特定细分市场或领域实现线上与线下的融合，可以为消费者提供更加方便、快捷的服务与购物体验。

5. 垂直跨境模式

作为电商领域的一个重要的分支，跨境电商成为继PC电商、移动电商之后的又一片“蓝海”，因而垂直跨境模式已得到极大的关注。除了专注于某个行业（如服装、婚纱等渗透式的行业）的垂直跨境电商之外，最近业界开始兴起专注于某个国家市场的垂直电商模式。专注于一个市场有很大的潜力，而且声誉会持久，并随着时间的推移凭借声誉拉拢更多的用户。例如，在业界声名鹊起的“日贸通”就是采用市场垂直模式的跨境电商。2015 年日贸通上线了 B2C 外贸批发零售平台，帮助中国商家直接面对日本的中小采购商以及消费者，并且还将布局完成商务服务平台，把翻译、检品、知识产权、物流等贸易相关企业都拉进来，一起为两国贸易企业提供更多的服务。在一个海外垂直市场中，B2B+B2C 这样的布局显得更加深入，对于商家来说，效果也会更加明显和突出。

二、垂直模式的价值主张

商业模式主要回答以下三个问题：为谁创造价值？用什么创造价值？怎么赚钱？所以，价值主张是商业模式最重要的部分。

（一）客户定位

拓展阅读 5-9　同仁堂打造首个健康垂直领域跨境电商平台

客户定位描述一个企业想要接触和服务的不同人群和组织。客户构成了商业模式的核心，没有可获益的客户，就没有企业可以永久存活。为了更好地服务客户，企业可能把客户分成不同细分市场，每个细分市场中的客户具有共同的需求、共同的行为和其他属性。商业模式可以定义一个或多个或大或小的客户细分群体。企业必须做出合理的决策，确定该服务哪些客户细分群体，忽略哪些细分群体。客户群体体现为独立的客户细分群体，通常具有以下特点：①需要和提供明显不同的提供物来满足客户群体的需求；②客户群体需要通过不同的分销渠道来接触；③客户群体需要不同类型的体系；④客户群体的盈利能力有本质的区别；⑤客户群体愿意为提供物的不同方面付费。

垂直电商在定位客户群体时，需要回答两个问题：企业正在为谁创造价值？谁是企业重要的客户？一般而言，垂直电商主要是基于特定细分市场的客户群体，即为某一特定市场的客户提供价值，设计满足客户要求的产品或服务。所以，垂直电商一方面应该精准定位，找到某一细分市场，找准消费群体，了解其需求，为其提供称心如意的产品或服务；另一方面也应致力于让消费者重复购买，通过大众消费，打造接地气的垂直电商，优质的购物体验把企业的品牌和口碑传播出垂直电商去，吸引更多新的顾客。

（二）垂直模式的价值主张

价值主张（Value Proposition）描述为特定客户群体创造价值的系列产品和服务，主要回答四个问题，即企业该向客户传递什么样的价值？企业正在帮助客户解决哪一类难题？企业正在满足哪些客户的需求？企业正在向客户细分群体提供哪些系列的产品和服务？

价值主张就是企业通过其产品和服务所能向消费者提供的价值。价值主张确认企业对消费者的价值所在，是商业模式的载体。

垂直电商模式专注于垂直行业发展，与综合电商相比，首先，在产品划分上具有单一特性，有助于产品细分，有利于服务的专业化；其次，垂直模式的物流管理更加高效、便捷，在很大程度上能满足众多顾客对快捷服务的要求。此外，垂直模式注重顾客的评价体系，保证售前售后的良好服务，以顾客为核心构建一个完整的服务体系。因为垂直电商聚焦于某一细分市场，满足小众消费者的需求，为其带来一定的价值，所以与较大的综合平台相比，垂直电商的价值主张应该更加清晰，即精准的企业价值主张，为顾客带来更有意义的价值。

价值主张主要通过迎合细分群体需求的独特组合来创造价值，价值可以是定量的，如产品价格与设计等，也可以是定性的，如客户体验等。垂直电商模式主要从定量与定性两个方面来精准其价值主张，为目标客户提供价值。

1. 垂直电商的定量价值主张

定量价值主张聚焦于为客户提供可量化的、可见的价值。垂直电商的主要优势在于较低的价格和定制化的产品，这是因为垂直电商聚焦于某一领域，与供应链前端和后端形成合作的关系，产品的价格相对较低，质量能够得到保证。此外，定制化产品和服务可以通过满足个别客户或客户细分群体的特定需求来创造价值。大规模定制和客户参与定制是垂直电商发展的契机。因为随着消费者个性化需求的产生，垂直电商能够快速响应其需求，为消费者提供个性化、差异化的产品，给他们带来价值。

2. 垂直电商的定价性价值主张

体验式消费是一种新颖的消费模式，由消费者先行试用商品，通过直接体验感受商品效用，从而引领商品的消费。垂直电商的定性价值主张就是为消费者提供良好的消费体验。体验式消费是市场推广的创新，受到消费者的广泛欢迎，同时是线上线下整合的关键。未来电商的发展离不开消费者体验，特别对于垂直电商而言，良好的消费者体验是线上线下引流的关键。

（三）垂直模式价值主张创新的三大立足

1. 用户思维

在互联网飞速发展的今天，垂直模式的价值主张创新必须适应用户思维，从产品设计、极致用户体验到口碑传播等都离不开用户的参与。用户参与并不是单纯的建设社区和论坛，而是需要在用户设计、用户互动、用户主导、用户体验及用户服务等方面下功夫。随着用户私人定制的比例越来越高，垂直电商迎来了发展的春天，聚集于某一独特的市场领域，能更好地体验出用户思维，为消费者提供独一无二、能形成共鸣的产品。

2. 极致单品

极致就是要求企业的产品或服务超越用户的想象，单品就是指企业要集中资源主推一个主导产品。互联网时代强调单一，只有专一才能集中力量把产品或服务做到极致。

3. 快速迭代

快速迭代是指产品创新要快。一切好的体验都源于不断的试错和沟通，只有不断地更新产品或服务，聚焦于专一的产品，才能打造独特的垂直电商品牌，从而获得充足的流量源和客户。

三、垂直模式的价值传递

企业向顾客供应产品和传递产品信息的渠道，是商业模式维持正常运作必不可少的外部价值链。产品或服务的价值传递是企业把产品和服务传递给目标客户的分销和传播活动，目的是让目标客户方便地购买和了解公司的产品或服务。价值传递与客户关系是相辅相成的。有效的价值传递首先必须聚焦于客户关系，客户是其价值传递的终端，特别是对于垂直电商而言，在某一细分市场内，客户关系的维系及发展可以成为其制胜的竞争优势。同时，良好的客户关系是垂直电商价值传递的保证。此外，基于良好客户关系的精准营销是垂直电商价值传递的助力器，可以收到事半功倍的效果。

（一）客户关系

客户关系指公司与其消费者群体之间建立的联系。主要回答三个问题：每个客户细分群体希望企业与之建立和保持何种关系？企业已经建立了哪些关系？这些关系成本如何？

在当今“消费者为王”的时代，良好的客户关系是决定企业成败的关键，在产品和服务高度同质化的时代，重要的不是企业有多好，而是消费者认为企业有多好，所以，通过努力，多途径、全方位地不断保持良好的客户关系是非常重要的。

垂直电商聚焦于差异化的品牌战略，服务特殊的小众消费者，重复购买不成问题，但是，良好的客户关系带来的传播价值也是无限的。垂直电商要做的不仅是让消费者重复购买，更需要通过消费者的一次优质的购物体验把自己的品牌和口碑传播出去，吸引更多的顾客。

在移动互联的时代，人将取代内容成为互联网的基础单元，作为网络节点的用户，每一个人就是一个传播中心，人际关系网络成为双向的信息传播渠道，垂直电商也可以通过新产品为用户提供衍生服务，让用户创造信息并自发传播。

口碑传播是指一个具有感知信息的非商业传播者和接收者对于一个产品、品牌、组织和服务的非正式的人际传播。口碑传播是市场中最强大的控制力之一，因为它对影响消费者的态度和行为会起到重要作用。现代营销人士视之为世界上最低廉的信息传播工具和高可信度的宣传媒介，称之为“零号媒介”。如今，消费者之间的信任由传统的垂直信任向水平信任转变，在购物时，消费者越来越重视其他消费者的购物感受及推荐，良好的客户关系是口碑传播的重要保证。口碑传播需要良好的产品特征。比如，优购时尚商城等垂直品牌电商的成功，归功于用实力说话，打造属于自己的专业化的精细产品。

（二）精准营销

精准营销是良好客户关系的产物，也是企业价值传递的关键一环。精准营销是以数据为导向，以客户为核心的营销方式，其主旨在于通过正确的渠道，在正确的时间向正确的顾客传递正确的信息。这些信息可以加深企业对客户需求的了解，协助企业满足客户的个性化需求，从而建立长期互惠的客户关系，实现投资回报率最大化。在精准定位的基础上，精准营销依托现代信息技术手段建立个性化顾客沟通服务体系，协助企业走上可度量的低成本扩张之路。

在垂直电商不断发展的今天，借助大数据、LBS及移动互联网的发展，各大垂直电商（如聚美优品、唯品会等）在精准营销方面取得了丰硕的成果，通过用户的购买记录、地理位置及对产品的偏好等，就能精准地总结出消费者的特征及消费倾向，从而为他们精准地推送消息，带来贴心的服务。

四、垂直模式的价值实现

拓展阅读 5-10　乐蜂联姻唯品会，精准营销或成美妆销售主力

（一）盈利模式

盈利模式就是企业创造价值的赚钱渠道，即企业利润的来源和方式。垂直电商的主要特征是聚焦于特定的领域深度经营，而不是全部通吃。垂直领域的深度垂直是未来垂直电商转型的方向与机遇。

（二）融资方式

融资方式决定了企业的成长空间。在互联网金融迅猛发展的今天，如何融资、如何获得更多的资金是垂直电商十分关心的问题。融资方式即企业融资的渠道，它可以分为两类：债务性融资和权益性融资。债务性融资包括银行贷款、发行债券和应付票据、应付账款等，权益性融资主要指股票融资。

五、垂直模式的发展

拓展阅读 5-11　酒仙网“庄家操盘”的三个阶段

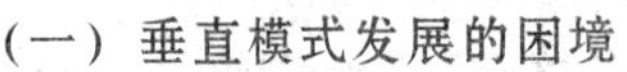

（一）垂直模式发展的困境

垂直电商聚焦于细分市场，满足某一类用户群体的个性化需求，对行业和产品的理解更为深刻，因而也更容易做出特色。然而，在电子商务飞速成长的10年多时间里，垂直电商的发展一直难以令人满意，虽然有唯品会、聚美优品等少数几个行业明星，不如意的却是绝大多数，例如，红孩子贱卖给苏宁、麦考林逐渐枯萎、凡客诚品正在经历转型之困，更有一大批曾经的明星企业（如维棉网、品聚网、初刻等）已经淡出人们的视野。

1. 细分品类的高成本

垂直电商是相较于综合性电商而言的，与后者的全品类覆盖不同，大多数垂直电商聚焦于某一个细分品类，也正因为如此，垂直电商在商业模式上有一些天然的缺陷需要克服。

（1）消费者对一站式购物有天然的需求，因为只有这样最方便，而这恰恰不是垂

直电商的优势。对于垂直电商而言，也时常面临品类管理的困惑，因为一般来说 20%的畅销品类占据了 80%的销售额，但如果砍掉剩下 80%的品类，商品丰富度将大幅降低，会影响用户体验。

(2) 流量成本高昂。线下最重要的是位置，本质上是人流量，选好了位置就注定会有很多自然流量。但是线上则完全不一样，除了品牌效应逐渐提升自然流量以外，还需要去搜索引擎、门户网站或者通过联盟的方式购买大量的流量。目前互联网的整体流量价格都很贵，如果花钱买来的流量不能形成比较高的转化率，企业的营销费用就会居高不下，这是很多垂直电商容易陷入的恶性循环。

2. 盲目追求规模化

垂直电商讲究的是更专业化的运营，通过差异化的产品或者服务与消费者产生更多情感上的交互，从而产生平台所无法复制的用户忠诚度和黏性。不过现实情况是，大多数的垂直电商与综合电商相比毫无差别，甚至由于物流体系的缺陷，所提供的服务反倒不如京东等电商平台。所谓的垂直只是做到了表面货品的垂直，运营并不专业。

3. 综合电商平台的挤出效应

由于模式上的缺陷和经营上的误入歧途，大多数垂直电商并没有抓住较短的窗口期展现自己的专业化运营能力，做出特色并形成品牌。当京东等电商平台涵盖的品类差异逐渐渗透到人们日常生活的方方面面，当传统品牌开始拥抱京东、天猫等综合电商之时，综合电商平台对垂直电商的挤出效应开始显现，而且越来越强。因为二者提供的商品相同，服务也很难体现出差异，更何况以自建物流为特色的综合电商（如京东）通常能为消费者提供更好的服务。

拓展阅读 5－12 红孩子的失败——盲目扩张

（二）垂直模式的发展

随着社会的进步和人们消费层次的提升，对个性化产品和服务的追逐将成为越来越多人的消费理念，这是属于垂直电商的机会。采用差异化的经营方式，寻求模式上的突破，这是垂直电的经营逻辑，也是应坚持的方向。需要注意以下几点。

1. 销售模式推陈出新

目前比较典型的销售模式创新是限时特卖，这类模式的电商通常聚焦于一个品类或者特定人群，在限定的时间内提供具有较高性价比的商品，刺激人们的冲动性购买。而且由于产品定时上新，消费者每次登录都可能有新的发现，好奇心驱使消费者不断回头，因此这类电商一般具有很高的用户黏性和重复购买率。这一模式在我国的代表企业是唯品会，唯品会上市后强势的表现引发了各大电商的竞相模仿，但是往往只得其表。除此之外，近年来兴起的周期购、社会化电商等都属于销售模式创新的范畴，很多此领域的创业企业拿到了数目可观的投资。

2. 服务紧贴个性化需求

目前市场上成功的垂直电商大都在目标消费群体定位上有自己鲜明的特色，例如

Zulily 聚焦母婴群体，铁血君品行则面向军事爱好者等，本书后面将提到的社群电商更是一种以垂直人群为核心的电商运营模式。

找到了垂直消费人群，垂直电商就不再局限于单一的品类了，而是围绕这类人群的特殊需求进行多品类的扩充，往往也能收到很好的效果。例如，唯品会最初以服装鞋帽为主，目前正在加大化妆品、母婴等品类的比例；Zulily 则同时提供婴幼儿用品、女性时装以及家装家居等品类；铁血君品行更是几乎从一开始就覆盖了包括服装鞋帽、手表、眼镜以及皮包等在内的各种各样的军品。

3. 树立非标品类的品牌化

垂直电商的机会在于聚焦于某一种非标准品类，将产品和产业链同时做深，借助自身的专业化服务帮助消费者简化选择的流程，从而带来购物效率和体验的提升，并由此树立品牌。唯品会的成功是限时特卖的胜利，同时也是精选导购模式的胜利，因为唯品会借助专业化的买手团队和自营的机制为消费者筛选出了符合其需求的高质量商品，简化了购物的流程，并实现了与阿里巴巴、京东等电商平台的区隔；Zulily 的商业模式也具有异曲同工之妙，借助专业化的买手团队从大量的中小供应商手中为消费者筛选出性价比最高的商品，满足了消费者的需求，并形成了鲜明的品牌形象。

4. 提供增值服务，深耕电商品牌价值

对于很多垂直电商来说，拥有的仅仅是渠道价值，而这恰恰是最容易受到大型电商平台挤压的。但是无论在何种情况下，商品的品牌都是非常有价值的，平台依赖的也是大量的品牌商家。互联网是一个非常好的打造品牌的工具，不受地域和货架的限制，具有非常强的辐射范围和聚客能力。另外，因为垂直电子商务属于细分行业，用户的核心必然是基于二次购买率的，所以，必须借助经营用户、服务溢价及创新商业模式，依靠服务来提高溢价力，最终从产品盈利转变为服务盈利。

第三节　O2O 平台商业模式

一、O2O 平台商业模式概述

（一）O2O 模式的内涵

随着互联网电子商务本地化的发展，平台商业模式应运而生，信息和实物之间、线上和线下之间的联系变得愈加紧密，O2O 被看作电子商务网站的下一个掘金点。O2O 即 online to offline，是指线上营销和线上购买带动线下经营和线下消费。O2O 的核心效用在于满足消费者的“3A”消费与支付需求，即消费者希望在任何时候（anytime）、任何地方（anywhere）、使用任何可用的方式（anyway）得到任何想要的产品和服务。

传统的线上和线下是两条平行线，而 O2O 的核心就是打通线上和线下，使之融合起来形成合力，即线上平台与线下实体相互结合，让线上与线下互为补充，同时起到推广、经营的作用。消费者不仅可以通过线上平台来挑选产品，更可以通过线下产品和服务得到实际的体验。

O2O 的一种普遍形式是，线上平台（网站、APP 应用等）与线下商家分别是独立的个体，双方进行洽谈沟通优惠活动的信息，然后通过平台自有渠道发布推荐，吸引消费者到平台来消费，线上平台提供密码或者二维码等代码，消费者持该代码到线下商家享受优惠，活动结束后，线上平台与商家结算，并保留一定比例作为佣金。团购就是这种形式的典型。团购在经历了“百团大战”后归于平淡，期间暴露出很多问题，有诚信问题，有服务质量问题，还有消费者习惯问题。消费者冲着折扣优惠到商家消费，商家让利迅速火爆后，难以恢复本来的价格，无法留住消费者进行二次消费，团购网站逐渐成为一个展示性的平台。

O2O 的另一种形式是反向 O2O，即 offline to online，就是将消费者从线下引导到线上，典型的案例包括闪购、维罗格、可口可乐开盖礼等。通过线下体验活动、扫描二维码或者打印优惠券代码，反向将消费者吸引到线上平台，增加线上的流量。

但是，仅仅将消费者 online to offline 或者 offline to online 都是不够的，O2O 实际上是一个 online 与 offline 双向的互动流通。O2O 应当充分发挥线上与线下各自的优势，将消费者在不同环节、不同时段引入平台。其中还要求流通顺畅，让消费者能自由地从线上线下获取信息，以便企业在不同层次、不同渠道树立品牌形象，提高消费者黏性和二次消费的几率。

表 5-1 是 O2O 模式与传统电子商务模式的比较。

表 5-1　O2O 模式与传统电子商务模式的比较

	传统电子商务模式	O2O 电子商务模式
产品类型	以实体商品为主	以生活服务类商品为主
商业模式	电子营销+物流	电子营销+客流
技术支撑	以传统互联网大规模数据信息交互为主	结合互联网、移动互联网、电子凭证等多项技术
与实体经济的关系	与实体门店互有消减甚至有竞争	实质是为实体店带客，可理解为实体店的推广渠道

1. 产品类型和商业模式

跟 B2C、C2C 等传统电子商务模式不同，O2O 模式针对的主要是吃喝玩乐的消费类市场，平台上售卖的主要是生活类服务，需要消费者在线上购买后亲自到线下实体店进行消费体验，而不是坐等商品由物流公司送到面前。

与传统电子商务方式一样，O2O 模式也离不开虚拟营销平台的建立。但是，O2O 平台的真正价值包括两方面，对线下服务进行线上的常规性迁移以及对线下服务的使用体验提供保障。对线下业务使用体验的保障是 O2O 服务提供商运营的一个关键业务流，它不能像 C2C 及部分 B2C 企业那样将物流环节分割外包。O2O 平台对线下商家的作用主要是把线上的消费者引导到实体店，它为商家创造的最大价值便是给其带来大量目标消费者。

2. 技术支撑

B2B、B2C 和 C2C 等传统电子商务方式主要依靠 PC 互联网和电子支付方式进行商品交易，而 O2O 模式除了采用上述技术外，还需要运用移动互联网（如应用程序 APP 等手机终端）以及二维码技术和相关的扫描器技术等，对于线下商家的设备要求较高，O2O 网站的运营门槛也因此提高。

3. 与实体经济的关系

由于 O2O 线上平台只是把线上的消费者引导到线下商家，平台和商家只存在资金流和信息流的交互，O2O 可以看成是商家的一种营销方式，因此不会和线下实体店形成相互竞争的局面。而对于连锁加盟型的零售企业来说，B2C 模式很多时候无法避免线上和传统加盟商的渠道冲突，尤其是价格上的冲突，线上商品的销售很容易与实体店的零售互有消减甚至形成竞争。

（二）O2O 模式的要素

与传统电子商务的 B2C、C2C 等“电子商务＋物流配送”模式不同，O2O 大多采用“电子商务＋实体消费”模式，消费者线上购买并完成支付，然后到线下进行实体消费，可以说，它是电子商务中的最新趋势。要鲜明地将 O2O 模式与传统电子商务方式区分开，先要对其核心要素组成进行分析。

对于 O2O 模式来说，其核心理念就是把线上用户引导到线下的实体商铺中，并通过在线支付，实时统计消费数据并提供给商家，再把商家的商品信息准确推送到有需要的消费者手中。因此，构成完整 O2O 模式的要素包括提供线上服务的 O2O 电子商务平台、线下众多的生活服务类商家以及连接商家和消费者的在线支付机制。

1. O2O 电子商务平台——线下商家的推荐

O2O 电子商务平台实质是给线下商家提供了一个线上曝光的机会。对于线下商家来说，O2O 模式的采用其实是一种营销手段。O2O 平台的一个基本功能是将某线下商家推送给当地的线上潜在顾客，从而解决线下商家受制于实体店铺物理位置的问题。因此，在 O2O 模式中，一个覆盖了较为广泛用户群的 O2O 平台，按照位置把相关商家推送给客户，这样的商家推荐很有可能比商家在线下发传单的推广速度更快，效果更好。

2. 生活服务类商家

O2O 电子商务模式针对的主要是吃喝玩乐的消费类市场，国内这个生活服务行业的商家数量庞大，规模普遍较小，而且地域性特别强，因此，O2O 电子商务模式正是瞄准了服务行业中生活服务类商家这片电子商务市场的“蓝海”。网络上有一种看法，“如果把商品塞到箱子里送到消费者面前的网上销售额有 5 000 亿元，那么生活服务类的网上销售额会达到万亿元”。尽管这种看法可能有点夸张，但足以证明生活服务业市场空间足够大，而且未来的增长空间非常可观。O2O 模式对于促进电子商务从销售货物向提供服务和体验转变，起到了很好的推动作用。

3. 在线支付——O2O 模式的关键

O2O 电子商务模式的关键在于在线支付。在线支付不仅仅是一个支付过程，更是一次消费最终形成的唯一标志，也是消费数据的考核统计标准。尤其是对提供线上服务的O2O平台本身而言，只有用户在线上完成支付，它才可能从中获益，从而把准确的消费需求信息传递给线下的商业伙伴。在以提供生活服务性消费为主，且不以广告收入为主要盈利模式的O2O电子商务中，在线支付占有举足轻重的地位。

（三）O2O模式的分类

O2O模式的核心就是线上线下的价值传递，只要是通过线上平台能给线下商家带来实际销售量增加的，都可以称为广义的O2O模式。按照O2O网站介入线下商家地面服务的程度，O2O模式可以分为口碑型O2O模式以及平台型O2O模式两种。

1. 口碑型O2O模式

口碑型O2O模式强调了商户发现和推荐的功能，但简化甚至去除了在线支付和效果验证的模块，其盈利模式以向商家收取固定的广告费用为主。口碑型O2O模式主要通过信息分类、浅度折扣等手段解决用户获取信息和选择消费商家的问题，主要通过口碑分享来帮助商家进行推广。目前国内采用这种模式的主要有大众点评网、58同城等分类信息网站以及布丁优惠券网站等提供浅度折扣的网站。

口碑型O2O模式的好处就是O2O网站在建设前期不需要大规模的拓展团队，易于推广。但同时存在商户拓展能力较弱，盈利模式比较单一，可复制性较强，对商家的监控能力不强等问题。

2. 平台型O2O模式

与口碑型O2O模式相比，平台型O2O模式需要建立类似于商城模式的O2O平台，需要借助平台的用户规模达到分销的目的。平台型O2O模式侧重于线下开拓，需要强大的地面部队支持网站运营。平台型O2O模式可追踪用户消费的全过程，因此营销效果可量化，商家投入产出比最高。团购是目前国内最被消费者广泛认知和接受的平台型O2O模式。其盈利模式主要是按效果支付，O2O网站与商家对交易进行分成。线下商家采用平台型O2O模式，主要有三种服务模式，分别是官方商城结合连锁店铺、凭借第三方平台以及不设实体店的独立商城。

3. 两种模式的价值体现及运营门槛比较

从表5-2可以看出，与口碑型O2O模式相比，平台型O2O模式对商家产生的价值更大，营销效果的可衡量性更高，但同时这种模式的运营门槛也较高。在口碑型O2O模式中，提供产品和服务的商家只是O2O网站上一个被动的参与者，而不是该模式的主导者。这个角色的尴尬地位，必将制约商家运用O2O模式生态的可持续发展。

此外，口碑型的O2O网站虽然建立了把线上消费者引导到线下商户的价值路线，但它缺少了O2O模式中最为关键的在线预付环节，只能说是最初级的O2O模式。

由上面的分析可知，只有平台型O2O模式，即搭建生活服务类网上商城，才能真正代表一套完整的O2O电子商务模式，并将在未来得到广泛应用和进一步创新。

表 5-2　口碑型 O2O 模式与平台型 O2O 模式的价值体现及运营门槛比较

	对商家产生的价值	消费者选择成本（用户在网站上选择，若不满意产生的成本）	网站的运营门槛（面对商家的角度）	网站的运营门槛（面对消费者的角度）
口碑型 O2O 模式	将用户口碑作为商家营销宣传的核心，但也由于对消费者的行为无法追踪，因此营销效果难以衡量	不高（未付钱，转换到另一商家的成本为零）	设计合理的点评机制，以确保点评内容的真实度	设计有效的激励机制，鼓励用户发表点评
平台型 O2O 模式	借助平台的用户规模，达到分销的目的，可追踪用户消费的全过程，因此营销效果可量化，商家投入产出比最高	高（线上预订，先付钱，后消费）	良好的数据体系搭建能力，数据挖掘能力、电子商务运营能力	①设计有效的商家合作机制，以保障消费者付钱之后的消费利益；②设计标准化的产品，将服务这种非标准化的方式标准化，以适应线上预订的方式

二、O2O 平台商业模式的生态圈

（一）O2O 模式的基本应用

线下商家采用平台型 O2O 模式开展电子商务，按照其线下实体店与平台的关系，可总结为三种不同的服务模式，即官方商城结合连锁店铺、借助第三方平台以及不设实体店的独立商城。

1. 自建官方商城＋连锁店铺

企业在互联网上建立品牌官方商城，消费者在该 O2O 平台下单后，可以选择到线下最近的门店体验服务，而商家在平台上提供的主要是在线客服以及随时调货支持。采用这种 O2O 电子商务服务模式的商家主要是想增加客流量以及对顾客进行体验营销，因此该模式适用于线下拥有众多实体店的大型连锁加盟生活服务企业。同时，该模式对企业提供的产品类型也有要求，它适合那些实体产品和无形服务同时结合的企业，需要消费者线上购买后进一步到线下实体店进行体验，如汽车服务、服装定制及家具定制等。

大型连锁加盟的生活服务企业采用这种自建商城的方式，能很好地将线下的实体店与线上的 O2O 平台进行实时对接，为实体店的消费者数量增加提供一个更加定向的渠道流入。而且，由于是自己的网站平台，对于目标消费者的针对性较强，对于网站的管理运营也更为方便。但该模式需要企业自身搭建一个 O2O 网站，资金投入较大，对线上消费者的推广力度也相对较大。

2. 借助第三方平台

除了已成规模的大型连锁加盟式生活服务企业外，我国更多的是那种规模较小、经营比较分散的城镇小餐馆、美发店等商家。这类商家由于没有充足的资金支持和技术支撑，无法通过自身建立官方商城的方式吸引顾客到线下实体店消费，也没有能力大张旗鼓地通过各种广告渠道来进行推广。因此，这类企业需要凭借有经验的第三方平台帮助其实现以上的营销目的。

通过借助O2O第三方平台，尤其是全国性的电子商务平台，商家可以摆脱线下店面的地域限制，进行更大范围的推广，并且不需要预先支付推广成本。此外，商家不需要花费大量资金和人力来建立和运营O2O电子商务，而是由第三方平台统一推广，借助第三方平台的专家服务团队和行业数据研究等商家缺乏的能力来满足营销需求。而且，与商家自身建立的官方商城相比，第三方平台拥有更大规模的客流，更便于商家的目标消费者进行搜索。但同时，商家采用这种模式，由于是跟类似规模的同行企业处在同一个平台上争夺客户资源，因此，只有制定更为合适的产品和价格策略，突出自己的优势，才能真正发挥第三方平台的推广作用。

3. 独立网上商城＋"O实体店"

服务体验渗透在人们日常生活中的方方面面，除了上面提到的大型连锁加盟式企业和城镇小商家外，社会上还有很多闲置服务资源没有得到充分利用。要想充分利用这些闲置资源，挖掘其中的商机，一种很好的开展业务的方式便是为其建立没有线下实体店铺负担的独立网上商城。

在日常生活中，人们除了满足衣食的需要外，同样还必须满足住行的需要。而诸如租房、租车等生活服务，很多时候就要依靠利用社会中相关的闲置资源来提供。当人们由于各种原因想租出原本居住的房子时，这些房子就变成了社会上暂时闲置的资源，因此，这些房子、汽车等租赁服务的供给和需求不像上面提到的企业所提供的产品和服务那么稳定。而消费者对于这种租赁服务的需求属于一种刚性需求，也不是通过商家的营销推广就能被激发的。对于拥有这些闲置资源的企业来说，寻找目标消费者是一个很大的经营瓶颈。因此，要想充分利用好这些社会上的闲置资源，就需要一个具有针对性的独立网上商城来对其进行资源的合理配置。

由于没有线下实体店的对应服务匹配，这种独立商城的O2O平台需要较强的技术支撑，借此连接其无形的社会资源。同时，这类O2O平台需要拥有强大的后台运营能力来配置资源。因此，这种独立网上商城＋"O实体店"的服务模式对O2O网站的运营要求较高，也不易开展。

（二）O2O模式的生态圈

平台商业模式下的O2O本质并没有发生改变，依然需要挖掘和满足消费者的需求，对产品和消费者进行经营，实现销售，实际上仍然是围绕着消费者、产品和交易。O2O生态圈由三个基本因素组成，分别是前端信息流、中端产品流和后端现金流，最终形成一个完整的商业生态圈。

1. 前端信息流

通过线上平台和线下实体店联合进行信息的引流，即营销环节的推广活动、品牌宣传和会员体系（包括消费者积分管理）等。注重信息量、流量是传统的互联网思维，它源于传统的线下零售思维。相当于传统的线下零售开店的原则，地段就是流量。在O2O生态圈中，信息流就是这样的概念。流量非常重要，但比流量更重要的是品牌和消费者。如果消费者是通过引流的方式被吸引来的，那么这个流量始终需要用成本维系，它的商业价值也始终是最低的。

2. 中端产品流

中端产品流是线上平台和线下实体店的打通，产品电子化、产品信息呈现（产品条码）、产品陈列和库存物流打通（包括产品配送、物流仓储中心建设）等。

3. 后端现金流

后端现金流是指支付环节的打通、无线支付场景、支付流程设计、硬件软件设置等。即便于与消费者交易的达成，完成后端支付。

平台商业模式下合理运用O2O生态圈的前端、中端、后端资源，并通过线上平台和线下实体店互动式营销，精准锁定消费者的需求，简化导购流程，使消费者能够快速完成下单，赋予消费者全新的购物体验，增强消费者的黏性。《哈佛商业评论》曾提出未来零售业变革的关键在于实施全渠道零售战略（omni - channelretailingstrategy）。也就是说，企业要想通过O2O模式获得成功，必须形成一个完整的商业生态圈，全面打通信息环节、产品环节和支付环节，把各种迥然不同的渠道整合成“全渠道”的一体化无缝式体验。

（三）O2O生态圈的阶段

与传统的消费者在商家直接消费的模式不同，在O2O平台商业模式中，整个消费过程由线上和线下两部分构成。线上平台为消费者提供消费指南、优惠信息、便利服务（预订、在线支付、地图等）和分享平台，线下商户则专注于提供服务。在O2O模式中，消费者的消费流程可以分解为以下五个阶段。

1. 引流

线上平台作为线下消费决策的入口，可以汇聚大量有消费需求的消费者，或者引发消费者的线下消费需求。常见的O2O平台引流入口包括：消费点评类网站，如大众点评；电子地图，如百度地图、高德地图；社交类网站或应用，如微信、人人网、QQ等。

2. 转化

线上平台向消费者提供商铺的详细信息、优惠（如团购、优惠券）、便利服务，方便消费者搜索、对比商铺，并最终帮助消费者选择线下商户、完成消费决策。

3. 消费

消费者利用线上获得的信息到线下商户接受服务，完成消费。

4. 反馈

消费者将自己的消费体验反馈到线上平台，有助于其他消费者做出消费决策。线上平台通过梳理和分析消费者的反馈，形成更加完整的本地商铺信息库，可以吸引更多的消费者使用在线平台。

5. 存留

线上平台为消费者和本地商户建立沟通渠道，可以帮助本地商户维护消费者关系，使消费者重复消费，成为商家的回头客。

从上述五阶段模型中可以看出，只有在全部的五个环节上布局和完善，O2O平台才能最有效地形成正向循环，实现平台的快速增长。借助五阶段模型，可以理解各互联网公司纷杂的业务与本地生活O2O布局思路，也可以发现它们各自的优劣势和未来继续布局的方向。相关案例见表5-3。

表5-3 O2O生态圈的“五阶段模型”案例

	引流	转化	线下资源（消费）	反馈	存留
大众点评	点评平台：大众点评网	优惠：点评网/优惠券 预订服务：点评预约预订	大众点评网的线下团队以及合作商户	点评平台：大众点评网 社交平台：大众点评社区	大众点评网/点评会员卡
阿里巴巴	点评平台：淘宝生活、丁丁 地图：高德地图、丁丁地图 社交平台：微博、陌陌	优惠：美团/丁丁/聚划算 在线支付：支付宝 预订服务：淘宝点点	美团、丁丁、淘宝生活、聚划算和淘宝点点的线下团队以及合作商户	点评平台：淘宝生活/丁丁 社交平台：微博/陌陌 团购平台：美团/聚划算 地图：高德地图 预订平台：淘宝点点	订餐平台：淘宝点点
腾讯	点评平台：腾讯微生活 地图：SOSO地图 社交平台：微信、QQ	优惠：高朋/微生活会员卡 在线支付：微信支付/财付 通预订服务：微生活十通卡	高朋、微生活、通卡的线下团队以及合作商家	点评平台：腾讯微生活 社交平台：微信 团购平台：高朋	社交工具：以QQ、微信为核心的社交工具
百度	地图：百度地图 搜索：百度搜索	优惠：糯米网/百度团购 支付工具：百度钱包	糯米网线下团队以及合作商家	团购平台：糯米网 地图：百度地图	无

O2O平台的一边是消费者，另一边是线下的本地商家。平台双边具有强大的跨边网络效应，即更多的商家将会吸引更多的消费者，反之亦然。平台的重要功能在于连接各边主体。能否有效地兼顾消费者和线下商家的需求，能否同时有助于双方实现增值，是O2O平台能否得以成长的关键。

具体地说，消费者希望在平台上获得以下四种利益。

（1）获取消费建议。消费者对于本地服务类的线下商家，特别是未消费过的商家缺乏了解，为了能够挑选到优秀商家、获得满意的消费体验，消费者往往需要获得该商家的全面信息，例如商家特色描述、照片、过往消费者的点评等。

（2）获得优惠信息。优惠是消费者做出消费决策的重要影响因素，电子优惠券和团购兴起后，在线的O2O平台成为消费者获得线下消费优惠的最重要手段之一。

(3) 获得消费便利。当消费者做出初步的消费决策后，往往需要更多的信息和服务来帮助实现线下消费，例如商家电话、预约服务、电子地图等。

(4) 评价或分享消费经验。社交网络兴起后，在线分享成为一种趋势。线上的点评及分享平台，为消费者提供了表达自己意见的渠道，并且可以影响到更多人的未来消费行为。这种评价和分享需求正在变得越来越普遍和强烈。

商家则希望借助O2O平台达到四种目标。

(1) 提高销售收入。影响商家收入的因素包括：新客源的数量、回头客的数量和消费频率、人均消费金额。商家希望线上平台能够为其引入新客源；通过维护客户关系达到增加回头客比例和消费频率的目的；并且提供营销手段，提高人均消费金额。

(2) 降低运营成本。影响商家成本的因素包括房租、人力成本、营销成本等。其中大量的变动成本（例如人力成本）可以通过在线支付、点餐等在线工具有效降低。

(3) 形成品牌和口碑。品牌和口碑是商家最重要的无形资产之一。在线平台是有效的营销推广平台，并且是与消费者沟通交流的主要渠道。

(4) 了解市场趋势和把握消费者偏好。商家需要及时了解市场的概况和发展趋势、消费者消费行为和偏好的变化，以快速做出调整，迎合新趋势。

三、O2O平台商业模式的维度

平台商业模式从结构性维度来看，可分为界面模块和要素模块两部分（见表5-4）。其中界面模块包括价值主张、价值创造、价值传递和价值实现等四个界面，它是对平台商业模式含义的分解和概括，是对公司价值创造逻辑的诠释；要素模块包括市场定位、客户价值、资源与能力、关键业务、价值网络、营销模式、盈利模式、财务管理等八个要素，它是对界面模块的深层次的分解。

表5-4　平台商业模式的维度

界面模块	价值主张	价值创造	价值传递	价值实现
要素模块	市场定位	资源与能力	价值网络	盈利模式
	客户价值	关键业务	营销模式	财务管理

(一) 界面模块

平台商业模式的四个界面能够全面地反映公司价值实现的逻辑过程（见表5-5）。

平台商业模式的四个界面模块并非独立存在，它们之间相互关联、相互影响，构成了商业模式创新的多维度组合。价值主张是价值创造的起点，决定了公司的发展方向、消费者类型，细分市场及产品或服务内容，回答了“Whom”（谁）和“Where”（哪里）的问题；价值创造是保证价值主张实现的措施，也是价值传递和价值实现的基础，是公司经营活动的核心，回答了“What”（做什么）的问题；价值传递是连接价值创造和价值实现的纽带，价值传递可以实现消费者的价值，也可以保证公司价值的实现，回答了“How”（如何做）的问题；价值实现解决了公司最为根本的盈利问题和财务问题，它是公司追求的最终目标，回答了公司如何生存的问题。

表 5-5 平台商业模式之界面模块

界面	概念解析
价值主张	●以消费者的需求为导向，通过整合公司资源为消费者提供产品或服务，从而实现公司价值。即公司要为消费者提供解决方案：了解消费者的痛点，为消费者处理面临的问题，使消费者的需求得到满足。 ●主要针对市场定位和客户价值进行推广，明确公司价值的市场定位，为公司的运营制定目标。 ●价值主张是要明确在平台价值创造活动的范围内，公司能够提供什么样的产品或服务来满足消费者的需求。
价值创造	●反映了公司在价值实现前的投入和产出，“投入”指公司凭借自身的资源和能力进行价值创造；“产出”指公司为满足客户需求而提供的产品或服务，即公司价值核心。 ●价值创造要实现投入产出过程中，产出价值大于投入价值而实现增值，其实质是对资源的占有、使用和回报。 ●平台公司通过平台的搭建，利用其资源的整合，为其他公司提供一个展示的位置，而其他公司可以在其上进行产品或服务的展示。故平台公司并不会直接创造价值，不会直接提供消费者需求的产品或服务。 ●平台的关键业务是平台的搭建和维护，利用资源和能力创造更多合适的“场所”提供给平台的使用者，是“双边市场”特征的主要表现。
价值传递	●公司将所创造的价值利用价值网络有效地传递给消费者，其实质是公司与消费者的价值交换过程，即将产品或服务提供给消费者来满足消费者需求的过程。
价值实现	●公司满足消费者需求后而获得的溢价，即公司在为消费者提供产品或服务，完成价值交易的过程中投入与产出的情况。 ●分为盈利模式和财务模式。盈利模式是指公司的收入来源与收入方式；财务模式指公司运作过程中的成本结构状况和资本运营情况。

（二）要素模块

平台商业模式的界面模块可以细分为八个要素模块（见表 5-6），细分后的要素模块能够更清晰地体现界面模块的整体含义，是实现商业模式逻辑关系的承载因子。

表 5-6 平台商业模式之要素模块解析

界面	概念解析
市场定位	●市场定位为公司经营活动确定方向，主要是市场调研、市场开发、市场锁定和市场细分。 ●平台公司的市场定位是对服务行业和服务功能的选择，公司根据消费者需求确定所服务的行业，然后开发服务功能。 ●平台的市场定位主要是市场锁定和市场细分，锁定是指发现具有巨大发展潜力的市场，细分是指对锁定的市场按照消费者属性进行划分。
客户价值	●客户价值是消费者从公司为其提供的产品和服务中所得到的满足。 ●平台公司的客户价值是依靠平台提供服务实现的。 ●服务内容依据需求确定，客户价值实现主要依靠需求满足和需求引导。

续表

界面	概念解析
资源与能力	●资源与能力是公司价值创造的动力保障，公司的资源主要有人才资源、技术资源、客户资源和资本资源等；公司的能力主要指竞争能力、生产或服务能力、管理能力、营销能力等。 ●平台公司的重要资源是平台本身和被平台所吸引的客户资源，平台的能力则指利用资源维护平台，开发新的服务或产品满足消费者，形成对消费者的吸引力。 ●平台公司最为核心的资源与能力是技术，只有不断引入新技术，创造新服务项目或产品，满足客户不断变化的需求，才能在激烈的平台竞争中获得优势。
关键业务	●关键业务是公司价值创造的核心，主要通过产品或服务来实现。 ●平台公司的产品和服务具有便捷性、新颖性、差异化、个性化、体验化、娱乐化以及成本低廉等特征。 ●平台公司的关键业务就是在确定客户价值的基础上，对平台产品和服务进行创新，满足消费者多样化的需求。
价值网络	●价值网络是由公司利益相关者之间相互影响而形成的价值生成、分配、转移和使用的联合体，所有参与者通过共同努力能够创造更高的经济价值。 ●价值网络通过在各个公司之间合作协调，汇集各种能力和资源，实现整个生态系统中公司的共赢，决定合作伙伴的选择和沟通渠道与协调机制。 ●平台公司要获取竞争优势和生存能力，就需要选择合适的合作伙伴，建立与客户及其他利益相关者的沟通渠道并维持关系。
营销模式	●营销模式可定义为营销理念、营销策略和各种技术手段、方法与流程有机融合而形成的一种范式，这种范式基于公司的资源而形成，并构成公司独特的营销能力。 ●平台的营销模式侧重于推广策划、媒介选择以及营销策略的组合，目的是将平台创造的价值传递给客户，实现客户价值。 ●平台公司常见的营销模式有免费体验式营销、免费会员制营销、定制化营销、社交媒体营销等。平台公司通过这些营销模式传递平台价值，以达到吸引消费者、聚集消费者、塑造品牌及增强消费者黏性等目的。
盈利模式	●盈利模式是公司获取利润的方式，可以分为收入来源、收入潜力和收入方式三个方面。盈利模式设计要以消费者为导向，以利润为中心，其核心是消费者价值，在市场细分和客户偏好分析的基础上，公司可以通过有效的定位来抓住高利润的客户群。 ●平台公司的盈利模式主要解决两个问题：一是向谁（Who）收费。平台公司实行以“免费”为主导的收费模式，对于其基本消费者都是免费使用的，收费目标多数集中在广告主、增值服务需求者及其他对公司资源的需求者等，平台公司需要通过公司运作来增加自己的收入来源。二是如何（How）收费，平台公司的收入方式根据平台类型的差别而各不相同，但是，平台公司收入方式的创新是其商业模式创新的重要措施。
财务管理	●商业模式中的财务管理主要是成本管理和资本运营。 ●成本管理主要是优化成本结构，降低经营成本费用，充分发挥网络经济效应。 ●资本运营主要是平台公司获取外部资本和内部资本增值化的投融资活动，公司投资新业务，或引入外部资本以扩大平台。

（三）平台商业模式的实施策略

通过对平台商业模式结构性维度的分析，我们可以根据价值主张、价值创造、价值传递和价值实现四个界面模块的特性，逐一进行分解。价值主张界面模块可以分解为市场定位和客户价值两个要素模块，价值创造界面模块可以分解为资源与能力和关键业务两个要素模块，价值传递界面模块可以分解为价值网络和营销模式两个要素模块，价值实现界面模块可以分解为盈利模式和财务管理两个要素模块。因此，四个界面模块和八个要素模块构成平台商业模式的体系，形成平台商业模式实施的八个具体策略（见图 5 - 3）。

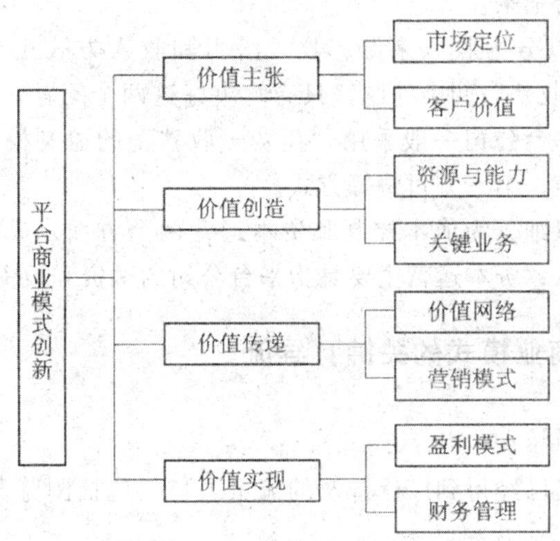

图 5 - 3　平台商业模式实施策略

市场定位策略的主要内容是确立目标市场和进行市场细分。当要面对一个新的行业、新的市场时，无论是拥有丰富经验和竞争实力的巨头公司，还是初入市场的小微公司，都必须对行业和市场保持敬畏、严肃对待。只有在对其有所认识和了解后，确定公司有能力创造并有能力占据这一潜在市场，才能根据目标客户的需求对市场进行细分。考察和判断市场主要有宏观和微观两个角度：从宏观角度来看是考验管理者对行业市场的敏锐程度，依靠管理者长远的发展眼光和果断的决策。从微观上来看是需要对对市场进行前期调研、分析竞争对手、分析客户需求等。

客户价值策略的主要内容是发现客户需求和引导客户需求。对客户需求的调研可以借助线上和线下两种方式，具体方法有很多。目前，互联网时代对客户的调研主要通过网络完成，对客户全部网络痕迹的数据进行统计和分析。比如，对消费者的购物数据、浏览产品的类别、评论、微博等内容进行分析，这些都直接地反映了消费者真实的需求。

资源与能力策略的主要内容是获取相关技术资源，包括技术人才、专利、技术开发能力等。平台公司的资源与能力可以归纳为核心和技术，主要的技术活动是通过自主开发和外部引入完成的。

关键业务策略是指提供产品和服务。平台公司的产品和服务主要通过平台这个载体，让平台上的合作方为消费者提供产品和服务，满足消费者的需求。同时，平台公司的关键业务是维护平台的服务和开发市场需要的产品，不断创新技术，开发新的功能板块和产品。

价值网络策略的主要内容是选择合作伙伴和维护客户关系。合作伙伴的选择及关系的维护、建立是获取外部资源、增强竞争力的必要手段。

营销模式策略包括制定媒体宣传和营销推广方案。宣传推广对于平台公司的重要性不言自明，只有大范围地宣传推广平台所能提供的产品或服务，才能吸引更多的消费者。根据双边市场交叉网络外部性的特征，平台拥有数量较多的一边消费者才能吸引多边的消费者到平台上来。

盈利模式策略可以分为收入来源、收入潜力和收入方式三个方面，可以归纳为"向谁收费"和"怎么收费"两个问题，只有解决好这两个问题，才能形成独特且具有竞争力的盈利模式。平台公司一般采用"免费＋收费"的盈利模式，其中收费部分又可以分为增加附加价值、第三方付费等方式。

财务管理策略可以细分为成本控制和资本运营两个方面。成本控制是指调整平台的成本结构，节约成本；资本运营主要是指平台公司的融资和投资活动。

四、O2O平台商业模式的关键：导流

（一）基础流量入口

基础流量人口是指已经得到广泛普及的流量入口，包括浏览器、手机APP及社交网络等。

1. 浏览器

浏览器和搜索引擎是传统互联网的重要人口。浏览器资源丰富，功能齐全，是信息流的汇聚地，是搜索的重要载体，具备成为移动平台和人口的重要特性。随着移动互联网、云计算的崛起，桌面应用慢慢开始消退，浏览器的重要性日益显现出来。浏览器产生了巨大的客户流量，对百度、阿里巴巴和腾讯（BAT）来说是不可错过的战略要地。而随着智能手机的普及，移动客户端浏览器用户规模呈现爆发式增长，在手机用户中已有较高的普及率，浏览器入口之争已蔓延到移动端。

2. 手机APP

将APP应用下载到移动终端，可以实现O2O平台与移动终端的深度结合。手机APP的优点在于可以随时随地实现交易，且不受到终端和地理位置的限制。再加上其便捷性和更丰富的用户体验，手机APP在很多方面已经赶上甚至超过浏览器在移动互联网中的作用，成为重要的基础流量入口之一。2014年，中国移动互联网用户平均每天启动APP时长达2小时，且APP的下载量很大。就手机团购类网站而言，美团网2014年第二季度累计用户下载总量已达9 142万次，百度糯米为4 424万次，拉手团购为2 131万次。

百度在手机APP方面是具有优势的，其旗下有多个用户过亿的APP，如百度地图、百度手机浏览器等。2013年，百度用户过亿的移动应用已经达到14个，而且在移

动安全、互联网金融方面都已经开始布局。而2014年9月召开的百度世界大会更是向外界展示了百度在移动端的实力。以直达号的推出为例，这对百度移动战略而言，将会是一个全新的开始。移动搜索、地图、账号、个性化推荐等多种渠道均可为直达号带来用户，这意味着，百度旗下很多用户过亿的APP将会成为直达号的基地。

阿里巴巴在购物和在线支付领域具有市场领导力。购物和在线支付的优势延续于PC端的传统优势和固有用户群，玩法也差不多——搭建电商平台，一方面稳住用户，一方面聚拢商家，同时对电商类应用开发者具有吸引力。阿里巴巴在PC时代培养了一大批电子商务的消费者。不过，在转向移动端的时候，用户的过渡并不是平移的，而是需要有移动端人口，但阿里巴巴的移动端人口还不够强，因此一直在寻找机会投资和收购，比如投资美团，收购高德、UC。

腾讯，其移动产品遍布11个移动领域，其中，社交通信类的产品比较有市场影响力。一直以来，腾讯希望能赋予微信诸多功能，使之成为庞大的在线应用平台，最大化腾讯的价值。从大众点评到滴滴打车，腾讯加诸微信之上的应用越来越多。然而微信毕竟只是一个社交类产品，对其他移动产品的带动力有限，这也导致腾讯除了社交通信之外，在其他的领域一直没有具有市场领导力的产品。

3. 社交网络

社交网络占据了移动客户端大量的时间，同时也掌握着移动端数据。2014年的调查表明，全球有超过40%的网络用户每天花费在社交网络上的时间超过1小时，而且在这一群体里几乎有一半人属于高强度用户，每天花费在社交网络上的时间达3小时或者更长。一般来说，社交网络的营销路径主要有以下几种：老客户的口碑传播、让商品卖点成为话题、让优惠成为话题、让科技成为话题、让故事成为话题。凭借其强大的营销功能和客户引流功能，社交网络毫无疑问地成为BAT重视的战略领域之一。

社交网络一直是百度互联网布局的短板，百度也在这方面做了一定的投入。2006年推出百度空间，2008年推出百度Hi，百度Hi被作为打通和整合百度社区产品的通行证来打造，但这两款社交产品很快便被淹没在各大社交网络的发展潮流中，唯一比较有影响力的百度贴吧也无法跻身社交网络前五名。

阿里巴巴在移动互联网领域一直缺乏支点，而在传统互联网方面，中国社交网络又几乎被腾讯一统天下。为了掌控社交网络上的流量人口，阿里巴巴一直在移动端寻找相应的投资与并购机会，例如投资陌陌、丁丁网、友盟等企业，以及新浪微博这一颇受欢迎的社交服务网站。

腾讯擅长社交网络，从起家的QQ到当前一统天下的微信，都是腾讯大数据的资本。为将用户量变成财富，微信在支付及商家绑定上下了不少功夫。通过与滴滴打车的合作，微信实现线上预约，线下支付，增加客户银行卡绑定同时培养消费习惯。春节前后，微信红包活动完成近一亿银行卡用户的突破。大众点评的战略合作也将O2O战略进一步延伸到本地化生活信息服务上。财付通、微生活、AA收款等功能的开发和拓展以及微店的普及也不断增加用户流量和使用量。

正如上文所提到的，三大基础流量人口已经普及，其布局也已经达到相对稳定的阶段，而增值流量人口发展空间广，备受重视，BAT也正加紧在增值流量人口的布局。

（二）增值流量入口

增值流量入口是指正在快速发展、备受重视的流量入口，包括手机地图和二维码等。

1. 手机地图

搜索是移动客户端的一大需求，而地图又是移动端的核心搜索需求之一，是集定位、支付、导航于一体的闭环应用，其入口功能包括地图搜索、LBS＋博客、城市生活搜索、三维街景等。手机地图的天然优势是提供地理位置信息，地图上承载的海量地理信息数据，形成与日常生活相匹配的场景。地图承载着建筑、商铺等内容和服务，在提供信息的同时也可以打开地理信息和支付通路，围绕“地图定位十路线规划十生活服务”建立一套完整的综合服务体系，成为广大用户基于移动互联网所建立的生活服务的入口之一。

百度地图作为行业的佼佼者，通过收购团购网站糯米并积极打通支付通路。百度地图本地商户中心对外免费开放标注位置服务，餐厅、KTV、超市等各类线下商户通过申请，即可在百度地图的手机端、网页端标注，从而与百度用户亲密接触。对于财力不足、资源稀缺的中小微型企业来说，依托于地图的 I。BS 营销具有极高的性价比，对扩大其消费群、拓宽销售渠道都具有重要意义。

地图一直是阿里巴巴的短板。尽管此前阿里巴巴投资了丁丁网，但丁丁网的重要资产在于以优惠券打造的 O2O 业务，地图业务并未做大。此外，虽然淘宝本地生活推出了“地图搜”，用户也可以通过地图搜索优惠和商户，但至今尚未在业界形成影响力。所以，阿里巴巴收购高德地图，扭转了在手机地图流量人口方面的劣势，不仅有望一举超越腾讯，甚至有可能与百度争夺老大的位置。

腾讯地图发展缓慢，与百度、高德不在同一量级，截至 2013 年 11 月，用户数约 1 000万，活跃用户 50 万。在与微信、易迅等业务对接后，腾讯地图将针对餐饮、房产等多个垂直行业发布行业地图组件，方便中小企业用户和开发者接人。除了基础搜索服务之外，腾讯地图的另一大主力是街景服务。2013 年 SOSO 地图在街景上投入 10 亿元，以覆盖全球 100 个城市为目标。同时，中国四维以公开征集方式协议转让的 11.28%的股份最终花落腾讯，使得腾讯在手机地图方面又增添了一大助力。

2. 二维码

二维码作为连接线上线下的重要环节，具备识别客户、产品、商家和活动优惠等功能。通过扫描二维码注册成为关注会员，商家即可获得重要的消费者数据，进行大数据营销。二维码同时也是形成购买的入口，通过扫描二维码进行购买支付，最终实现人和人、人和信息、人和实物的无缝互联。随着二维码在各行业的普及，二维码已成为移动互联网领域的流量人口争夺领域。

二维码是百度的短板。虽然百度在 2013 年推出了“梦幻二维码”，以其独特的二维码设计吸引了一定数量的眼球，但并未达到强烈的效果，而此后百度也无进一步的举措。

阿里巴巴积极布局二维码领域市场，于 2014 年 6 月宣布“码上淘”战略，提供商品码、服务码、码上店、互动码、媒体码几大类业务。“码上淘”开放了十亿级的商品数据库，通过“云十端”的模式实现信息共享平台和线上线下的无缝连接。

腾讯在微信推广二维码比阿里更早一些，当前更关注二维码与支付领域的结合。开通钱包模块中的“刷卡”功能，通过商家刷用户二维码或条形码，直接与微信支付连通。另外，在二维码 POS 机领域，腾讯则通过直销和代理模式与商业地产、大众点评等公司合作。

五、O2O 平台商业模式的应用解析：微购物

（一）微购物

微购物是基于腾讯移动平台优势，提供移动电子商务整体解决方案的线下移动购物平台。微购物平台主要包括扫码导购、移动营销平台、智能数据支持和微信客服中心等四大模块，为消费者提供了更加便捷的购物渠道。

1. 扫码导购

扫码导购主要包括电子导购、扫码购物和微信支付等三大功能。以二维码为介质，通过微信连接品牌、商品、店员与消费者，实现商户商品移动端数字化，解决缺色断码问题，进一步优化服务与销售效率。扫码可查看丰富的产品搭配和关联推荐，门店未成交的商品可通过收藏将销售延伸到线上，提升销售转化率；扫描二维码即可快速下单支付，节省人工和库存成本，有效解决门店缺货断码商品的预订问题；采用方便快捷的移动支付方式，消费者通过微信绑定银行卡，输入六位密码即可完成支付。

2. 移动营销平台

移动营销平台主要包括会员体系、精准营销和趣味营销等三大功能，帮助企业在微信上建立客户关系管理系统，提供会员体系、精准营销、商品与订单管理、LBS 服务、数据分析等专业工具支持。通过微信绑定实体会员卡，实现会员积分一体化管理；提供强大的数据库能力，支持智能识别消费者属性，并可根据消费者属性实现精准推送信息。另外，还可以进行趣味营销，包括提供砸金蛋、大富翁方格、优惠券、问卷小调查等丰富有趣的营销工具。实现消费者数字化，让每个进店消费者有效沉淀，通过广泛铺设二维码，引导消费者扫描关注，将线下消费者沉淀在品牌公众账号上，持续跟进服务和传递品牌价值。

3. 智能数据支持

智能数据支持主要包括收藏数据分析、消费者管理分析和群发图文消息分析等三大功能。通过消费者收藏商品和关联数据，帮助线下商户捕捉门店数据盲区，分析消费者行为轨迹，为商户提供强大的智能数据支持。支持门店扫码量、收藏量和订单转化率的数据分析，帮助商户进行产品策略优化和消费者偏好分析；提供粉丝实时数据统计，实现多维度管理；提供消息群发效果分析，帮助优化消息推送策略。

4. 微信客服中心

微信客服中心主要包括人工客服平台、智能客服平台和移动客服等三大功能。采用多个客服共同服务于一个企业账号的方式，帮助商家快速响应消费者咨询，并提供

基于微信的移动客服工具，最大限度地缩短企业面对消费者沟通的响应时间。人工客服平台，支持客服团队多工号并行接待咨询，海量咨询轻松应答；智能客服平台，支持关键词自动回复，通过自动回复设置有效降低人工客服成本。另外，支持店员或客服人员通过手机微信承接咨询，随时随地为消费者服务和答疑。除此之外，还利用会员卡对接品牌会员系统，实现积分同步，自动显示会员折扣；结合优惠券，与线下POS系统的电子优惠券相连通，线上发券，线下使用。

(二) 微购物流程

根据微购物的四大模块，S公司打造了微购物平台，包括导购、订购、送货或核销、确认等四个流程（见图5-4）。

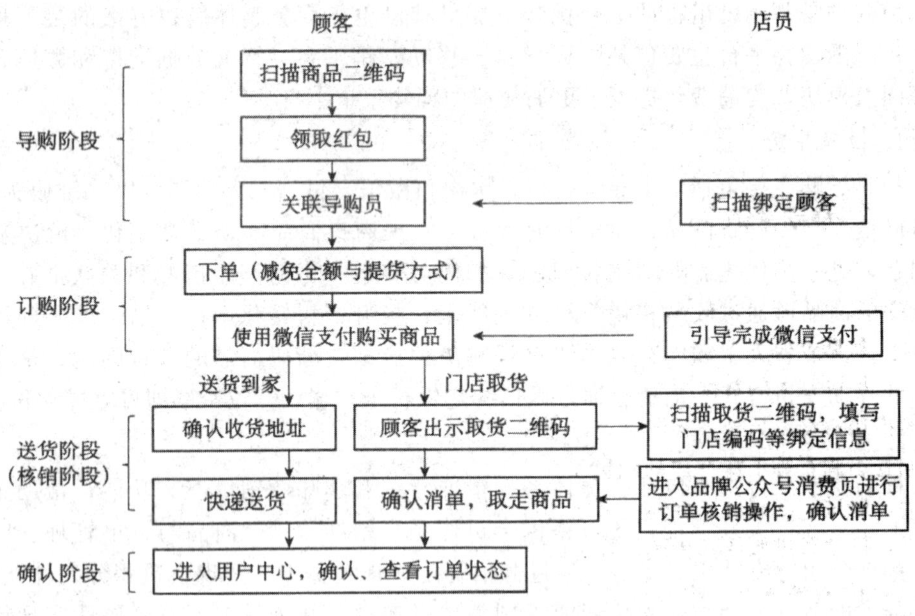

图5-4 微购物流程图

(三) 微购物架构

根据微购物平台的基本理论，S公司的微购物架构包括入口、转化、交易场景、交易之后等四个阶段（如图5-5所示）。

1. 入口

S公司通过线上流量平台将消费者向线下门店引导。由于携带方便，各种移动终端已经成为移动电子商务的主要流量入口，包括移动社交应用（如微信）、移动购物应用（如手机淘宝、支付宝钱包）、移动信息服务应用（如高德地图）、自有APP（如沃尔玛APP）等，以上四种均是S公司移动电子商务的主要入口。尽管以自有APP作为入口需要具备很多条件，比如网点渗透率、信息化水平和投入、线上线下一体化的整合能力，但S公司在依托第三方平台的基础上，仍坚持大力拓展以自有APP作为入口的潜在重点。

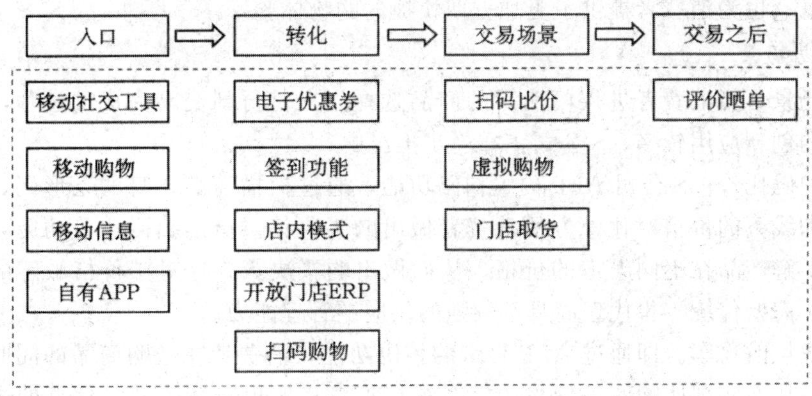

图 5－5　S公司的微购物架构

2. 转化

如何将由线上入口带来的流量转化为实实在在的消费？在这一阶段，除了应用传统的优惠券、返利等工具外，S公司还进行了很多应用创新，如 Shopkick 的真实签到，沃尔玛的店内模式等。

（1）电子优惠券。根据消费者的交易记录和行为特点，分析消费者的潜在消费需求，然后向消费者发送精准的优惠券，刺激消费者到店消费。电子优惠券的发送必须建立在消费者消费数据的基础上，然后做重点数据挖掘，制定促销计划。S公司实施客户忠诚计划，借助会员卡为客户提供折扣和优惠券，以此来换取消费者的个人信息和消费数据，持卡人在每个季度结束时会收到包含优惠券的邮件，同时通过对客户交易记录的分析来挖掘消费者的需求，并根据各个消费者的特定需求向其提供特定的优惠。

（2）签到功能。S公司通过基于手机地图（地理位置）的服务，结合签到、积分和优惠券推送功能，吸引并确保消费者真实到达门店，可以吸引消费者重复到店消费。

（3）店内模式。跟签到功能有点类似，其前提是消费者处于门店之内。通过手机定位等技术手段，当检测到消费者进入门店范围时，手机应用将会开启店内模式，从而向消费者展示本店的个性化优惠、促销和商品信息。借助店内模式，S公司一方面可以使各个门店根据自身的情况开展个性化的营销活动，从而提升本店对消费者的吸引力；另一方面通过向消费者提供即时的优惠促销信息，可以更有效地引导消费者在本店的购物，促进到店消费者的消费转化。

（4）开放门店 ERP。即向消费者开放门店的 ERP 信息，方便消费者查询其周边门店的所需商品的库存情况。通过开放门店 ERP 系统，可以帮助消费者做出购买决策，对于门店有货的商品，可以起到引导消费者到店消费的作用。S公司通过这种方式，可以让消费者做出购买决策，倾向于购买附近门店有库存的商品，既方便上门取货，也方便门店更快速地配送上门，对门店来说，有利于提高供应链效率，降低物流成本。

（5）扫码购物（scan－to－shop）。即消费者通过扫描二维码、图片、条形码、图书封面等获取商品的详细信息，如果对商品有需求可以在线下单，然后由附近门店配送到家。通过扫码购物功能，S公司加强了目录销售与线上渠道的融合，拓展了消费者的购物场景，也为消费者提供了更加方便快捷的购物体验。

3. 交易场景

交易场景，指消费者进入门店后的商品选择、支付再到交易完成的过程，此阶段零售企业的创新应用较多，S公司正在稳步推出中。

(1) 扫码比价。S公司APP内置扫码功能，通过扫描商品自身的条形码，提供该商品线上和线下的价格对比，方便消费者做出购买决策。借助扫码比价功能，消费者能够及时了解产品在不同渠道的价格，从而做出购买决策，这对于价格敏感的消费者尤其重要，需要传统零售代理商具有较强的供应链管理能力。

(2) 虚拟购物车。即通过APP自带的扫码功能，消费者在选购商品的同时扫描商品条形码，从而实现所购商品价格的实时统计汇总，实现对每个商品信息的进一步了解，例如厂家、商品品质、功能简介等，并自动统计合计金额。消费者在S公司各门店购物时，只需要用APP扫描商品的条形码，APP便会自动统计所购商品的合计金额，同时借助Scan&Go的应用，消费者在选购完成后可以直接去自助付款台结账，完成整个购买过程。通过虚拟购物车，消费者可以实时了解自己选购商品的总金额，而进一步的自助付款或手机支付等创新功能，可以提升消费者的购物体验。

(3) 门店取货服务。网络零售借助快递直接将货物送达消费者手中，而传统零售拥有丰富的线下门店，开展门店自提服务，这对于网点渗透率较高的零售公司更有效，尤其是一些自带提货柜的公司。消费者线上下单后，订单由距离最近的S公司门店进行确认，然后店员会将商品预留到客服台，等待消费者前来取货。

4. 交易之后

交易完成后，消费者会借助移动社交媒体进行口碑传播，S公司则可以借助外部平台和自有APP为消费者提供服务并保持联系，通过精准营销、虚拟会员卡、优惠券等方式提升消费者的忠诚度。S公司消费者将自己喜欢或购买的商品通过APP等工具分享到社交网络中，并对商品进行评价。通过分享和晒单，对商品起到口碑传播的作用，为后续购买者提供了参考，同时也有利于零售商根据评价内容指导自己的产品采购、设计和服务改进，为消费者提供更好的产品和服务。

【案例分析】

【案例5-1】IBA颠覆传统商业模式，开拓新商机

在互联网商业风潮下，许多新兴互联网行业如雨后春笋般成长起来，吸引了各路资本纷纷布局。在这样的形势下，广州爱彼家网络科技有限公司（以下简称IBA）顺应潮流，打造了综合性全球商业互联网平台——IBA全球商业联盟。这是一个集衣、食、住、行、娱乐等消费于一体的超级服务联盟，整合当前流行的O2O、B2B、B2C等电商模式，并基于P2P框架打造的覆盖“线上线下”商业集群的全新商业模式。

今天，互联网行业竞争激烈，IBA究竟如何才能在同行中脱颖而出呢？

与其他从零开始做起的创业型企业不同，IBA是有基础、有计划、有积累地投身互联网行业的，并有一套完整的独立体系。

IBA秉承“多彩世界，多彩生活”的企业愿景，不再局限于本国的业务发展，而是致力于构建一个全球商业联盟，并整合全球上千万商家资源，形成一个超级供应链，为全球每一位消费者带来最优质的产品和服务。

IBA整合全球千万商家，组成了一个从空中到地面、从虚拟到现实的超级商业平台，相当于将eBay、淘宝网、携程网、美团、万达城市广场等商业集群有机结合为一体，并配套完善的国际贸易物流平台，以满足全球商业一体化带来的庞大流通需求。

IBA大数据系统以“用户画像”的思维模式，对用户数据进行多维度深挖，分析用户个人喜好、消费习惯等特征，为每位用户定制最贴心、最具延续性和专属性的服务。比如，如果你准备去美国纽约旅游，只需要将旅游目的地选择为“纽约”并列出时间计划，接下来旅游行程所有需要准备和携带的东西以及旅行涉及的各个环节（如护照、签证、机票、酒店、景点、美食、免税购物等），甚至一些个性化的服务，都将由整个系统根据你个人的喜好触发，会有专门的旅行社主动协助你完成护照和签证的办理，机票系统也将自动为你购买最合适和最便宜的机票，凭借手机可以直接到酒店扫描二维码入住，轻松享受旅程，不再为出行的各种琐碎事务而烦恼（见图5-6）。

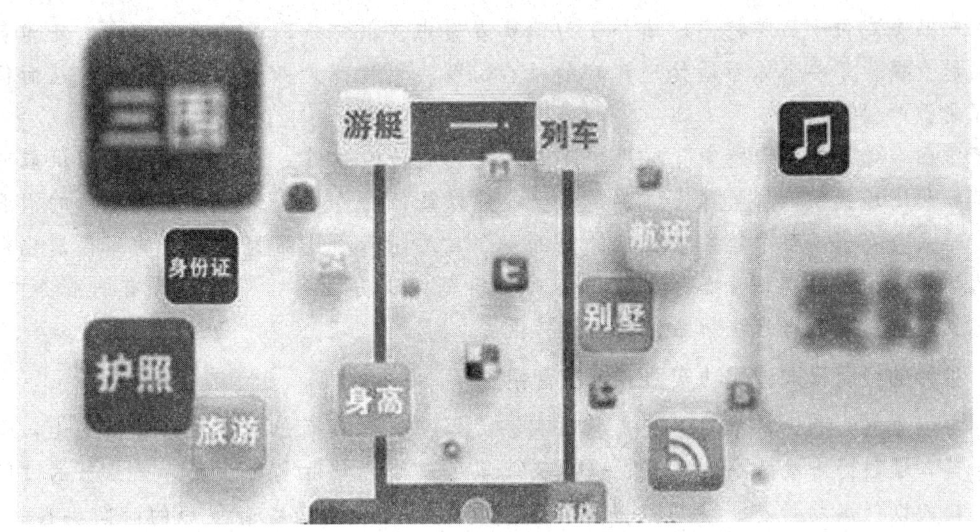

图5-6 IBA的海外旅行服务

IBA率先提出“全球互联”的概念，让消费者顺利实现全球免税消费而不受地域限制，也不受语言的限制，消费者在全球范围内都可以购买到自己喜欢的高性价比的产品。基于移动互联大数据，IBA为每一位消费者提供优选推送、自主交易、电子结算等更加便捷、个性、贴心的消费服务。

IBA全球商业联盟采用大数据时代下多维度的用户数据分析方式，势必在世界范围内掀起新经济浪潮，为创业者带来广阔的发展空间。IBA全球商业联盟这个正在构建的移动、便捷、个性化的超级商业平台，改变了以往的商业模式，将再次开启互联网时代新的商业模式。

资料来源：《IBA全球商业联盟：颠覆传统商业模式开拓新商机》，http：//www.cet.com.cn/itpd/sdyd/1629179.shtmlo。

问题：

1. IBA是如何将各种资源整合为平台的？

2. IBA平台传递给客户的是怎样的独特价值？

3. IBA与现有的OTA平台有哪些区别？

【案例5-2】为什么唯品会会如此成功？

创立于2008年的唯品会，是一家专门经营大幅折扣名牌商品的B2C企业，成立5年来实现了爆炸式的增长。根据唯品会2012年第四季度财报，该季度净利润630万美元，是中国首家实现盈利的垂直电商。从上市到今天变身为市值16亿美元的公司，唯品会可以说是中国最不可思议的电商之一。

差异化定位，填补市场空白

财报数据显示，唯品会2012年的销售额为6.921亿美元，实现了204.7%的同比增长。如此显赫的战绩，在源头上来自唯品会的创业团队能够发现市场空白，进行独特精准的市场定位。

唯品会定位于品牌特卖，填补了为消费者集中提供打折商品的市场空白，还为各个品牌商提供了一个体面地处理库存的平台，解决供货商自身所面临的问题，从而保证了货源的供给。

唯品会选择“品牌特卖”这片“蓝海”是其成功的关键一步。上游有品牌供应商持续、稳定地提供低价货源，下游是渴望能够以最低的价格买到知名品牌产品的消费者，唯品会充当了整个链条中长期缺失的一个重要纽带。让品牌供应商的库存消化得更为体面，帮助品牌商家消除库存只是唯品会的一部分业务，唯品会现有的业务中，也包括销售一些品牌当季新品以及网络特供品。

独特的经营模式，成功实践“饥饿营销”

与竞争对手相比，唯品会还有什么秘密武器使其脱颖而出呢？在经营模式上，唯品会选择了限时限量的抢购模式，这种模式属于饥饿营销的一种手段。唯品会的“闪购”模式以低廉的价格、优质的产品吸引消费者，但只给消费者很短的时间去选择，其造成的紧迫感正是饥饿营销策略的核心点。

与传统的品牌打折特卖的方式不同，唯品会的这种限时抢购的模式能够保持产品在消费者心中的新鲜度。同时，对于消费者而言，限时限量抢购还意味着不是任何时候都有如此优惠的价格。另外，这种闪购模式与淘宝网的“秒杀”相比也有很大的不同，在货品供应量上比秒杀活动多得多。

完善的配套服务，真正吸引和留住顾客

依靠“正品低价”的口号和“限时抢购”的模式，唯品会吸引了千万用户注册消费，然而要保证消费者的持续消费，只有这两点还远远不够。除了形式上的创新，完善的配套服务组合也成为其打造“回头客”的关键。唯品会没有采用厂商直接发货的模式，而是选择了自有仓储模式，有效地加强了对物流环节的控制力度，大大提升了发货的效率。

正是因为唯品会为消费者提供了完善的配套服务，创造了一个没有顾虑的网络购物环境，使得消费者在有过一次购物经历后仍愿意在唯品会进行再次消费，所以顾客黏性逐步形成。

资料来源：《唯品会：差异化定位下的“饥饿营销”》，http：//www.tnc.com.cn/info/c－013005－d－3429677.html。

问题：

1. 唯品会的价值主张是什么？
2. 唯品会的经营模式有何特点？
3. 为什么唯品会会如此成功？

【案例分析5－3】BAT的并购竞争

近年来，O2O的声势越来越大。百度、阿里巴巴和腾讯（简称BAT）作为国内互联网行业的三大巨头，也在积极布局O2O，构建完整的O2O闭环。2013年以来，BAT的收购、并购消息层出不穷，互联网市场不时激荡，O2O市场三分天下的竞争局面雏形初现。

百度以搜索引擎业务起家，牢牢把握搜索引擎入口。旗下自主发展的百度地图，已成为百度布局O2O的主要依托。2010年以来，百度收购了去哪儿、91无线、糯米网等多家企业，围绕百度地图进行整合，逐渐形成了较为完整的O2O布局。以百度地图为核心的LBS业务是百度主抓的产品，百度地图聚合了团购、酒店预订、打车等生活服务，体现了更强的整合能力——糯米网专攻生活类团购，去哪儿手握旅游与酒店资源，91无线等流量变现工具让百度的移动互联网生态系统更为丰富。凭借搜索强大的流量和优势，百度地图在手机地图客户端占据高达54.3%的市场份额，远高于排名第二的高德地图。然而，相对于腾讯入股的大众点评和阿里巴巴参股的美团网，糯米网的市场份额不容乐观。相对于支付宝和微信支付，百度也后人一步。百度钱包的出现，显示出百度开始发力，成效如何还需时间证明。

阿里巴巴在国内电商界的地位无人能撼动，支付宝也占据了第三方支付的半壁江山。2014年2月，阿里巴巴收购了高德公司，高德融合进阿里巴巴生态体系发展。2011年起，阿里巴巴通过聚划算开始探索线下本地生活，随后又投资了美团网及丁丁网，还陆续收购了UC、友盟、唱吧、快的打车、陌陌科技和新浪微博。其中，UC、新浪微博、陌陌分别以浏览器和移动社交成为移动互联网重要入口，友盟提供移动数据分析，高德地图则构建了O2O的入口，加上淘宝、聚划算、美团等电商平台，以及支付宝这一O2O业务的重要黏合剂，阿里巴巴的O2O闭环搭建基本形成。

腾讯的拳头产品是QQ和微博，微信的出现，更成为腾讯未来战略布局的重要支点。2013年9月，腾讯将市场份额第三的搜狗地图纳入旗下，更名为腾讯地图，并与微信、易迅等开展业务合作。2014年2月，腾讯又并购了大众点评网。大众点评接入微信支付，拥有了微信的入口，从微信上带来了海量交易额。而通过马年微信的“红包”应用和滴滴打车的推广，微信支付的用户量不断攀升，隐隐有与支付宝两分天下的气势。

目前，BAT 在 O2O 战场的布局已初具规模，基本都形成了“地图＋团购＋支付”的战略组合。然而，BAT 的 O2O 三国杀究竟鹿死谁手，仍需拭目以待。

资料来源：胡杨：《互联网三巨头 BAT 的 O2O 布局大观》，载《商场现代化》，2014（3）：57。

问题：

1. BAT 三大巨头为完成 O2O 闭环各自做了哪些努力？

2. 你认为 BAT 三大巨头哪个在未来 O2O 发展中更具竞争优势和潜力？请给出理由。

【思考练习】

1. 平台模式有哪些分类？
2. 平台模式如何给客户创造价值？
3. 平台模式的盈利方式有哪些？
4. 垂直电商的运行模式与综合平台模式有何差别？
5. 垂直电商如何给消费者创造价值？
6. 在互联网快速发展的今天，垂直电商应该如何顺应潮流，寻找发展机遇？
7. 找一家垂直电商平台，根据本章知识对其做出分析。将平台电商和本章的垂直电商进行比较分析，谈谈你的想法。
8. 根据前面所学的知识，找到生活中的 B2C 和 C2C 平台模式，试分析其不同之处。
9. 什么样的产品和行业适合采用 O2O 模式？
10. 中国目前的 O2O 模式存在哪些不足和弊端？
11. 在 O2O 的大环境下，传统行业该如何顺应潮流，寻找发展机遇？

第六章

网络营销推广

【学习目标】

1. 掌握网络营销推广的定义、分类。
2. 了解网络营销的几种常见模式。
3. 了解网络营销的几种推广组合。

【案例导入】

《后会无期》与《小时代3》的微博营销

韩寒导演的电影《后会无期》2014年7月24日在全国公映，韩寒再度成为网民热议的话题。拥有4 000多万新浪微博粉丝的韩寒深知互联网对中国受众的影响力，早在电影制作阶段，韩寒团队就携手优酷土豆视频展开合作；进入宣传期，团队将网络营销的天分发挥得淋漓尽致，电影还未上映就已收获众多关注和期待。同样是7月公映的《小时代3》，在导演郭敬明的带头宣传下，获得了极大的反响。从微博上精心设计的剧照与花絮曝光，到一众俊男靓女演员与粉丝的高频率互动等，电影在上映前已吊足了大家的胃口。

韩寒与《后会无期》相关的第一条微博发布于2014年1月6日，宣布了影片即将开机的消息，也标志着影片宣传工作正式开始。在此之前，韩寒从未透露过他有拍电影的计划，这条微博自然引起了广泛关注，高达12.6万的转发量也为电影的开拍与宣传开了个好头。在韩寒此后发布的微博中，效果不外乎制造网络大事件，透露影片演员及故事风格，发布剧照、片场照、海报、预告片等物料以及用韩寒一贯睿智幽默的语言来维持个人品牌形象。这些与《小时代3》的宣传大同小异，只是韩寒在热点话题的制造上更胜一筹。无论是《后会无期》还是《小时代3》，作为首要的宣传阵地，微博以长达八年的社交媒体史为电影传播的广度与深度做出了多于其他媒体的贡献。在新浪微博拥有4 000多万粉丝的韩寒与拥有3 000多万粉丝的郭敬明，让这两部影片在未上映时就已赚足了人气。

资料来源：《〈后会无期〉们的网络营销三部曲》，http：//www.tuicool.com/articles/JnMNBfe。

启示：随着网络的普及，网络营销推广的重要性也越来越凸显出来，在网络上增加企业或者产品的曝光率会比传统的广告宣传效果更好。

第一节　网络营销推广概述

一、网络营销推广的定义

网络营销推广是以互联网为媒介的一种推广方式，是企业以现代营销理论为基础，利用互联网的技术和功能把产品或服务推广出去的过程。其目的是增加企业自身的曝光度以及加强对品牌的维护。

二、网络营销推广的分类

拓展阅读6－1　中国网络广告形式异彩纷呈，市场规模大增

按网络营销推广的范围，可以分为对外推广和对内推广。对外推广是指针对网站外潜在用户的推广，主要是通过一系列手段针对潜在用户进行营销推广，以达到增加网站访问量、会员数或收入的目的。对内推广是指专门针对网站内部的推广，比如通过一系列手段增加用户浏览频率、激活休眠用户、增加频道之间的互动等。

按网络营销推广的投入，可以分为免费推广和付费推广。免费推广是指在不用额外付费的情况下就能进行的推广，可采用的方法有很多，比如论坛推广、资源互换、软文推广、邮件群发等。付费推广就是需要花钱才能进行的推广，比如各种网络付费广告、竞价排名、广告联盟等。

按网络营销推广的目的，可以分为品牌推广、流量推广、销售推广、会员推广等。品牌推广是为建立品牌形象而进行的推广，这类推广一般都采用非常正规的方法进行，而且通常都会考虑付费推广。流量推广即为了吸引用户、增加网站访问量、提高曝光度而进行的推广。销售推广是为提高产品或服务的知名度、促进销售、增加销售收入而进行的推广。会员推广则是为了增加网站或网络平台的注册量、加强用户黏性而进行的推广。

第二节　网络营销的模式

一、搜索引擎营销

1994年，Yahoo等分类目录型搜索引擎的出现标志着搜索引擎营销（Search Engine Marketing，SEM）的诞生，2000年点击付费模式的产生则让搜索引擎营销获得了长足发展。之后，随着互联网的发展及互联网使用人数的增加，搜索引擎市场迅速扩张。在当今的网络经济时代，消费者的行为模式发生了一系列显著变化，搜索成为互联网时代消费者行为模式中的重要环节。搜索引擎技术的不断完善大大降低了人们的搜索成本。搜索引擎正好符合现代拉式营销理念，一旦消费者输入关键词进行搜索，就意味着由消费者驱动的需求已生成。同时，搜索引擎营销在控制成本、推广品牌、挖掘潜在用户、针对目标客户群等方面拥有得天独厚的优势。在此背景下，搜索引擎营销成为企业产品营销的重要方式和渠道。

搜索引擎营销的概念最早是由 GoTo 公司提出的。从用户的角度来说，搜索引擎营销是指根据用户使用搜索引擎的方式，利用用户检索信息的机会，尽可能地将营销信息传递给目标用户。从企业的角度来说，搜索引擎营销是指企业通过企业网站采取提升自然排名、推出付费搜索广告等与搜索引擎相关的行为，使企业网站在搜索引擎上显著列示的营销手段，其目的是吸引目标受众访问企业网站。业界一般将搜索引擎营销视为网络营销的重要组成部分，通过页面优化和做广告来提升企业网站在搜索引擎结果页面中被关注的概率。当今主流的搜索引擎营销模式有两种，即搜索引擎优化（Search Engine Optimization，SEO）和付费搜索广告。

（一）搜索引擎优化

搜索引擎优化就是让企业的网站更容易被搜索引擎收录，并且在用户通过搜索引擎进行检索时，网站能在检索结果中获得好的位置，从而达到推广的目的。搜索引擎优化可以细分为网站内容优化、关键词优化、外部链接优化、内部链接优化、代码优化、图片优化、搜索引擎登录等。通过这些方法，企业不需要向搜索引擎提供商付费就能使搜索引擎将企业的网站链接收录在搜索结果页中靠前的位置。

搜索引擎优化通常被认为是提升网站排名最根本、最有效的方法。应当注意的是，搜索引擎优化对于搜索用户满意度的影响是模糊的。一方面，搜索引擎优化技术可以通过搜索引擎帮助企业更容易地抓住和引导潜在用户；另一方面，搜索引擎优化技术也可以利用搜索算法的漏洞来操纵自然排名，从而扰乱自然搜索。一般认为，搜索引擎优化在给互联网市场带来新机遇的同时，也给市场和网页的搜索引擎排名带来了巨大的挑战。

（二）付费搜索广告

在付费搜索广告模式下，作为广告主的企业根据自身产品和服务的特点向搜索引擎提供商购买关键词。如果用户在进行搜索时输入的关键词与广告主购买的关键词相符，搜索结果页的推广链接区域就会出现广告主的网页链接。付费搜索广告根据收费机制分为定价排名和竞价排名两种。定价排名根据时间段固定收费，前面的位置固定价格较高，后面位置上的企业链接会依次轮换显示。目前定价排名机制在业界已基本被竞价排名机制所替代。竞价排名是指广告主通过关键词拍卖就其网页链接在推广链接区域出现的位置展开竞争。在广告主针对某一关键词出价之后，搜索引擎提供商主要根据竞价和关键词相关度来决定广告主网页链接的位置。广告主支付的费用由实际点击量和价格两个因素共同决定，即采取点击付费广告模式。

搜索引擎优化和付费搜索广告都是现今主要的搜索引擎营销模式，两者各有优缺点。一方面，一般来说，对于搜索引擎优化，广告主花费较少且多为一次性花费，而对于付费搜索广告，广告主需为搜索用户的每一次点击付费，花费较多。同时付费搜索广告还要面临无效点击的风险。另一方面，尽管不同的关键词费用不同，但付费搜索广告在支付费用后往往在搜索结果中表现出较高的稳定性，而且位置保留时间更长。而搜索引擎优化受搜索引擎算法的影响较大，要确保在每个关键词下都出现在排名靠前的位置，不确定因素很多，当搜索引擎采用新的参考算法时，已有的优化成果会变得毫无价值。此外，在竞争对手也采取优化策略的情况下，排名的保持时间较短。

二、DSP 广告

拓展阅读 6－2　聚美优品：为美丽代言

随着互联网行业的飞速发展，网络广告的需求越来越大，广告的形式也越来越复杂。广告主希望自己广告的每一次展现都能以最合理的价格投放给需求人群，广告网站也希望能更加充分地利用网站的流量给自己带来利润，于是DSP广告应运而生。DSP（Demand Side Platform）即需求方平台，指将分散在各个媒体上的资源进行整合，通过人群属性分析、实时竞价（Real Time Bidding，RTB）展示，为广告主提供跨平台、跨终端的精准广告投放，并且可以实时进行广告的监控和优化。基于大数据分析处理的DSP广告平台采用最先进的RTB模式并与数据管理平台（Data Management Platform，DMP）连接，让互联网广告的每一次曝光都更加合理，充分利用网站的长尾流量给网站带来利润。

一个真正意义上的DSP广告，必须拥有以下两个核心特征。

（1）强大的RTB基础设施和能力。DSP对其数据运算技术和速度要求非常高。AD exchange首先要向DSP发竞价请求，告知DSP这次曝光的属性，如物料的尺寸、广告位出现的URL（Uniform Resource Locator）和用户的Cookie ID等；DSP接到竞价请求后，必须在几十毫秒内决定是否参与这次曝光竞价，如果决定参与竞价，还要确定出什么价格，然后把竞价的响应发回到AD exchange。如果AD exchange判定该DSP赢得了竞价，要在极短的时间内把DSP所代表的广告主的广告迅速送到用户的浏览器上。整个过程如果速度稍慢，AD exchange就会认为DSP超时而不接受DSP的竞价响应，广告主的广告投放就无法实现。

（2）先进的用户定向技术。服务于广告主或者广告主代理的DSP，需要根据AD exchange每一次传过来的曝光数据确定竞价策略，这些数据包括本次曝光所在网站、页面信息，以及更为关键的本次曝光受众人群属性，对于人群定向的分析直接决定DSP的竞价策略。

DSP广告平台涉及七大角色：广告主、代理商、广告媒体、受众网民、广告交易平台（AD exchange）、DMP和供应商平台（Supply Side Platform，SSP）。其中AD exchange就像一个交易市场，广告主和广告位拥有方通过这一平台完成交易。但是双方之间的交易不直接进行，广告主先向平台出价，然后发生曝光时，AD exchange根据RTB原则在广告位拥有方的广告位上进行展示。DMP的主要功能是数据管理分析，对互联网网民进行受众分析和人群标记，用来支持精准客户投放。它能够帮助所有涉及广告库存购买和出售的各方管理其数据，更方便地使用第三方数据，增强它们对所有这些数据的理解，或者将定制数据传入某一平台以更好地进行定位。SSP对应的是互联网媒体，连接无数的互联网网站的广告位。该平台通过人群定向技术，智能地管理媒体广告位库存、优化广告投放，帮助网络媒体实现其广告资源优化，提高其广告资源价值。

三、网络广告

拓展阅读6-3　奇葩说

（一）品牌图形广告

品牌图形广告作为传统的网络硬广告方式，虽然其市场份额因富媒体广告等形式的兴起而有所下降，但仍是网络广告中不可或缺的重要组成部分，也在网络营销技巧中占有举足轻重的地位。品牌图形广告的形式主要包括按钮广告、鼠标感应弹出框、流媒体广告、画中画、摩天楼广告、通栏广告、全屏广告、对联广告、视窗广告、导航条广告、焦点图广告、弹出窗口和背投广告等。

（二）网络视频广告

网络视频广告指的是企业通过把产品、品牌信息植入到视频中，或者企业将自己制作的视频短片借助互联网途径进行传播，以达到宣传产品或品牌目的的营销手段。目标精准、互动+主动、传播神速和效果可测是网络视频广告的显著特点。视频广告的主要模式如下：

（1）视频贴片广告。贴片广告是指在视频片头、片尾或插片播放的广告，以及背景广告等。作为出现较早的网络视频营销方式，贴片广告可以算作电视广告的延伸。

（2）视频植入式广告。植入式广告是指，把能代表企业产品及其服务的视听品牌符号融入视频内容之中，以达到潜移默化的宣传效果的一种广告形式。

（三）富媒体广告

拓展阅读6-4　为什么网络视频贴片广告越来越长

在互联网发展的初期，由于受到带宽的限制，网站的内容以文本和少量的低质量的GIF（Graphics Interchange Format）、JPG（Joint Photographic Experts Group）图片为主。随着技术的进步以及消费市场的成熟，出现了具备声音、图像、文字等多媒体组合的媒介形式，人们普遍把这些媒介形式的组合叫作富媒体（Rich Media），将以此技术设计的广告叫作富媒体广告。

2002年，新浪和互动通公司共同推出的新浪视窗第一代产品——iCast弹出视频广告，取得了异常卓越的广告效果。在当时弹出的视频广告就是富媒体广告。2005年，富媒体广告全面开花，各种最新的富媒体广告产品相继推出，富媒体广告形式得到空前的发展。人们普遍认为，富媒体广告不是一个单纯的技术或者形式，也不是一个广告平台或工具，而是指能达到 2D 及 3D 的 Video、Audio、Java 等具有复杂视觉效果和交互功能效果的网络广告。通过分析网页内容、识别网民所在地，按广告主要求和设置，将广告有针对性地投放到网站目标客户面前。为保证用户访问网站的整体连贯性和使用的方便性，一则富媒体广告在一段时间内对一个用户只能出现一次。

（四）文字链广告

文字链广告即只有文字的广告，是一种对浏览者干扰较少的广告形式。相对于图片、动画等广告，文字链广告文件体积小，传输速率快。由于只是文本，广告受众更容易捕捉广告内容，特别是信息量很大的页面，文字链广告直截了当，开门见山，让浏览者一目了然。

四、广告联盟

广告联盟通常指网络广告联盟，即集合中小网络媒体资源（又称联盟会员，如中小网站、个人网站、WAP（Wireless Application Protocol）站点等）组成联盟，通过联盟平台帮助广告主实现广告投放，并进行广告投放数据监测统计，广告主则按照网络广告的实际效果向联盟会员支付广告费用的网络广告组织投放形式。主要的广告模式如下。

（一）CPM（Cost Per Mille）（每千人成本），弹窗形式广告

根据独立 IP 用户访问广告联盟旗下合作媒体的网站时弹出的广告商的目标页面数来计费，相同 IP 用户 24 小时内反复弹出只计费一次，如果弹窗被浏览器拦截，将不会计费。

（二）CPG（Cost Per Click）（每点击成本），点击形式广告

根据用户访问广告联盟旗下合作媒体的网站时，点击页面上用户所感兴趣的广告商广告条到达相应的广告页面的次数来计费，相同 IP 用户 24 小时内反复点击相同广告商 150 网络营销广告条只计费一次。

（三）GPA（Cost Per Action）（每行动成本），注册形式广告

根据用户访问广告联盟旗下合作媒体的网站时，点击页面上用户感兴趣的广告商广告条，到达相应的广告页面并完成相应的注册或者信息提交行为的次数来计费，相同 IP 用户 24 小时内反复注册或提交信息只计费一次。

（四）CPS（Cost Per Sales）（每销售成本），销售提成形式广告

根据用户访问广告联盟旗下合作媒体的网站时，点击页面上用户所感兴趣的广告商广告条，到达相应的广告页面并完成购买行为的次数来计费。

五、社交媒体营销

（一）SNS 营销

SNS（Social Networking Services）即社交网络服务，指旨在帮助人们建立社交网络的互联网应用服务。SNS 营销随网络社区化的发展而兴起，是指利用 SNS 网站的分享和共享功能，在六度空间理论的基础上实现的一种营销。

（二）IM 营销

IM 营销也叫即时通信营销，是企业借助即时通信工具推广产品和品牌，以实现目标客户挖掘和转化的网络营销方式。

（三）微博营销

微博营销就是借助微博进行营销的推广策略，具有灵活性好、成本低、吸引眼球速度快、互动性强、针对性强、可信度较高等特点。微博营销通过对选定的消费者投放企业的营销刺激因素，将品牌、产品信息等直接传递给消费者，并借助网络环境，使这种传递显得不具有威胁性，在潜移默化中吸引受众注意，影响受众的感知、认知和行为，以推动现实中的消费。同时，微博营销注重双向沟通，挖掘消费者心理，以便针对其心理制定吸引其注意力的营销方案，例如制造、策划话题，吸引用户参与其中，并借助微博自身的特性扩大影响。

（四）BBS 营销

BBS（Bulletin Board System）营销也叫论坛营销，就是利用论坛这种网络交流的平台，通过文字、图片、视频等方式发布企业的产品和服务信息，从而让目标客户更加深入地了解企业的产品和服务。论坛营销具有目标群体大、受众精准、成本低廉、传播迅速、便于引导等优势。

六、软文营销

拓展阅读 6-5 特仑苏微博营销推广

软文是基于特定产品的概念诉求与问题分析，用文字对消费者进行有针对性的心理引导的一种模式。从本质上说，软文营销是企业软性渗透的商业策略在广告形式上的体现，通常借助文字表达和舆论传播使消费者认同某种概念、观点和分析思路，从而达到宣传企业品牌、销售产品的目的。软文之所以叫软文，精妙之处就在于一个“软”字，好似绵里藏针，收而不露，克敌于无形。等到消费者发现这是一篇软文时，已经掉入了精心设计的广告“陷阱”。它追求的是一种春风化雨、润物无声的传播效果。

七、二维码营销

二维码的应用已经渗透到人们生活的方方面面，如地铁广告、报纸、快餐店、电影院、团购网站、自动售货机以及各类商品外包装。二维码营销，是指企业通过对二维码图片的传播，引导消费者扫描二维码，来推广相关的产品、服务或活动资讯，刺激消费者产生购买行为的新型营销方式。二维码营销能轻松实现线上和线下的有机结合，通过二维码将客户从线下引导到线上。

八、数据库营销

数据库营销（Database Marketing Service，DMS）是为了实现接洽、交易和建立客户关系等目标而建立、维护和利用顾客数据与其他顾客资料的过程。它不仅是一种营销方法、工具、技术和平台，更是一种企业经营理念，改变了企业的市场营销模式与服务模式，从本质上讲是改变了企业营销的基本价值观。

第三节　网络营销推广组合

一、事件营销

事件营销是指企业通过策划、组织和利用具有新闻价值、社会影响以及名人效应的人物或事件，吸引媒体、社会团体和消费者的兴趣与关注，以提高企业或产品的知名度、美誉度，树立良好品牌形象，并最终促成销售产品或服务的营销推广方式。简单地说，事件营销就是通过把握新闻的规律，制造具有新闻价值的事件，并通过具体的操作，让这一新闻事件得以传播，从而达到广告的效果。事件营销的关键在于迅速抓住公众的眼球，达到冲击力、注意力、辐射力、赞美力、转化力等的统一。

二、口碑营销

拓展阅读 6-6　借势《爸爸去哪儿》，去渍霸成就“借力营销”典范

与以往相比，网络营销的主体、对象和方式都在发生变化，企业填鸭式灌输与自我标榜的时代已经结束，消费主体在企业营销中的地位已逐渐由被动转为主动，消费者拥有了更多的发言权。同时，消费者希望能迅速有效地得到自己所需要的真实可靠信息。为了迎合消费者的这种迫切需求，以双向互动为特征、以真实可信为基调的网络口碑营销应运而生，成为既受企业青睐又受消费者喜爱的一种网络营销新模式。

口碑营销是企业在调查市场需求的情况下，为消费者提供所需产品和服务，同时制订一定的口碑推广计划，让消费者自动传播公司产品和服务的良好评价，从而让人们通过口碑了解产品、树立品牌、提升市场认知度，最终达到销售产品或服务目的的营销推广方式。

三、病毒营销

拓展阅读 6-7　大圣归来：一场口碑营销的神话

病毒营销（Viral Marketing）也称病毒式营销，是企业通过消费者的社会人际网络，使营销信息像病毒一

样传播和扩散，利用快速复制的方式传向广大受众，从而达到提升品牌知名度或者其他目的的营销推广方式，如图 6－1 所示。病毒营销的关键在于找到营销的引爆点，也就是找到既迎合目标客户口味又能宣传企业的话题或事件。

图 6－1　病毒营销示例

病毒营销和口碑营销都以人为渠道，因此需要充分发挥人在信息传播中的主动性。但病毒营销是为了赚取知名度，知名度高并不一定有口碑，通过高曝光率只能达成广泛认知，不代表一定能获得消费者的认可。而口碑营销满足的是产品或者品牌的美誉度，消费者之间通过推荐、现身说法达到对企业产品和品牌的信任与认可。

四、饥饿营销

拓展阅读 6－8　iphone 与小米：不一样的饥饿营销

饥饿营销是指商品提供者有意调低产量，以期调控供求关系，制造供不应求的假象，维持商品较高售价和利润率，最终为品牌带来高附加价值的营销策略。商家通常在产品或服务发布前做大量广告宣传，勾起顾客的购买欲，然后让用户苦苦等待，使购买欲进一步提高，有利于为产品提价销售或为未来大量销售奠定客户基础。

饥饿营销与市场竞争度、消费者成熟度和产品的替代性三大因素有关。也就是说，只有在市场竞争不充分、消费者心态不够成熟、产品综合竞争力和不可替代性较强的情况下，饥饿营销才能较好地发挥作用，否则厂家只能是一厢情愿。

【案例分析】

【案例 6－1】褚橙身价倍增背后的新媒体营销策略

2013 年，一种名为“褚橙”的云南橙子火了。一条跟褚橙有关的微博在 24 小时内被转发 7 000 多次，评论 1 000 多条；褚橙网络销售的前 5 分钟就被抢购 800 箱，经常是“一橙难求”。

从几元一斤时的乏人关注到十几元一斤时的供不应求，褚橙的身价倍增之旅，离不开其背后的操盘手——本来生活网。褚橙的销售找准了营销方式和消费群体，自然而不强迫，让消费者自愿购买和传播。

每个人都是营销志愿者

随着新媒体的兴起，众多农业龙头企业、涉农政府部门、中小型农场主纷纷开通微博、微信，然而大多效果不佳，粉丝少，传播量小，出现了许多“休眠”账号。这是因为与传统营销不同，社交媒体营销是由用户自愿提供的，客户由被动接收信息变为主动选择、传播信息。

本来生活网的传播方式很值得借鉴。他们找到了“励志橙”作为话题。2012年10月27日，一家媒体官方微博发布了《褚橙进京》一文，24小时内被转发了7 000多次。

2012年11月5日褚橙首日发售，前5分钟销售量达800箱，24小时内销售1 500箱，3天半的时间内首批3 000多箱售罄，不得不临时调货。2013年，在50天左右的时间内，本来生活网卖出了近1 500吨褚橙。

2013年，本来生活网在“励志橙”核心不变的前提下，再出新招，将褚橙送给微博红人，微博名人们得到礼物后再发微博晒一晒，往往又引发其数量庞大的粉丝群转发，使更多微博用户知道了褚橙。在这个过程中，每一个关注并转发的网民都是褚橙的营销志愿者。

不做最大众，只做最精准

2012年11月6日，本来生活网发起“传橙·传承”赠尝品鉴活动；11月24日，褚橙宣传片在第五届创业家年会现场播出；12月8日，褚橙出现在2012中国企业家年会上。2012年11月和12月，短短两个月时间，褚橙就打开了第一批市场。2013年，褚橙营销则瞄准了“80后”“90后”等年轻消费者，邀请在青年群体中较有影响力的韩寒、蒋方舟、滴滴打车张博等，讲述自己的励志故事致敬褚时健，引起了“80后”和“90后”的强大共鸣。

营销是叶，品质是根

褚橙营销的成功已经引发了一种社会效应。本来生活网借鉴褚橙的成功经验又趁势推出一款水果，然而反应并不理想。虽然十几天就卖了20吨左右，销量却就此止步，后续乏力。这款水果开始销售后，消费者对其质量的评价并不是很好，所以再次购买的很少。

在新媒体营销过程中，品质是根本，如果没有完善的线下生产环节，再好的营销也是无本之木。农产品作为一种体验性很强的商品，情况更是如此。尤其在食品安全问题日益受到关注的今天，没有线下环节的配合，线上营销将很难走远。

资料来源：《褚橙身价倍增后的新媒体营销策略》，http：//sannong.cntv.cn/20140107/102078.shtml。

问题：

1. 本来生活网采用了哪些网络营销推广策略与方式来打造火爆的褚橙？

2. 褚橙的成功为何难以复制？褚橙事件对生鲜电商的发展有何启示？

【思考练习】

1. 简要分析饥饿营销的利与弊。
2. 阐述事件营销、口碑营销、病毒营销的异同。
3. 针对某电商，分析其推广现状并进行推广设计。

第七章 网络广告营销

【学习目标】

1. 了解网络广告的基本概念、特点和发展。
2. 了解和掌握网络广告的类型。
3. 了解如何实施网络广告。
4. 了解和掌握网络广告效果的评估标准、原则和方法。

【案例导入】

由于电视的互联网化不断加剧，占据整个市场份额近一半的电视广告也被互联网广告抢去大量市场份额。互联网的普及为网络广告、移动广告等广告传播形式创造了条件。据艾瑞咨询发布的《2014年中国网络广告行业年度检测报告》显示，2014年中国网络广告市场规模为1 483亿元左右，并保持了30%以上的增长率。2014年BAT（百度、阿里巴巴、腾讯）通过不断的投资、并购等方式纷纷涉足广告行业并展开激烈的竞争。2014年5月腾讯发布腾讯移动广告联盟，正式进军移动广告领域；2014年9月，百度推出“直达号”，基于移动搜索为广告主服务；2014年6月阿里入股文化中国，涉足手机视频广告行业，与纸媒合作通过二维码扫描推出“码上淘”等。

未来几年，随着新媒体进入快速发展时期，网络由PC端向移动端加速迁移。新闻、阅读、音乐等移动服务和应用与微博、微信、视频等平台结合，逐步构建全媒体业务战略。基于媒体环境的变化，传统媒体广告投放比例额的不断下降与新媒体广告投放额的快速上升形成了鲜明的对比，广告公司开始积极利用互联网新媒体拓展业务。

资料来源：搜狐科技，作者略有删改。

第一节 网络广告概述

一、网络广告的概念

简单地说，网络广告就是在网络平台上投放的广告。利用网站上的广告横幅、文本链接和多媒体的方法，在互联网上刊登或发布广告，通过网络传递到互联网用户的一种高科技广告运作方式。

与传统的四大传播媒体（报纸、杂志、电视和广播）广告及备受垂青的户外广告相比，网络广告具有得天独厚的优势，是实施现代营销媒体战略的重要一部分。网络广告是一个全新的广告媒体，速度最快，效果理想。网络广告是中小企业扩展壮大的良好途径，对于广泛开展国际业务的公司来说更是如此。

网络广告是广告主为了推销自己的产品或服务在互联网上向目标群体进行有偿的信息传达，从而引起群体和广告主之间信息交流的活动。简而言之，网络广告是指利用国际互联网这种载体，通过图文或多媒体方式发布的赢利性商业广告，是在网络上发布的有偿信息传播。

二、网络广告的发展

追本溯源，网络广告始于 1994 年的美国。当年的 10 月 14 日，美国著名的 Wired 杂志推出了网络版 Hotwired（www. hotwired. com)，其主页上开始有 AT&T 等 14 个客户的广告 Banner。这是广告史上里程碑式的一个标志。

中国的第一个商业性的网络广告出现在 1997 年 3 月，Intel 和 IBM 是国内最早在互联网上投放广告的广告主，传播网站是 Chinabyte，广告表现形式为 468×60 像素的动画旗帜广告。中国网络广告一直到 1999 年初才稍有规模。历经多年的发展，网络广告行业经过数次洗礼，已经慢慢走向成熟。

网络广告在经历了 20 多年的发展以后，广告主逐渐从迷茫走向了理性，对于各种投放都越来越注重投资回报率，一些新的广告形式，如搜索广告、互动营销和口碑营销等非传统广告，都开始进行尝试，为进一步扩大广告效果，线上线下整合式营销趋势明显。

随着移动互联网的发展，手机的核心使用价值从普通的通信工具发展成为具有媒体化特征的智能终端，这也就意味着移动终端已经开始有条件成为新的营销渠道，这也就是广告移动化的趋势。

随着网络广告的精准营销要求，网络广告逐步以地域细分，其好处是对目标群体进行充分细分，以实现广告的精准投放与有效覆盖。互联网“去中心化”的趋势日益明显，过去由门户网站一统江湖的局面正在被打破，网民本地化和区域化需求的特征决定了垂直化网站，社区、视频等网络媒体要做出相应的策略调整。

广告圈经常流行一句话，“对一个广告主来说，50%的预算被浪费掉了，问题是你不知道是哪 50%”。所以将广告效益量化才能真正让媒体具备媒体应该有的价值。对于网络广告效果，大概分为 9 个维度的指标：点击量、访问量、独立访问量、广告页面跳出率、访问路径、退出页面、访问者成本、转化率和投入产出比。随着以后网络广告的发展，其量化标准会越来越复杂，维度越来越多，越来越精细化，简单的网站统计工具已经满足不了这些需求，媒体和广告主逐渐开始认同专业的第三方权威数据的分析。

三、网络广告的特点

拓展阅读 7－1　Bonobos 电商实体化案例：社会化媒体激发销售

与电视、报刊、广播三大传统媒体或各类户外媒体、杂志、直邮、黄页相比，网络媒体集以上各种媒体之大成，具有得天独厚的优势。随着网络的高速发展及完善，它日渐融入现代工作和生活中，对于现代营销来说，网络媒体是重要的媒体战略组成部分。

（一）受众范围广

网络广告不受时空限制，传播范围极其广泛，可以通过互联网 24 小时不间断地把广告信息传播到世界各地。只要具备上网条件，任何人在任何地点都可以随时随意浏览广告信息。

（二）交互性强

交互性是网络广告的最大优势，它不同于其他媒体的信息单向传播，而是信息互动传播。在网络上，当受众获取他们认为有用的信息时，厂商也可以随时得到宝贵的受众反馈信息。

（三）针对性强

通过提供众多的免费服务，网站一般都能建立完整的用户数据库，包括用户的地域分布、年龄、性别、收入、职业、婚姻状况和爱好等。这些资料可帮助广告主分析市场与受众，根据广告目标受众的特点，有针对性地投放广告，并根据用户特点做定点投放和跟踪分析，对广告效果做出客观准确的评价。

另外，网络广告还可以提供有针对性的内容环境。不同的网站或者是同一网站不同的频道所提供的服务是不同质且具有很强类的分别的，这就为密切迎合广告目标受众的兴趣提供了可能。

（四）受众数量统计精确

利用传统媒体投放广告，很难精确地知道有多少人接收到广告信息，而在互联网上可通过权威、公正的访客流量统计系统，精确统计出每个广告的受众数，以及这些受众查阅的时间和地域分布。这样，借助分析工具，成效易体现，客户群体清晰易辨，广告行为收益也能准确计量，有助于厂商正确评估广告效果，制定广告投放策略。

（五）实时、灵活、成本低

在传统媒体上投放广告，发布后很难更改，即使可改动也往往付出很大的经济代价。而在互联网上投放网络广告能按照需要及时变更广告内容，当然也包括改正错误。这就使经营决策的变化可以及时地实施。作为新兴的媒体，网络媒体的收费也远低于传统媒体，若能直接利用网络广告进行产品销售，则可节省更多销售成本。

（六）感官性强

传统媒体是二维的，而网络广告则是多维的，它能将文字、图像和声音有机地组合在一起，传递多感官的信息，让顾客身临其境般感受商品或服务。网络广告的载体基本上是多媒体和超文本格式文件，广告受众可以对其感兴趣的产品信息进行更详细的了解，使消费者能亲身体验产品、服务与品牌。这种图、文、声、像相结合的广告形式，将大大增强网络广告的实效。

（七）网络广告拥有最有活力的消费群体

互联网用户70.54%集中在经济较为发达地区，64%家庭人均月收入高于1000元，85.8%年龄在18岁到35岁之间，83%受过大学以上教育。因此，网络广告的目标群体是目前社会上层次高、收入高、消费能力高的、最具活力的消费群体。

（八）可以跟踪和衡量广告的效果

广告主能通过互联网即时衡量广告的效果。通过监视广告的浏览量、点击率等指标，广告主可以统计出多少人看到了广告，其中有多少人对广告感兴趣，从而进一步了解广告的详细信息。因此，较之其他任何广告，网络广告使广告主能够更好地跟踪广告受众的反应，及时了解用户和潜在用户的情况。

（九）受众关注度高

据资料显示，电视并不能集中人的注意力，电视观众40%的人同时在阅读，21%的人同时在做家务，13%的人在吃喝，12%的人在玩赏它物，10%在烹饪，9%在写作，8%在打电话。而55%的网上用户在使用计算机时不做任何其他事情，只有6%同时在打电话，只有5%在吃喝，只有4%在写作。

（十）缩短了媒体投放的进程

广告主在传统媒体上进行市场推广一般要经过3个阶段：市场开发期、市场巩固期和市场维持期。在这3个阶段中，厂商要首先获取注意力，创立品牌知名度；在消费者获得品牌的初步信息后，推广更为详细的产品信息。然后是建立和消费者之间较为牢固的联系，以建立品牌忠诚。而网络广告将这3个阶段合并在一次广告投放中实现：消费者看到网络广告，点击后获得详细信息，并填写用户资料或直接参与广告主的市场活动，甚至直接在网上实施购买行为。

（十一）具有可重复性和可检索性

网络广告可以将文字、声音和画面完美地结合之后供用户主动检索，重复观看。而与之相比，电视广告却是让广告受众被动地接受广告内容。如果错过广告时间，就不能再得到广告信息。另外，显而易见，较之网络广告的检索，平面广告的检索要费时、费事得多。

（十二）具有价格优势

从价格方面考虑，与报纸杂志或电视广告相比，网络广告费用还是较为低廉的。获得同等的广告效应，网络广告的有效千人成本远远低于传统广告媒体。一个广告主页一年的费用大致为数千元人民币，而且主页内容可以随企业经营决策的变更随时改变，这是传统广告媒体无法想象的。

四、网络广告的发展趋势

2015年10月25日，第13届中国互联网广告高峰论坛在西安举行。普华永道中国审计部娱乐及媒体行业的合伙人出席大会并发表讲话，阐述了目前网络广告发展的整体趋势情况，内容如下。

在整个广告行业里，网络广告毫无疑问是发展速度最快的。在全球范围内，网络广告将在2017年超过电视广告，成为最大的广告类型。在我国，网络广告发展领先于全球的平均水平，在2011到2014年期间互联网广告逐步超越了电视广告。

移动互联网广告，在未来5年全球将实现平均23%的复合增长率，并且在2018年将会超过PC端的展示类广告。中国的移动端互联网广告在未来5年年平均复合增长率在150%左右，它的增速会快于PC端的互联网广告。

付费搜索类广告作为一种非常成熟的广告推广方式，在今后相当长的一段时间将会是互联网广告的一个主导，占据网络广告的最大部分。预计全球的付费搜索类广告将会从2014年的530亿美元增长到2019年的850亿美元左右。我国的搜索类广告在未来几年将以19%的速度增长，2019年达到165亿美元，在整个互联网广告中占到49%左右。

由于平板电脑的普及、网络电视的普及，以及整个网络基础设施的提升，预计视频类广告在未来几年全球实现20%的复合增长率。视频广告由于它的传播效果比较好，一直以来都非常受到广告主和媒体的青睐。

随着国内互联网尤其是电子商务的迅速发展，网络广告在企业营销中的地位和价值越显重要。选择上网淘金，将成为中国企业的必经之路。

第二节 网络广告的类型

网络广告根据不同的划分标准可以分为不同的类型，见表7-1。

表7-1 网络广告的类型

<table>
<tr><th colspan="2">划分标准</th><th>类型</th><th>说明</th></tr>
<tr><td rowspan="4">按计费分</td><td rowspan="2">按展示计费</td><td>CPM广告（Cost per Mille/Costper Thousand Impressions）</td><td>每千次印象费用。广告条每显示1 000次（印象）的费用。CPM是最常用的网络广告定价模式之一</td></tr>
<tr><td>CPTM广告（Cost per Targeted Thousand Impressions）</td><td>经过定位的用户的千次印象费用（如根据人口统计信息定位）。CPTM与CPM的区别在于，CPM是所有用户的印象数，而CPTM只是经过定位的用户的印象数</td></tr>
<tr><td rowspan="2">按行动计费</td><td>CPC广告（Cost-per-Click）</td><td>每次点击的费用。根据广告被点击的次数收费。如关键词广告一般采用这种定价模式</td></tr>
<tr><td>PPC广告（Pay-per-Click）</td><td>根据点击广告或者电子邮件信息的用户数量来付费的一种网络广告定价模式</td></tr>
</table>

续表

划分标准		类　型	说　明
按计费分	按行动计费	CPA广告（Cost－per－Action）	每次行动的费用，即根据每个访问者对网络广告所采取的行动收费的定价模式。对于用户行动有特别的定义，包括形成一次交易、获得一个注册用户、或者对网络广告的一次点击等
		CPL广告（Cost for Per Lead）	按通过网络广告注册成功量支付费用
		PPL广告（Pay－per－Lead）	根据每次通过网络广告产生的引导付费的定价模式。例如，广告客户为访问者点击广告完成了在线表单而向广告服务商付费。这种模式常用于网络会员制营销模式中为联盟网站制定的收费模式
	按销售计费	CPO广告（Cost－per－Order）	也称为Cost－per－Transaction，即根据每个订单/每次交易来收费的方式
		CPS广告（Cost for Per Sale）	根据销售额（销售笔数）来收费的模式
		PPS广告（Pay－per－Sale）	根据网络广告所产生的直接销售额而支付一定比例的提成模式
按形式分		横幅广告	又称旗帜广告（Banner），是以GIF、JPG或Flash等格式建立的图像文件，定位在网页中大多用来表现广告内容。一般位于网页的最上方或中部，用户注意程度比较高。同时还可使用Java等语言使其产生交互性。用Shockwave等插件工具增强表现力，是经典的网络广告形式。标准大小为468×60像素
		竖幅广告	位于网页的两侧，广告面积较大，较狭窄，能够展示较多的广告内容
		文本链接广告	文本链接广告是以一排文字作为一个广告，点击链接可以进入相应的广告页面。这是一种对浏览者干扰最少，但却较为有效果的网络广告形式。有时候，最简单的广告形式效果却最好
		电子邮件广告	电子邮件广告具有针对性强（除非肆意滥发）、费用低廉的特点，且广告内容不受限制。它可以针对具体某一个人发送特定的广告，为其他网上广告方式所不及
		按钮广告	一般位于页面两侧，根据页面设置有不同的规格，动态展示客户要求的各种广告效果
		浮动广告	浮动广告在页面中随机或按照特定路径飘浮
		插播式广告（弹出式广告）	访客在请求登录网页时强制插入一个广告页面或弹出广告窗口。它们有点类似电视广告，都是打断正常节目的播放，强迫观看。插播式广告有各种尺寸，有全屏的也有小窗口的，而且互动的程度也不同，从静态的到全部动态的都有
		Rich Media（富媒体）广告	一般指使用浏览器插件或其他脚本语言、Java语言等编写的具有复杂视觉效果和交互功能的网络广告。这些效果的使用是否有效，一方面取决于站点的服务器端设置，另一方面取决于访问者的浏览器是否能查看。一般来说，Rich Media（富媒体）广告能表现更多、更精彩的广告内容
		EDM直投广告	通过EDMSOFT. EDMSYS向目标客户定向投放对方感兴趣或者是需要的广告及促销内容，以及派发礼品、调查问卷，并及时获得目标客户的反馈信息
		定向广告	按照人口统计特征，针对指定年龄、性别和浏览习惯等的受众投放的广告，为客户找到精确的受众群

第三节 网络广告的实施

一、网络广告策略

（一）企业网络广告的目标选择

网络广告的目标归纳起来主要有以下六方面。

1. 品牌推广

网络广告最主要的目标之一就是对企业品牌价值的提升，这也说明了用户浏览而没有点击网络广告同样会在一定时期内产生效果。在所有的网络营销方法中，网络广告的品牌推广价值最为显著。同时，网络广告丰富的表现手段也为更好地展示产品信息和企业形象提供了必要条件。

2. 网站推广

网站推广是网络营销的主要职能，获得尽可能多的有效访问量也是网络营销取得成效的基础，网络广告对于网站推广的作用非常明显，通常出现在网络广告中的“点击这里”按钮，就是对网站推广最好的支持。网络广告（如网页上的各种 BANNER 广告、文字广告等）通常会链接到相关的产品页面或网站首页，用户对于网络广告的每次点击，都意味着为网站带来了访问量的增加。

3. 销售促进

用户由于受到各种形式的网络广告吸引而获取产品信息，已成为影响用户购买行为的因素之一，尤其当网络广告与企业网站、网上商店等网络营销手段相结合时，这种产品促销活动的效果更为显著。网络广告对于销售的促进作用不仅表现在直接的在线销售，也表现在通过互联网获取产品信息后对网下销售的促进。

4. 在线调研

网络广告对于在线调研的价值可以表现在多个方面，如对消费者行为的研究、对于在线调查问卷的推广、对于各种网络广告形式和广告效果的测试，以及用户对新产品的看法等。通过专业服务商的邮件列表开展在线调查，可以迅速获得特定用户群体的反馈信息，大大提高市场调查的效率。

5. 顾客关系

网络广告所具有的对用户行为的跟踪分析功能为深入了解用户的需求和购买特点提供了必要的信息。这种信息不仅成为网上调研内容的组成部分，也为建立和改善顾客关系提供了必要条件。网络广告与顾客关系的改善将提高顾客对品牌的忠诚度。

6. 信息发布

网络广告是向用户传递信息的一种手段，因此可以理解为信息发布的一种方式。通过投放网络广告，不仅可以将信息发布在自己的网站上，也可以发布在用户数量更多、用户定位程度更高的网站上，或者直接通过电子邮件发送给目标用户，从而引起更多用户的注意，大大增强了网络营销的信息发布功能。不同的广告目标，必须采取不同形式、不同媒体、不同内容的网络广告。网络广告的目标选择，为以后广告渠道的选择和广告的制作奠定了坚实的基础。这是网络广告策略中不可缺少的关键环节。

（二）企业网络广告价格选择

拓展阅读 7－2 白加黑——治疗感冒，黑白分明

很多广告主喜欢采用固定广告费用，即采用包时段广告，如包天、包周和包月等。这种不分时段、不考虑广告目标消费者的上网习惯、不考虑消费者地域所属的投放方式造成了大量广告费用的浪费。目前除了固定广告费用外，常用的计价方式还有CPC、CPM和CPA等。旗帜广告的计价方式主要是CPM。在欧洲，商业信息集团Datamonitor报告指出，网络广告最大的正面效益在于品牌识别，超过三成的受访者表示网络广告有助于他们注意到一些终统厂商。所以广告主以宣传产品品牌为最终目的可以采用CPM方式。CPC定价方式适合目的在于增加销售的广告。按销售定价的方式，适合目的在于进行直接销售，并且推广的产品也适合在网上直接销售的广告，如图书、软件和CD等。如果产品不适合网上直销，广告主也可以通过在线收集消费者的资料来促进线下销售。这种定价方式给广告主带来的利益最大，其分摊的风险也最小，因此受到广告主的普遍欢迎，但这极大地增加了广告商所承担的风险。其他定价模式还有每回应成本（Cost Per Response，CPR），以浏览者的每个回应计费。这种广告定价模式充分体现了网络广告“及时反应、直接互动、准确记录”的特点。但是，它显然属于辅助销售的广告模式。另外，还有CPL（以搜集潜在客户名单多少来收费）、CPS（以实际销售产品数量来换算广告刊登金额）等特别计价方式。

（三）企业网络广告媒体选择

我国发布网络广告的媒体目前主要有网站、搜索引擎、电子邮件、应用软件、论坛及博客等。

网站分为综合门户网站和专业网站。综合门户网站通常适合于大众化、面向家庭的产品和服务，以及塑造企业形象广告的发布。专业网站的内容通常主要集中在某专业领域，针对性较强，适合特定类型的产品广告。

电子邮件作为广告载体，适合于将有关产品和服务的详细信息发布给潜在消费群。常见的有邮件列表广告（Direct Marketing）和电子邮件式广告（E-mail）。

应用软件作为广告的载体，是一种非常有潜力的网络广告媒体。如Foxmail、QQ和Flashget等。这类软件使用面广，并且是强制受众接受的，效果很好。主要形式有软件搭载广告、墙纸式广告（Wallpaper）和屏幕保护程序广告。

搜索引擎是网络广告投放的一个重要渠道，对于网站推广、产品促销、竞争者分析和网络品牌等具有明显的效果。它可以通过较高的搜索引擎排名来增加网站的点击率，即浏览量，从而获得产品或服务销售的飙升。用户检索所使用的关键词反映出用

户对问题或产品的关注。

博客（Blog）被认为是继 BBS、E-mail 和 ICQ 之后出现的第四种网络交流方式。博客可以为企业带来潜在消费者，改善顾客关系，提高企业网站知名度。

从上面的分析可知，每种媒体都有其利与弊，因此企业应慎重选择。随着网络媒体多样性与复杂性的提升，单独依赖一两种强势媒体进行粗放式广告投放已不可行。企业要充分了解媒体各自的特点，扬长避短，最大程度整合广告资源，最佳配置媒体资源，从而以最优的广告投入获得最好的广告效果。网络广告形式繁多，各有所长，选择恰当的广告形式对吸引浏览者、提高浏览率、提升企业形象、促使潜在顾客购买起着重要作用。

企业选择网络广告媒体应当注意以下两点。

（1）根据广告目标选择相应的形式。如果企业的广告目标是推广品牌，可以选用旗帜广告、按钮广告和软件搭载广告等。这类广告位置醒目，表现形式多样，送达率高，能使更多的人接触到广告；如果是树立企业形象和产品声誉，应当采用微型网站广告和主页型广告，此类广告篇幅较大，给人以视觉上的震撼，容纳信息较多；如果是促销，则可以选用游动式广告，或者时效性较强的赞助式广告；如果是向目标顾客传递企业及产品的相关信息，可以选用电子邮件式广告等。

（2）根据广告受众选择网络广告形式。如果广告对象是以年轻人（30 岁以下）为主，可以选用互动性、娱乐性较强的游戏互动式广告；对于以获取资讯、新闻为主的浏览者，则可以页面内的嵌入式广告为主。

（四）企业网络广告发布时机选择

据统计显示，网民的上网时间大致可以分为上午 9：00～10：00、下午 2：00～3：00、晚上 8：00～10：00 三个高峰期。企业应在上网高峰期集中进行广告投放，而在其他时间段停止投放或是减量投放。那种认为网络广告投放量越大、频度越高，所得到的广告效果就越好的观点，其实是一种误解。广告效果和投放密度的确存在较强的正相关关系，但这种关系并非线性的，而是有一定阶段性的。广告的效果与广告的投放，一开始是随着广告投放量的上升而不断上升的，但当投放达到一定数量时，广告的效果就不会再有大的变化。在网络环境中，不同时间段有不同的网民群体。针对年轻网民都有“夜游”的习惯，在夜间推出适合年轻人、单身贵族的产品会是一个好的策略。另外广告主应采取特殊定向方法来投放网络广告，不要一味追求首页和浏览量，应努力做到以下两点。

（1）准确把握受众兴趣点的变化规律。网络广告发布行为的调节，必须注意到受众信息接受“敏感区”的转移，即“兴趣点”随时间的变化。炎热的夏天，可以及时推出空调及降温食品广告；春节期间可以推出联欢、团聚型广告。广告的适时发布，不仅能使受众加深印象，而且还有可能使受众产生“急我所需”的人情味，从而对广告内容产生好感。

（2）善于抓住突发事件和社会热点。因网络广告发布灵活、修改方便，使得网络广告的发布往往比传统媒体要快。这就为网络广告抓住突发事件和社会热点借势为自己宣传提供了有利条件。借助于社会突发事件和热点事件而创意的网络广告往往能让人耳目一新。企业应该在实际的网络广告投放过程中，准确把握网络广告受众的接受心理，正确运用网络广告策略。

二、网络广告的投放过程

拓展阅读 7-3 奥巴马借助游戏当选

（一）受众人群分析

做网络广告投放，首先要针对产品做受众人群的分析工作，从年龄、性别、收入和职业等方面的数据进行统计，分析出他们经常会访问的网站，然后去分析他们的访问动机是否和广告投放目的相符。举例来说，分析出受众人群是 20～25 岁的女性，月收入为 0～3 000 元的普通公司文员。她们年轻富有活力，购物欲很强，但是收入却不高，她们更喜欢去购物网站或者团购网站、交友类网站、女性网站、时尚网站，以及 SNS 类网站。

（二）受众行为分析

经过受众人群分析，基本可以得出受众喜欢浏览哪些网站。但是种类很多，对于普通的广告主是不可能全部都去投放的，而且这样投放也不是特别精准。这时需要逐个分析受众访问这些网站的目的是什么，根据他们的行为来判断是否和投放广告的目的相关，如果是来看美容资讯的，就不要指望他们能去购买杯子或者一些漂亮的餐具，虽然受众可能都是这群人。

（三）目标网站筛选

通过前两项的分析，已经可以大致锁定某些类型的网站作为广告投放目标。这时要选出几个具体将要投放广告的网站，选择的条件重点是要看网站的访问量。需要注意的是，如果投放的是二级页面，一定不要被整个网站的访问量“忽悠”了。选择广告投放目标原则上是越多越好，这样就可以通过大量的比较工作选择出性价比最高的，一般来说是 1∶5 的比率，就是投放一个网站要找到 5 家网站作为候选。因为广告模式还没有确定，是按点击付费、按时间付费，还是按销售提成。如果广告模式不能被投放目标接受，那么可以选择其他网站。

（四）确定广告投放细节

在广告投放目标网站确定后，要回过头来确定广告投放的细节问题。这时候手里的数据已经很多了，首先明确投放广告的目的，目的有很多，有单纯的提高访问量（品牌认知），有想提高会员注册量，有想获得潜在客户信息，有想直接产生销售。这基本就可以确定选用哪种广告投放模式。接着确定哪种投放主体，这些是根据目标受众的特点和网站本身的性质决定的。投放时间是根据投放模式和广告预算来定的。如果是传统的投放方式，一般以一个月为一个周期；如果是以提成的模式，投放也是每月结算。

（五）广告投放洽谈

在诸多的细节被确定后，需要和选择的广告投放目标网站进行洽谈，最重要的就是广告的价格。因为可能有公司主办的网站，也可能有个人主办的网站，所以价格上差别很大。个人网站相对可谈的弹性就更大一些。在广告价格、投放时间和预期效果都确定后，最好以合同的方式进行约定，合同撰写要尽量详细，除了前面所说的条件以外，要把网站的访问量和域名的相关信息进行备案。需要注意的是，一定要把预期效果和停止广告的条件写清楚，以免后期有争议。如果是个人站长不能以合同的方式进行约束，那么要以电子邮件的方式保存，因为现在电子邮件已经可以作为证据。

（六）广告制作

最炫的不一定是最好的，一切创意都要以最终效果为主。这是广告制作时最需关注的。

拓展阅读 7－4 Chipotle：用奥斯卡级动画片夺眼球

（七）广告正式投放和后续跟踪

正式开始投放广告之后的后续跟踪工作也是十分重要的，如果能在过程中发现问题可以避免更多的损失。至少要以周为单位做数据分析，来考评网络广告投放的效果。可以在广告投放过程中做出一些软性的调整，如更换物料、调整投放位置等。

第四节 网络广告效果评估

对于广告效果的测定和评估，一般从以下几方面去考虑。

（1）注意率，包括广告的接触者数量，接触者范围以及在一定时期内接触广告的次数，即接触频率，实际是对广告交流效果的评估。

（2）到达率，包括知名度、理解率和确信率 3 个层次。即通过广告活动，企业的名称、品牌等在消费者中知道了多少，有多少消费者理解了广告所传达的各种信息，又有多少消费者信服了这些广告信息，而采取一定的行为或产生了态度的转变。

（3）行动率，主要包括 3 个方面：消费者对企业的正向心态，即对企业的赞许态度的增加与否；市场销售额的变化；从市场占有率的变化等来确定广告在促成购买行动上的作用。

传统媒体广告效果的测评一般是通过邀请部分消费者和专家座谈评估，或调查视听率发行量，或统计销售业绩分析销售效果。在实施过程中，由于时间性不强，具有滞后性，往往需要上月的时间。由于主观性影响（调查者和被调查者主观感受的差异及相互影响）、技术失误造成的误差和人力物力所限样本小等原因，广告效果评估结果往往和真实情况相差很远。而网络广告效果测评由于技术上的优势，有效克服了传统媒体的不足，表现得更及时、更客观、更广泛。

更及时：网络的交互性使得消费者可以在浏览访问广告时直接在线提意见反馈信息。广告主可以立即了解到广告信息的传播效果和消费者的看法。

更客观：网络广告效果测评不需要人员参与访问，避免了调查者个人主观意向对被调查者产生影响，因而得到的反馈结果更符合消费者的本身的感受，信息更可靠更客观；网络广告效果测评不需要人员参与访问，避免了调查者个人主观意向对被调查者产生影响，因而得到的反馈结果更符合消费者的本身的感受，信息更可靠更客观。

更广泛：网络广告效果测评成本低，耗费人力物力少，能够在网上大面积展开，参与调查的样本数量大，测评结果的正确性与准确性大大提高。

一、网络广告评估标准

拓展阅读 7－5　脑白金——吆喝起中国礼品市场

网络广告营销效果数据分析指标包括广告展示量、广告点击量、广告到达率、广告二跳率和广告转化率共5个，每个指标的定义见表7－2～表7－6。

表7－2　广告展示量（Impression）

指标名称	指标定义	指标说明	指标应用
广告展示量	广告每显示一次，称为一次展示	统计周期通常有小时、天、周和月等，也可以按需设定	展示量通常反映广告所在媒体的访问热度
		被统计对象包括Flash广告、图片广告、文字链广告、软文、富媒体广告等多种广告形式	
		展示量一般为广告投放页面的浏览量	
		广告展示量的统计是CPM付费的基础	

表7－3　广告点击量（Click）

指标名称	指标定义	指标说明	指标应用
广告点击量	网民点击广告的次数，称为广告点击量	统计周期通常有小时、天、周和月等，也可以按需设定	广告点击量通常反映广告的投放量
		被统计对象包括Flash广告、图片广告、文字链广告、软文、邮件广告、视频广告和富媒体广告等多种广告形式	
		广告点击量与产生点击的用户数（多以Cookie为统计依据）之比，可以初步反映广告是否含有虚假点击	
		广告点击量与广告展示量之比，称为广告点击率，该值可以反映广告对网民的吸引程度	
		广告点击量统计是CPC付费的基础	

表 7－4　广告到达率（Reach Rate）

指标名称	指标定义	指标说明	指标应用
广告到达率	网民通过点击广告进入被推广网站的比例	统计周期通常有小时、天、周和月等，也可以按需设定	广告到达率通常反映广告点击量的质量，是判断广告是否存在虚假点击的指标之一。广告到达率也能反映广告着陆页的加载效率
		被统计对象包括 Flash 广告、图片广告、文字链广告、软文、邮件广告、视频广告和富媒体广告等多种广告形式	
		广告到达量与广告点击量的比值称为广告到达率，广告到达量是指网民通过点击广告进入推广网站的次数	

表 7－5　广告二跳率（2nd－Click Rate）

指标名称	指标定义	指标说明	指标应用
广告二跳率	通过点击广告进入推广网站的网民，在网站上产生了有效点击的比例	统计周期通常有小时、天、周和月等，也可以按需设定	广告二跳率通常反映广告带来的流量是否有效，是判断广告是否存在虚假点击的指标之一。广告二跳率也能反映着陆页面对广告用户的吸引程度
		被统计对象包括 Flash 广告、图片广告、文字链广告、软文、邮件广告、视频广告和富媒体广告等多种广告形式	
		广告带来的用户在着陆页面上产生的第一次有效点击称为二跳，二跳的次数即为二跳量。广告二跳量与广告到达量的比值称为二跳率	

表 7－6　广告转化率（Conversion Rate）

指标名称	指标定义	指标说明	指标应用
广告转化率	通过点击广告进入推广网站的网民形成转化的比例	统计周期通常有小时、天、周和月等，也可以按需设定	广告转化率通常反映广告的直接收益
		被统计对象包括 Flash 广告、图片广告、文字链广告、软文、邮件广告、视频广告和富媒体广告等多种广告形式	
		转化是指网民的身份产生转变的标志，如网民从普通浏览者升级为注册用户或购买用户等。转化标志一般指某些特定页面，如注册成功页、购买成功页和下载成功页等，这些页面的浏览量称为转化量。广告用户的转化量与广告到达量的比值称为广告转化率	
		广告转化量的统计是进行 CPA 和 CPS 付费的基础	

二、网络广告评估原则

（一）相关原则

相关原则要求网络广告的效果测定的内容必须与广告主所追求的目的相关，DAG-MAR（Defining Ddvertising Goals for Measured Advertising Results）方法是这一原则的很好体现。举例说来，倘若广告的目的在于推广出新产品或改进原有产品，那么广告评估的内容应针对广告受众对品牌的印象；若广告的目的在于在已有市场上扩大销售，则应将评估的内容重点放在受众的购买行为上。

（二）有效原则

拓展阅读 7-6 利用认证微博做天猫推广

评估工作必须要达到测定广告效果的目的，要以具体的、科学的数据结果而非虚假的数据来评估广告的效果。所以，那些掺入了很多水分的高点击率等统计数字用于网络广告的效果评估中是没有任何意义的，是无效的。这就要求采用多种评估方法，多方面综合考察，使对网络广告效果进行评估得出的结论更加有效。

【案例分析】

【案例 7-1】

绿盛集团是我国最大的休闲食品生产商之一，其牛肉系列产品在国内同类产品中占有很高的市场份额。2007 年初，绿盛集团为了创造和提升一种全新的网络食品的概念，联手我国最大的企业和职业博客门户“企博网”（www. bokee. net），推出了这次极富创意的漂流瓶活动，因而被营销研究专家誉为绿盛网络食品营销 2.0 版。

这次漂流瓶活动从“企博网”数 10 万博客中精选出了 1 000 名各行各业真实的职业博客，他们中有来自吉林的小学教师、有上海华普汽车公司的董事长、有青岛的记者、北京的制片人、中国香港的人力资源总监，深圳的律师……，另外还有许多大学生、设计师、主持人、工程师和会计师等，他们都是各行各业非常成功、优秀的职业精英。这些职业博客把各自对社会、事业、人生及未来等丰富多彩的心愿封存进绿盛产品包装的漂流瓶中，漂到了全国各地的超市、商店和小卖部。当消费者购买了装有这些心愿卡的绿盛牛肉系列食品后，按照上面的提示，上网与那些博客进行互动交流，并按照兴趣爱好组成相关的圈。

通过这次活动，一个月之后，绿盛集团的产品销量比往年同比增长了 65%。

资料来源：企博网。

案例思考：企博网在这次营销活动中起到了什么样的作用？还有哪些有效的方式可以进行博客营销？

【案例7-2】酒店景区瞄准微信营销推特惠

“扫一扫就送会员、送优惠券”“首次使用额外赠送500积分”“立减20元”……春节黄金周过后，三亚旅游热度渐渐冷却，鹿城酒店市场也随之进入淡季，特惠酬宾是各大酒店、景区不约而同的选择策略。

在散客日渐成为主流的市场背景下，低价特惠的门票价格成为三亚的一些景区吸引自由行等散客群体目光的首要利器。为迎接“五一”假期，大小洞天、亚龙湾热带天堂森林公园、天涯海角和蜈支洲岛等景区纷纷推出特惠活动。例如，三亚大小洞天景区针对学生、老年人和军人等各种特殊群体实行优惠；亚龙湾热带天堂森林公园推出景区随手拍赢客房住宿等优惠。

“只需动动手指，简单地‘扫一扫’‘摇一摇’，游客朋友们即可无须排队，快速完成购票入园。”日前，天涯海角游览区正式开通微信摇一摇、扫一扫购票和微信支付购票功能。游客只需打开手机蓝牙，连接天涯海角免费Wi-Fi，进入微信“发现”摇一摇页面，摇一摇手机并关注公众号，即可跳转至订票页面进行购票操作。购票成功后，在景区入口处，扫码手机购票二维码，即可入园。除了新推出“摇一摇、扫一扫”的购票方式外，目前天涯海角游览区根据不同游客的需要，还提供了多种其他的智能购票方式，如网络订票、无人自动售票机等，为游客购票入园提供了更多便利。

资料来源：三亚日报。

案例思考：酒店景区利用微信营销具有什么样的优势？你还知道有哪些微信营销的案例？

问题：

1. 请从营销要点的角度分析全季酒店的二维码营销的优势。
2. 试举出其他利用二维码实现情感营销的典型案例。

【思考练习】

1. 如何监测网络广告的投放效果？
2. 简述网络广告的计价方式。

第八章

E-mail 营销

【学习目标】

1. 了解 E-mail 的发展历史和基本概念。
2. 了解和掌握 E-mail 营销的基本概念。
3. 了解许可 E-mail 营销的基本概念。

【案例导入】

2013 年 4 月 15 日，在美国波士顿马拉松比赛现场发生爆炸事件，造成 3 人死亡，180 多人受伤，多名选手因此未能完成比赛。这次事件引发了世界范围的震惊与愤怒，与此同时，也有众多的企业通过 E-mail 这种方式传递对生命的关怀和对正义的支持，传递正能量。

捷蓝航空是美国一家廉价航空公司。波士顿马拉松爆炸事件后，捷蓝航空公司在第一时间给旅行客户发送了一封电子邮件。主题是“我们想的和您的一样”。这封电子邮件特有的蓝色正好与公司的形象一致，再细读文字，让人倍感关怀。对于此次事件，捷蓝航空公司表示很沉痛，表达了他们会把旅客的生命安全放在第一位。如果顾客有任何行程变化公司会承担费用并将提供优质的服务。优先考虑顾客的安全，服务细致，关心周到，是这次事件邮件营销的成功之处。

Dunkin’ Donuts 作为美国十大连锁加盟咖啡馆品牌，发送的邮件消息内容很简单，但是却很有效。邮件表现的主题是“波士顿，我们和你在一起”。Dunkin’ Donuts 强调的是美国精神：迅速、无拘无束、自由快乐。邮件的内容充满关怀，表示他们会和大家一起克服困难，迎接自由快乐的生活，而且公司还通过 Facebook 和 Twitte，共享他们的想法。公司在体现人文关爱时也不忘宣传自己的品牌产品，从而做到内外兼收。

此次的波士顿马拉松爆炸事件引起了全球人民的愤慨，但很多公司通过适当的方式来表达他们对生命的支持。另一方面，作为商家和企业，他们将公益事业与企业战略相结合，切实履行企业的社会责任，也可以切实提升企业品牌的影响力。

资料来源：《波士顿马拉松爆炸事件的邮件营销策略》，作者略有删改。

第一节 E-mail基础知识

电子邮件（英文为Electronic mail，简称E-mail，标志为@，也被大家昵称为“伊妹儿”）是一种用电子手段提供信息交换的通信方式，是互联网应用最广的服务。通过电子邮件系统，用户可以以非常低廉的价格（不管发送到哪里，都只需负担网费）、非常快速的方式（几秒钟之内可以发送到世界上任何指定的目的地），与世界上任何一个角落的网络用户取得联系。

电子邮件可以是文字、图像和声音等多种形式。同时，用户可以得到大量免费的新闻和专题邮件，并轻松实现信息搜索。

地址格式：用户标识符＋@＋域名。

其中：@是“at”的符号，是“在”的意思。

一、E-mail的产生与发展

（一）E-mail的起源

关于世界上的第一封电子邮件，有下述两种说法。

1. 第一种说法

据《互联网周刊》报道，世界上的第一封电子邮件是由计算机科学家Leonard K. 教授发给他的同事的一条简短消息（时间应该是1969年10月），这条消息只有两个字母：“LO”。Leonard K. 教授因此被称为“电子邮件之父”。

Leonard K. 教授解释，“当年我试图通过一台位于加利福尼亚大学的计算机和另一台位于旧金山附近斯坦福研究中心的计算机取得联系。我们所做的事情就是从一台计算机登录到另一台机。当时登录的办法就是输入L-O-G。于是我方输入L，然后问对方：‘收到L了吗?’对方回答：‘收到了。’然后依次输入O和G。还未收到对方收到G的确认回答，系统就瘫痪了。所以第一条网上信息就是‘LO’，意思是‘你好!’”

2. 第二种说法

1971年，美国国防部资助的ARPANET正在开发当中，一个非常尖锐的问题出现了：参加此项目的科学家们在不同的地方做着不同的工作，但是却不能很好地分享各自的研究成果。原因很简单，因为大家使用的是不同的计算机，每个人的工作对别人来说都是没有用的。他们迫切需要一种能够借助于网络在不同的计算机之间传送数据的方法。为ARPANET工作的麻省理工学院博士雷·汤姆林森（Ray Tomlinson）把一个可以在不同的计算机网络之间进行复制的软件和一个仅用于单机的通信软件进行了功能合并，命名为SNDMSG（即Send Message）。为了测试，他使用这个软件在ARPANET上发送了第一封电子邮件，收件人是另外一台计算机上的自己。尽管这封邮件的内容连Tomlinson本人也记不起来了，但那一刻仍然具备了十足的历史意义：电子邮件诞生了。Tomlinson选择“@”符号作为用户名与地址的间隔，因为这个符号比较生僻，不会出现在任何一个人的名字当中，而且这个符号的读音也有着“在”的含义。ARPANET的科学家们以极大的热情欢迎了这个石破天惊般的创新。他们天才的想法及研究成果，现在可以用最快的——快得难以觉察的速度来与同事共享了。许多人回想起来，都觉得ARPANET所获得的巨大成功当中，电子邮件功不可没（这个说法也是较为广传的）。

（二）E-mail 30年发展历程

1971年：雷·汤姆林森，一位在马萨诸塞州Bolt Beranek公司工作的计算机工程师，开发了一个专门用于计算机之间信息传递的系统。该系统使用@作为标识标明地址。该系统通过连接ARPANET（美国国防部系统，后发展演变为Internet）上的用户而获得了广泛应用。至于他发送的第一条信息及确切日期至今仍无法考证。

1972年：拉里·罗伯茨，同样是在ARPANET工作，起草了第一份电子邮件管理程序，用于罗列、选择、发送及回复信息。

1976年：伊丽莎白女王二世在ARPANET上发送了一条消息，成为第一位发送电子信息的国家领导人。

1988年：史蒂夫·多纳开发出Eudora，该程序为电子邮件的管理提供了图形用户界面，促使了电子邮件的广泛流行。

1989年：Lotus Notes电子邮件软件第一次面市，第一年销售量达35 000件。

1996年：一些公司（包括新兴的Hotmail）开始提供免费的、可随意使用的电子邮件。

1997年：全世界约1亿用户拥有免费的邮箱账户。

1998年：微软以4亿美元的价格收购Hotmail。

2001年：电子邮件诞生30周年。

（三）E-mail的发展现状

IDC的数据显示，2009年个人发送的电子邮件多达11.4万亿封，到2014年这一数字增至12.9万亿封，根据CNNIC的第31次中国互联网发展状况统计报告显示，电子邮件应用在中国网民对各类网络应用的使用率中排名第9位，年增长率持续走低。随着社交网络和社交媒体的日益盛行，许多人已经开始认为电子邮件正在逐步走向灭亡。但事实并非如此。

根据Radicati最新的年度报告，电子邮件可能不会像社交媒体或即时通信应用那样快速增长，但是，电子邮件将继续存在。从全球来看，2017年估计有37亿电子邮件用户，预计到2021年电子邮件用户将超过41亿人。

IBM认为，电子邮件在当下和未来都会是重要的协作工具，主要原因有以下几点。

（1）电子邮件对企业来说至关重要。很多企业都将电子邮件视为最重要的关键应用程序。根据分析机构IDC的数据，截至2015年，全球有约10亿的电子邮件用户，规模仍然非常庞大。

（2）电子邮件已成为用户的社交邮箱。今天的电子邮件已从静态一对一的交流演变成为面向社交环境的邮箱。如今的电子邮件囊括了来自用户社交环境的各类最新资讯，例如，企业社交网站发出的活动通知、所关注博文的最新评论，以及同事发送的文件共享通知等。

（3）人们仍旧十分看重能够提供思考空间的个人通信方式。个人通信能帮助人们参与更广泛的话题，所以灵活的通信时间对社交活动来说是一项不可或缺的要素。人们依然十分看重通信工具能够提供的思考空间和时间。在 Twitter 上，只有 140 个字符的空间来表达自己的想法。但对企业来说，只有经过深思熟虑的见解才有助于带来真正的价值，而电子邮件恰恰能弥合这两者之间的鸿沟。

IDC 企业协作和社交解决方案项目研究总监 Erin Traudt 指出："随着社交网络和社交媒体的兴起，人们会自然联想到电子邮件未来是否会被淘汰。但 IDC 认为，电子邮件不仅是目前最重要的信息传送形式，而且在可预见的未来也将会继续保持这一地位。电子邮件和社交软件互补的解决方案能够为用户在通信过程中提供选择。"

二、E-mail 的功能与特点

E-mail 是指用电子手段传送信件、单据和资料等信息的通信方法。E-mail 综合了电话通信和邮政信件的特点，它传送信息的速度和电话一样快，又能像信件一样使收信者在接收端收到文字记录。E-mail 又称基于计算机的邮件报文系统，它参与了从邮件进入系统到邮件到达目的地为止的全部处理过程。E-mail 不仅可利用电话网络，而且可利用其他任何通信网传送。在利用电话网络时，还可在其非高峰期间传送信息，这对于商业邮件具有特殊价值。由中央计算机和小型计算机控制的面向有限用户的电子系统可以看作是一种计算机会议系统。E-mail 采用储存—转发方式在网络上逐步传递信息，不像电话那样直接、及时，但费用低廉。简单来说，E-mail 的特点如下：①传播速度快；②非常便捷；③成本低廉；④有广泛的交流对象；⑤信息多样化；⑥比较安全。

三、E-mail 的使用

拓展阅读 8-1 优衣库电子邮件营销

E-mail 服务由专门的服务器提供，Cmail、Hotmail、网易邮箱和新浪邮箱等邮箱服务都是建立在 E-mail 服务器基础上的，但是大型邮件服务商的系统一般是自主开发或是对其他平台二次开发实现的。主要的 E-mail 服务器主要有以下两大类，见表 8-1。

其中 Exchange 邮件系统由于和 Windows 操作系统整合，便于管理，是在企业中使用数量最多的邮件系统之一；IBM Lotus Domino 系统的综合功能较强，大型企业使用较多；基于 Postfix 的邮件系统则需要有较强的技术力量才能实现，但是性能非常好，而且安全性很好，同时软件是开源免费的。

表 8－1　主要的 E-mail 服务器

类型		说　明
基于 UNIX/Linux 平台的邮件系统	Sendmail 邮件系统（支持 SMTP）和 dovecot 邮件系统（支持 POP3）	Sendmail 可以说是 E-mail 的鼻祖，迄今为止已有 50 多年的历史
	基于 Postfix/Qmail 的邮件系统	Postfix/Qmail 技术是在 Sendmail 技术上发展起来的。如网易邮箱的 MTA 是基于 Postfix，Yahoo 的邮箱是基于 Qmail 系统
基于 Windows 平台的邮件系统	微软的 Exchange 邮件系统	Microsoft Exchange 是全球领先的最新移动电子邮件和协作平台，占全球 70%左右的市场份额。它通过电子邮件来交换信息，实现员工之间的沟通、交流、协作，员工与领导之间的安排工作任务、汇报工作、与外界联络等
	IBM Lotus Domino 邮件系统	用户可以从 Notes Notes 客户机、Web 浏览器、POP3 客户机、IMAP IMAP 客户机或者多种类型的客户机（例如，用户工作时可能从 Notes 客户机访问邮件，在家时则可能从 POP3 客户机访问邮件）访问 Domino 邮件文件
	Scalix 邮件系统	Scalix 是一个在 Linux 上运行的电子邮件和群件服务器，在 Scalix 公共许可证（SPL）下获得许可
	Zimbra 邮件系统	Zimbra 提供一套开源协同办公套件包括 WebMail、日历、通信录、Web 文档管理和创作
	MDeamon 邮件系统	MDaemon 是一款基于 Windows 平台的邮件系统，安装简便，易于维护和管理

（一）E-mail 服务商的选择

在选择电子邮件服务商之前，要明白使用 E-mail 的目的是什么，根据自己不同的目的有针对性地去选择。

如果是想当作网络硬盘使用，经常存放一些图片资料等，那么就应该选择存储量大的邮箱，如 Gmail，网易 163mail，126mail，Yeahmail，TOMmail 和 21CNmail 等都是不错的选择。

如果自己有计算机，那么最好选择支持 POP/SMTP 协议的邮箱，可以通过 Outlook、Foxmail 等邮件客户端软件将邮件下载到自己的硬盘上，这样就不用担心邮箱的大小不够用，同时还能避免别人窃取密码以后偷看你的信件。当然前提是不在服务器上保留副本。在此建议这么做主要是从安全角度考虑。

如果经常需要收发一些大的附件，Gmail，Hotmail，MSNmail，网易 163mail，126mail 和 Yeahmail 等都能很好地满足要求。

若是想在第一时间知道自己的新邮件，那么推荐使用中国移动通信的移动梦网随心邮，当有邮件到达时会有手机短信通知。中国联通用户可以选择如意邮箱。

如果只是在国内使用，那么 QQ 邮箱也是很好的选择，拥有 QQ 号码的邮箱地址能让你的朋友通过 QQ 和你发送即时消息。另外，随着腾讯收购 Foxmail 使得腾讯在

E-mail领域的技术得到很大的加强，所以使用QQ邮箱应该是很放心的。

另外，还可以根据所在区域选择地方性的邮箱，比如，北京的朋友们就可以选择千龙网邮箱，广州的朋友们可以选择21CN邮箱。

使用收费邮箱的朋友要注意邮箱的性价比是否值得花钱购买，也要看看自己能否长期支付其费用，网易VIP邮箱、188财富邮等都很不错，尤其是提供多种名片设计方案非常人性化，强烈推荐大家使用。

也可以使用自己的宽带服务商提供的邮箱，比如，铁通的用户可以选择68CN企业新时速邮箱等。

还可以根据自己最常用的即时通信软件（IM）来选择邮箱，经常使用QQ就用QQ邮箱，喜欢用网易泡泡的就用网易163邮箱。

（二）常见E-mail

常用的E-mail见表8－2。

表8－2　常用的E-mail

微软睿邮（微软）	Hotmail mail（微软）	MSNmail（微软）	Gmail（谷歌）	35mail（35互联）
Yahoo mail（雅虎）	QQ mail（腾讯）	Foxmail（腾讯）	163邮箱（网易）	126邮箱（网易）
188邮箱（网易）	139邮箱（移动）	189邮箱（电信）	梦网随心邮	新华邮箱
人民邮箱	中国网邮箱	新浪邮箱		

（三）常见的E-mail客户端软件

常见的E-mail客户端软件见表8－3。

表8－3　常见的E-mail客户端软件

The Bat!	Windows Live Mail Desktop	KooMail	梦幻快车 DreamMail	Becky!
Foxmail	IncrediMail	Mozilla Thunderbird	Outlook Express	MailWasher

选择E-mail一般从“信息安全，反垃圾邮件，防杀病毒，邮箱容量，稳定性，收发速度，能否长期使用，邮箱的功能，进行搜索和排序是否方便和精细，邮件内容是否可以方便管理，使用是否方便，多种收发方式等综合考虑。每个人可以根据自己的不同需求，选择最适合自己的邮箱。

第二节　E-mail营销概述

一、E-mail营销的产生

E-mail营销（邮件营销）是利用E-mail与受众客户进行商业交流的一种直销方式，同时也广泛地应用于网络营销领域。最早的E-mail营销来源于垃圾邮件，著名事件是

“律师事件”，因为这次事件使人们对 E-mail 营销有了系统的了解，所以普遍观点认为 E-mail 营销诞生于 1994 年。（1994 年 4 月 12 日，美国亚利桑那州两位从事移民签证咨询服务的律师 Laurence Carter 和 Martha Siegel 夫妻把一封“绿卡抽奖”的广告信发到他们可以发现的每个新闻组上，这在当时引起了轩然大波，他们的“邮件炸弹”让许多服务商的服务器处于瘫痪状态。更有趣的是，他们虽然仅花了 20 美元通过互联网发布广告信息，却吸引来了 250 000 个客户赚了 10 万美元，这就是在网络营销中赫赫有名的“律师事件”。可以说是第一个 E-mail 营销案例），而将 E-mail 营销概念进一步推向成熟的是“许可营销”理论的诞生。

二、E-mail 营销的概念

E-mail 营销（E-mail Direct Marketing，EDM），是在用户事先许可的前提下，通过 E-mail 的方式向目标用户传递价值信息的一种网络营销手段。

E-mail 营销有 3 个基本因素：用户许可、E-mail 传递信息，以及信息对用户有价值。3 个因素缺少一个，都不能称之为有效的 E-mail 营销。E-mail 营销是利用E-mail与受众客户进行商业交流的一种直销方式，同时也广泛地应用于网络营销领域。E-mail 营销是网络营销手法中最早的一种。

E-mail 营销有如下几个特点。

（1）范围广。随着因特网的迅猛发展，网民数量迅速增长。根据中国互联网络信息中心第 40 次调查报告显示，截至 2017 年 7 月，中国网民规模达 7.51 亿，互联网普及率为 54.3%，半数中国人已接入互联网。Facebook 发表报告称，2017 年全球网民数量超过了 34 亿。面对如此巨大的用户群，作为现代广告宣传手段的 E-mail 营销正日益受到人们的重视。只要拥有足够多的 E-mail 地址，就可以在很短的时间内向数千万目标用户发布广告信息，营销范围可以是全中国乃至全球。

（2）操作简单效率高。使用专业邮件群发软件，单机可实现每天数百万封的发信速度。操作不需要懂得高深的计算机知识，不需要烦琐的制作及发送过程，发送上亿封的广告邮件一般几个工作日内便可完成。

（3）成本低廉。E-mail 营销是一种低成本的营销方式，所有的费用支出就是上网费，成本比传统广告形式要低很多。

（4）应用范围广。广告的内容不受限制，适合各行各业。因为广告的载体就是 E-mail，所以具有信息量大、保存期长的特点。具有长期的宣传效果，而且收藏和传阅非常简单方便。

（5）针对性强，反馈率高。E-mail 本身具有定向性，可以针对某一特定的人群发送特定的广告邮件，可以根据需要按行业或地域等进行分类，然后针对目标客户进行广告邮件群发，使宣传一步到位，这样做可使营销目标明确，效果非常好。

（6）精准度高。由于 E-mail 是点对点的传播，所以可以实现非常有针对性、高精准的传播，比如，可以针对某一特点的人群发送特定邮件，也可以根据需要按行业、地域等进行分类，然后针对目标客户进行邮件群发，使宣传一步到位。

三、E-mail营销的类别

拓展阅读8-2 电子邮件营销7个成功案例

在冯英健的《E-mail营销》一书中，关于E-mail营销的定义强调了3个基本因素：基于用户许可、通过E-mail传递信息，以及信息对用户是有价值的。但在E-mail营销实际应用中还存在着大量的不规范现象，不同形式的E-mail营销也有不同的方法和规律，所以首先应该明确有哪些类型的E-mail营销。

（一）按照是否经过用户许可分类

按照发送信息是否事先经过用户许可来划分，可以将E-mail营销分为许可E-mail营销（Permission E-mail Marketing，PEM）和未经许可的E-mail营销（Unsolicited Commercial E-mail，UCE）。未经许可的E-mail营销也就是通常所说的垃圾邮件（Spam），正规的E-mail营销都是基于用户许可的，如无特别说明，本书所讲的E-mail营销均指PEM。

（二）按照E-mail地址的所有权分类

潜在用户的E-mail地址是企业重要的营销资源，根据对用户E-mail地址资源的所有形式，可将E-mail营销分为内部E-mail营销和外部E-mail营销，或者称内部列表和外部列表。内部列表是一个企业/网站利用一定的方式获得用户自愿注册的资料来开展的E-mail营销，而外部列表是指利用专业服务商或者具有与专业服务商一样可以提供专业服务的机构提供的E-mail营销服务，自己并不拥有用户的E-mail地址资料，也无须管理和维护这些用户资料。

（三）按照营销计划分类

根据企业的营销计划，可分为临时性的E-mail营销和长期E-mail营销。前者如不定期的产品促销、市场调查、节假日问候和新产品通知等；长期的E-mail营销通常以企业内部注册会员资料为基础，主要表现为新闻邮件、电子杂志和顾客服务等各种形式的邮件列表，这种列表的作用要比临时性的E-mail营销更持久，其作用更多地表现在顾客关系、顾客服务和企业品牌等方面。

（四）按照E-mail营销的功能分类

根据E-mail营销的功能，可分为顾客关系E-mail营销、顾客服务E-mail营销、在线调查E-mail营销和产品促销E-mail营销等。

（五）按照E-mail营销的应用方式分类

开展E-mail营销需要一定的营销资源，获得和维持这些资源要投入相应的经营资源，在资源积累达到一定的水平后，便拥有了更大的营销价值，不仅可以用于企业本身的营销，也可以通过出售邮件广告空间直接获得利益。按照是否将E-mail营销资源用于为其他企业

提供服务，E-mail营销可分为经营型和非经营型两类。当以经营性质为主时，

E-mail营销实际上已经属于专业服务商的范畴了。

在实际工作中面对的往往不是单一形式、单一功能的E-mail营销，可能既要建立自己的内部列表，又需要采用专业服务商的服务。

第三节　E-mail营销的实施

一、E-mail营销的条件

E-mail营销应具备三大基础条件。

（1）E-mail营销的技术基础：从技术上保证用户加入、退出邮件列表，并实现对用户资料的管理，以及邮件发送和效果跟踪等功能。

（2）用户的E-mail地址资源：在用户自愿加入邮件列表的前提下，获得足够多的用户E-mail地址资源是E-mail营销发挥作用的必要条件。

（3）E-mail营销的内容：营销信息是通过E-mail向用户发送的，邮件的内容对用户有价值才能引起用户的关注，有效的内容设计是E-mail营销发挥作用的基本前提。

二、E-mail营销的一般过程

开展E-mail营销的过程，也就是将有关营销信息通过E-mail的方式传递给用户的过程，为了将信息发送到目标用户电子邮箱，首先应该明确向哪些用户发送这些信息，发送什么信息，以及如何发送信息。为了分析E-mail营销的过程，先来看一个案例（公司名称和部分数据为虚构资料，仅为说明问题）。

这是进行E-mail营销一般要经历的过程，但并非每次活动都要经过这些步骤，并且不同的企业、在不同的阶段，E-mail营销的内容和方法也都有所区别。一般说来，内部列表E-mail营销是一项长期性工作，通常在企业网站的策划建设阶段就已经纳入了计划，内部列表的建立需要相当长时间的资源积累，而外部列表E-mail营销可以灵活地采用，因此这两种E-mail营销的过程有很大差别。

三、内部列表和外部列表

根据许可E-mail营销所应用的用户电子邮件地址资源的所有形式，可以分为内部列表E-mail营销和外部列表E-mail营销，或简称内部列表和外部列表。

内部列表也就是通常所说的邮件列表，是利用网站的注册用户资料开展E-mail营销的方式，常见的形式如新闻邮件、会员通信和电子刊物等。外部列表E-mail营销则是利用专业服务商的用户电子邮件地址来开展E-mail营销，也就是通过电子邮件广告的形式向服务商的用户发送信息。

内部列表和外部列表E-mail营销各有自己的优势，对网络营销比较重视的企业通常都拥有自己的内部列表，但内部列表与外部列表也并不矛盾，内部列表和外部列表在是否拥有用户资源方面有根本的区别，因此开展 E-mail 营销的内容和方法也有很大差别。

在冯英健的《E-mail 营销》一书关于 E-mail 营销的分类中，按照 E-mail 地址资源的所有权分类可分为内部列表和外部列表。由于拥有的营销资源不同，因此，内部列表和外部列表两种形式所需要的基础条件和基本的操作方式也有很大的区别。

内部列表和外部列表各有自己的优势，对网络营销比较重视的企业通常都拥有自己的内部列表，但内部列表与外部列表也并不矛盾，如果必要，两种方式同时进行。内部列表包括企业自己拥有的各类用户的注册资料，如免费服务用户、电子刊物用户和现有客户资料等，是企业开展网络营销的长期资源，也是 E-mail 营销的重要内容。外部列表包括各种可以利用的 E-mail 营销资源，常见的形式是专业服务商，如专业 E-mail营销服务商、免费邮件服务商和专业网站的会员资料等。

拓展阅读 8－3 “星美”大战“猫眼”

内部列表和外部列表由于在是否拥有用户资源方面有根本的区别，因此开展 E-mail 营销的内容和方法也有很大差别。由表 8－4 可以看出，自行经营的内部列表不仅需要自行建立或者选用第三方的邮件列表发行系统，还需要对邮件列表进行维护管理，如用户资料管理、退信管理和用户反馈跟踪等，对营销人员的要求比较高，在初期用户资料比较少的情况下，费用相对较高，随着用户数量的增加，内部列表营销的边际成本在降低。这两种 E-mail 营销方式属于资源的不同应用和转化方式，内部列表以少量、连续的资源投入获得长期、稳定的营销资源，外部列表则是用资金换取临时性的营销资源。内部列表在顾客关系和顾客服务方面的功能比较显著，外部列表由于比较灵活，可以根据需要选择投放不同类型的潜在用户，因而在短期内即可获得明显的效果。

表 8－4 内部列表和外部列表 E-mail 营销的功能和特点比较

	内部列表 E-mail 营销	外部列表 E-mail 营销
主要功能	顾客关系、顾客服务、品牌形象、产品推广、在线调查、资源合作	品牌形象、产品推广、在线调查
投入费用	相对固定，取决于日常经营和维护费用，与邮件发送数量无关，用户数量越多，平均费用越低	没有日常维护费用，营销费用由邮件发送数量、定位程度等决定，发送数量越多费用越高
用户信任程度	用户主动加入，对邮件内容信任程度高	邮件为第三方发送，用户对邮件的信任程度取决于服务商的信用、企业自身的品牌和邮件内容等因素
用户定位程度	高	取决于服务商邮件列表的质量

续表

	内部列表 E-mail 营销	外部列表 E-mail 营销
获得新用户的能力	用户相对固定，对获得新用户效果不显著	可针对新领域的用户进行推广，吸引新用户的能力强
用户资源规模	需要逐步积累，一般内部用户数量比较少，无法在很短时间内向大量用户发送信息	在预算许可的情况下，可同时向大量用户发送邮件，信息传播覆盖面广
邮件列表维护和内容设计	需要专业人员操作，无法获得专业人士的建议	服务商专业人员负责，可对邮件发送、内容设计等提供建议
E-mail 营销效果分析	由于是长期活动，较难准确评价每次邮件发送的效果，需要长期跟踪分析	由服务商提供专业分析报告，可快速了解每次活动的效果

第四节 许可 E-mail 营销概述

E-mail 营销有 3 个基本因素：基于用户许可、通过 E-mail 传递信息，以及信息对用户是有价值的。3 个因素缺少一个，都不能称为有效的 E-mail 营销。

企业在推广其产品或服务时，事先征得顾客的“许可”。因此，真正意义上的 E-mail营销也就是许可 E-mail 营销（简称“许可营销”）。基于用户许可的 E-mail 营销与滥发邮件（Spam）不同，许可营销比传统的推广方式或未经许可的 E-mail 营销具有明显的优势，如可以减少广告对用户的滋扰、增加潜在客户定位的准确度、增强与客户的关系，以及提高品牌忠诚度等。根据许可 E-mail 营销所应用的用户 E-mail 地址资源的所有形式，可以分为内部列表 E-mail 营销和外部列表 E-mail 营销，或简称内部列表和外部列表。许可 E-mail 营销是网络营销方法体系中相对独立的一种，既可以与其他网络营销方法相结合，也可以独立应用。

一、许可 E-mail 营销的内涵

“许可营销”理论由营销专家 Seth Godin 在《许可营销》（*Permission Marketing*）一书中最早进行系统的研究，这一概念一经提出就受到网络营销人员的普遍关注并得到广泛应用。许可 E-mail 营销的有效性也已经被许多企业的实践所证实。

按照 Seth Godin 的观点，许可营销的原理其实很简单，也就是企业在推广其产品或服务时，事先征得顾客的“许可”。得到潜在顾客许可之后，通过 E-mail 的方式向顾客发送产品/服务信息，因此，许可营销也就是许可 E-mail 营销。许可营销的主要方法是通过邮件列表、新闻邮件和电子刊物等形式，在向用户提供有价值信息的同时附带一定数量的商业广告。例如，一些公司在要求你注册为会员或者申请某项网络服务时，会询问你“是否希望收到本公司不定期发送的最新产品信息”，或者给出一个列表让你选择自己希望收到的信息。在传统营销方式中，由于信息沟通不便或者成本过于高昂，

许可营销很难行得通，但是互联网的交互性使得许可营销成为可能。

二、开展许可 E-mail 营销的基本要点

开展 E-mail 营销需要解决 3 个基本问题：向哪些用户发送电子邮件、发送什么内容的电子邮件，以及如何发送这些邮件。

E-mail 营销的三大基础：邮件列表的技术基础，用户 E-mail 地址资源的获取，邮件列表的内容。

基本步骤如下。

（1）要让潜在顾客有兴趣并感觉到可以获得某些价值或服务，从而加深印象和注意力，值得按照营销人员的期望，自愿加入到许可的行列中去（就像第一次约会，为了给对方留下良好印象，可能花大量的时间来修饰自己的形象，否则可能就没有第二次约会了）。

（2）在潜在顾客投入注意力之后，应该利用潜在顾客的注意，比如，可以为潜在顾客提供一套演示资料或者教程，让顾客充分了解公司的产品或服务。

（3）继续提供激励措施，以保证潜在顾客维持在许可名单中。

（4）为顾客提供更多的激励，从而获得更大范围的许可，例如，给予会员更多的优惠，或者邀请会员参与调查，提供更加个性化的服务等。

（5）经过一段时间之后，营销人员可以利用获得的许可改变消费者的行为，也就是让潜在顾客说，“好的，我愿意购买你们的产品”，只有这样，才可以将许可转化为利润。

【案例分析】

【案例 8－1】某礼品公司的 E-mail 营销方案

C 公司是一家礼品公司，主要有水晶、宝石等系列产品，为了在圣诞和新年销售旺季期间进行产品促销，公司营销人员计划将网络营销作为一项主要的营销手段，其中 E-mail 营销是重点策略之一。由于公司在网络营销方面以前并没有多少经验，因此这次活动计划将广州这一个城市作为试点，并且在营销预算方面比较谨慎，并不打算大量投入广告，仅选择部分满足营销定位的用户发送 E-mail 广告。目前暂时没有条件开展网上销售，主要是品牌宣传，并为网下传统渠道的销售提供支持。

C 公司的网络营销现状：公司在两年前已经建立了企业网站，网站功能比较简单，主要是公司介绍、产品介绍、水晶和宝石相关的常识等，网站上有一个会员注册区，有注册用户 1 000 多人，但很少向注册会员发送信息，最后一次发送信息是在半年之前，公司 5 周年庆典时向会员发送了一份在线优惠券。因此，公司内部的营销资源非常有限，还需要借助于专业服务商来发送 E-mail 广告。在服务商的选择上，花费了比较多的时间，因为首先要对服务商的邮件列表定位程度、报价和提供的服务等方面进行分析比较，在多家可提供 E-mail 营销服务的网站中，C 公司最终选择了一家都市生活类的网站，该网站有一份关于广州市白领生活的电子周刊，订户数量为 20 000 人，

这份电子刊物将作为本次E-mail营销的主要信息传递载体。

为了确保此次活动取得理想的效果，计划将从2002年12月5日开始连续4个星期投放E-mail营销信息，发送时间定为每个星期四，前2次以企业形象宣传为主，后2次针对目前最流行的礼品进行推广。接下来C公司市场人员的主要任务是设计E-mail广告的内容，针对内部列表和外部列表分别制作，并且每个星期的内容都有所不同，他们仍然有许多工作需要准备。

E-mail营销活动结束后，当网络营销人员分析每个月的公司网站流量时，吃惊地发现，在进行E-mail营销活动期间，公司网站的每日平均访问量比上个月增加了3倍多，日均独立用户数量超过1 000人，而平时的网站独立用户数量通常不到300人，尤其在发送邮件后的次日和第三日，网站访问量的增加尤为明显，独立用户数量的最高记录达到1 480人/日。从这次活动中，公司的营销人员也发现了两个问题：一是内部列表发送后退回的邮件比例相当大；二是企业网站上的宣传没有同步进行，来网站浏览的用户的平均停留时间只有3分钟，比活动开始前用户的平均停留时间少了2分钟。

资料来源：《E-mail营销》专用案例，作者略有删改。

案例思考：从C公司E-mail营销的案例中可以看到，开展E-mail营销经历了以下主要步骤。

(1) 制订E-mail营销计划，分析目前所拥有的E-mail营销资源，如果公司本身拥有用户的E-mail地址资源，首先应利用内部资源。

(2) 决定是否利用外部列表投放E-mail广告，并且要选择合适的外部列表服务商。

(3) 针对内部和外部邮件列表分别设计邮件内容。

(4) 根据计划向潜在用户发送E-mail信息。

(5) 对E-mail营销活动的效果进行分析总结。

【思考练习】

1. 简述许可E-mail营销的含义。
2. 简述获取内部列表用户资源的基本方法。

第九章

社会化媒体营销

【学习目标】

1. 了解社会化媒体营销的含义。
2. 理解博客营销的特点和基本方法。
3. 理解微博营销的特点和基本方法。
4. 理解微信营销的特点和基本方法。
5. 理解百科平台营销的特点和基本方法。

【案例导入】

酒仙网（公司原名为北京酒仙电子商务有限公司，于2013年9月正式更名为酒仙网电子商务股份有限公司，简称“酒仙网”）是中国最大的酒类电子商务综合服务公司，主要从事国际国内知名品牌、地方畅销品牌及进口优秀品牌等酒类商品的线上零售，为酒企提供电子商务综合服务平台，其经营范围包括白酒、葡萄酒、洋酒、保健酒和啤酒等。

2015年“双11”期间，酒仙网发起了“全民‘约酒’求脱单”的社会化营销活动，利用“‘双11’光棍节”传播热点、明星粉丝效应和社会化营销传播的互动性，引发在网民中的传播裂变，从而使得更多网民在社会化传播中增强对酒仙网的品牌认知。

活动期间，知名人士发布“约酒”微博，掀起“脱单体”热潮。酒仙网也推出了“约酒”“双11”营销，在微信朋友圈送“双11”红包、微博送免费好酒等活动，并邀请了数位“兔女郎”在线下举行“约酒”活动，邀请更多线下消费者参与到活动中。同时，主办方还发起了微信头像快闪活动，通过邀请行业人士在同一时间更换微信头像并迅速撤换的方式，吸引了酒行业的关注。酒仙网后台数据也显示，“双11”当天，酒仙网买家数和访客数均在业内遥遥领先。

资料来源：新华网北京酒业频道，作者略有删改。

第一节 社会化媒体营销概述

2010年，知名电商公司凡客诚品推出了一款由韩寒代言的广告："爱网络，爱自由，爱晚起，爱夜间大排档，爱赛车；也爱59块帆布鞋，我不是什么旗手，不是谁的代言，我是韩寒，我只代表我自己。我和你一样，我是凡客。"一时之间，"爱××爱××我不是××我是××"这段话成了网络流行语，人们争相对这段话进行重新加工，在豆瓣、人人和微博等社会化媒体广泛传播，凡客诚品获得了极大的品牌关注度，成为最为成功的网络营销案例之一。社会化媒体营销方法也成为了网络营销方法中最具活力的一种。

一、社会化媒体营销的概念

社会化媒体营销（Social Media Marketing）是指利用社会化媒体（微博、微信、BBS、新闻、Blog、视频和SNS网站等）的分享和共享功能，在六度分隔理论的基础上实现的一种营销。通过病毒营销传播的手段，让产品被众多的人知道。通过社会化媒体营销，企业和消费者之间的沟通更加实时、双向和直接。社会化媒体营销可以在多个环节上产生影响力。在用户产生购买行为之前，社会化媒体营销可以起到告知作用。企业将自己的企业文化、品牌价值内涵和产品情况等信息通过社会化媒体进行宣传，可以使用户产生感知与共鸣。对于潜在的用户，可以通过在社会化媒体上确认对自己有用的信息，从而对企业及产品产生识别与认同。而在用户产生购买行为之后，部分用户会主动进行分享与传播，在朋友关系中分享企业与产品的信息，产生二次传播效应。

六度分隔理论是一个数学领域的猜想，名为Six Degrees of Separation，中文翻译有以下几种：六度分隔理论或小世界理论等。该理论指出，你和任何一个陌生人之间所间隔的人不会超过6个，也就是说，最多通过6个中间人你就能够认识任何一个陌生人，如图9-1所示。这就是六度分隔理论，也称小世界理论。

任何两个素不相识的人，通过一定的方式，总能够产生必然联系或关系。显然，随着联系方式和联系能力的不同，实现个人期望的机遇也将产生明显的区别。

随着互联网的快速普及，人们在近几年越来越关注社会网络的研究，很多社会性软件也应运而生。社会网络的理论基础正是"六度分隔"。而社会性软件（Social Software）则是建立在真实的社会网络上的增值性软件和服务。在这种软件中，人们建立更加互信和紧密的社会关联，它的核心思想其实是一种聚合产生的效应。人、社会和商业都有无数种排列组合的方式，如果没有信息手段聚合在一起，就很容易损耗掉。WWW成功地将文本和图形聚合在一起，使互联网真正走向应用；即时通信又将人聚合在一起，产生了QQ和微信这样的工具。这种虚拟的技术和商业社会所要求的实名、信用隔着一条鸿沟。通过熟人之间，通过"六度分隔"产生的聚合，将产生一个可信任的网络，这其中的商业潜能的确是无可估量的。

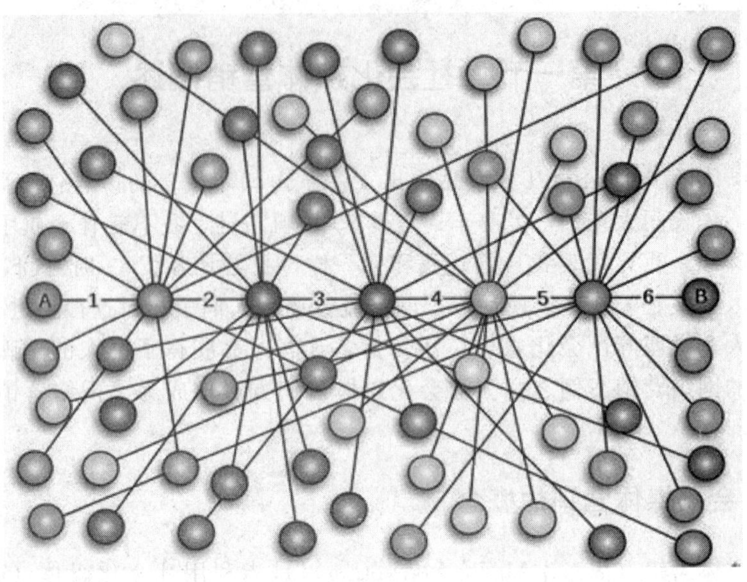

图 9-1　六度分隔理论示意图

图 9-2 所示为中国社会化媒体格局概览图。

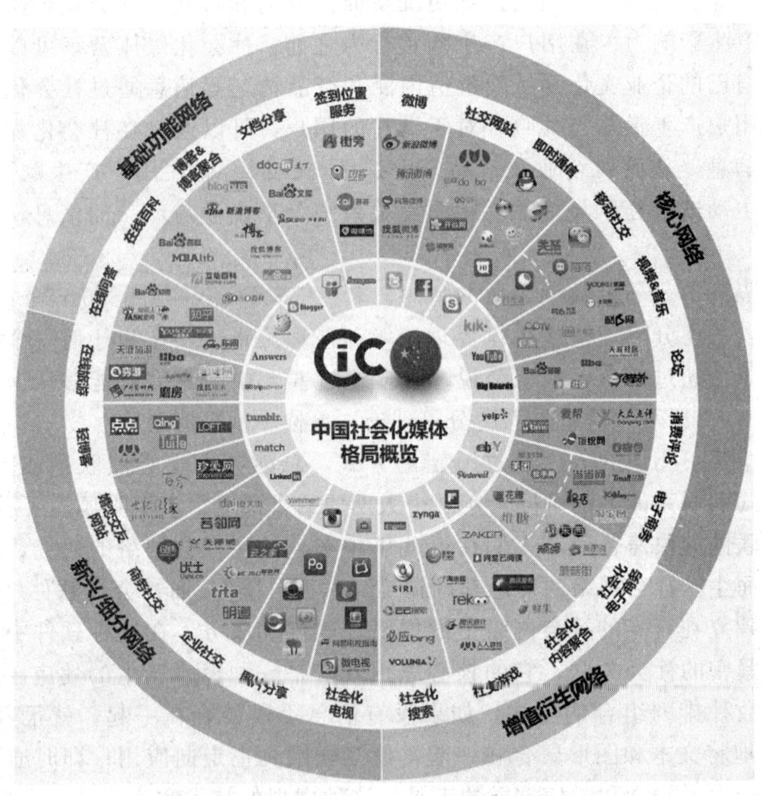

图 9-2　中国社会化媒体格局概览图

二、社会化媒体营销的发展

社会化媒体的崛起是近年来互联网的一个发展趋势。不管是国外的 Facebook 和 Twitter，还是国内的人人网或微博，都极大地改变了人们的社交方式，将人们带人了一个社交网络的时代。社交网络属于网络媒体的一种，而营销人员在社交网络时代迅速来临之际，也不可避免地要面对社交化媒体给营销带来的深刻变革。

社会化媒体经过 10 多年的发展，其发展过程具有明显特征性。在互联网早期，主要以 BBS 论坛的形式为主，特征是内容；2003 到 2005 年，博客发展进入一个高潮期，核心特征是用户写作内容；2006 年之后，随着社交网站及微博的发展，核心特征变成用户分享交流内容；2010 到 2012 年，各类社会化媒体开始跨界整合，类型呈现明显的多元化。随着社交媒体的不断发展，用户与企业主的信息发布和获取成本都大大降低，为社会化媒体营销提供了越来越丰富的可能性。

社会化媒体目前已经成为最为广泛的互联网应用，各种社会化媒体形式也层出不穷。国内外社会化媒体的一些典型代表形式，见表 9-1。

表 9-1 社会化媒体的形式

社会化媒体形式	国外典型代表	国内典型代表
社交网站	Facebook、Myspace	开心网、人人网、QQ 空间、微信朋友圈
商务社交网站	LinkedIN	领英网、若邻网
社会化电子商务网站	Groupon	美团网、拉手网
博客	Blogger	新浪博客、网易博客
微博	Twitter	新浪微博、腾讯微博
视频分享	YouTube	优酷土豆网
音乐/图片分享	Flickr	虾米网
新闻分享	Digg	开路网
阅读分享	FlipBoard	Zaker
签到/位置服务	Foursquare	街旁
即时通信	MSN、Skype	QQ、微信、旺旺、陌陌
RSS 订阅	Google RSS	Baidu RSS
消费点评	Yelp	饭统网、大众点评
百科	WIKI	百度百科、互动百科
问答	Answers	知乎、天涯问答
社会化书签	Delicious	QQ 书签
论坛/论坛聚合	Big Boards	猫扑、百度贴吧、豆瓣
社交游戏	Zynga	开心农场
虚拟社会世界	Second Life	第二人生

随着移动互联网的普及，社会化媒体营销将呈现一些新的发展状态。

1. LBS 的广泛应用

社会化网络中，LBS 是社会化网络生根发芽的最佳途径。例如，类似 Everlater 的旅游分享、类似大众点评网的餐饮点评、类似携程旅游网之类的酒店，以及宾馆的体验评价等。但是必须注意的是，单纯的 LBS 应用在网络上的技术实现是空洞无力的。

2. 电子商务化

拓展阅读 9－1 Tesco 把超市开到了墙上

无论是社会化网络本身，还是依靠社会化网络进行营销活动的企业或者个人，都会促进社会化网络电子商务化的进程。在今天的社交网站中，类似 Facebook、人人网中的侧边栏广告已经是最常见的形式了，而类似于 Facebook 中的商店则是直接变成了 C2C 的电子商务模式。而 Twitter 的广告形式则类似于搜索引擎的付费结果排名，以 Groupon 为主的团购类网站其实与传统的联盟营销又具有共同的本质，都类似于企业或者个人的分销渠道，按单提成。

其实，社会化网络的主体市场无所谓是个人的还是企业为主的，也无所谓具体的电子商务模式及盈利模式，但是毫无疑问的是，社会化网络如果要具有更多的社会性，那么除了娱乐休闲之外，终究不可缺少消费的概念。因此，在商家、商品、消费者、营销、流通和支付等多个环节之间，谁能更好地以一种简单便捷的应用服务将这一套环节进行完美的整合，这个社会化网络就必将是成功的。也唯有电子商务化，才是保证企业长期发展的源动力。

3. 移动化

随着移动设备硬件基础的提升，4G 网络等移动高速上网技术的普及，社会化网络的移动化应用毋庸置疑。社会交往从来都是随时随地的，因此社会化网络必然也要满足这方面的需求。因此，移动网络的诸多特性一一弥补了传统互联网的多种不足，如空间、时间的限制等。也正如所看到的一样，移动网络中社会化网络的应用正如雨后春笋般高速发展。

三、社会化媒体营销的特点

社会化媒体和传统媒体比较起来，更加强调交互的作用，用户在媒体中的地位得到提升，由原来的单纯的信息接收者，变成了信息的接收者、制造者和传播者。

在这里人人都可以拥有自己的“广播台”。表现欲作为人类精神追求中重要的基本需求之一，从理论上为社会化网络繁荣的必然性提供了佐证，也因此正如今天所见，在社会化网络中能发出响亮声音并影响重大的已经不仅仅是传统社会的意见领袖了。更多的平民和普通网民在互联网上发出了自己的声音，并得到了众多网民的认同，很多时候这是一种现实需求和精神追求的双重满足。

在一般的社会化网络应用中，这一点的反应还不太明显，如新浪博客、微博和社交类网站中关注最多、影响最大的依旧是一些明星、政府官员、著名企业和社会名人等，因此意见领袖的优势当然不会消失。但是至少普通网民已经开始能发出声音，并且影响力也相对于传统社会中有了大幅度的提升，尤其在一些互动分享平台上更为明显。比如在百度知道、互动百科、豆丁文档、雅虎知识堂、新浪爱问、优酷网和土豆网中，可以看到千万数量级的文档、词条、图片和视频被分享，同样引起海量用户的关注和追捧，但是这其中的分享及发布者却很少有传统社会中的意见领袖。

和传统的基于企业网站的网络营销方法相比，社会化媒体营销还有着显著不同的特点。

1. 用户是信息传播的主体

在信息传播的过程中无须依赖其他传统的互联网工具即可实现信息发布和传递，信息的发布也更为简单精练，适合普通的大众进行传播。

2. 用户关系网络是信息传播力的决定因素

在SNS系统中，“行为孤岛”是信息传播的主要屏障，而社会关系中结点网络链接最多、链接强度最高的用户有着最强的信息传播能力。

3. 信息传播具有动态性和快速衰减性

社会化媒体进行信息传播的范围和持久性取决于网络中共同关注同一话题的用户。随着时间的推移，信息传播往往会快速递减。

4. 用户信任度高

通过社会化媒体平台用户之间的传播，营销内容的真实性和可信性更高。

5. 信息的多级传播

在社会化媒体中，人们可以很快地形成一个社区，并以某种共同话题为连结基础，进行充分的交流。因此，在社会化媒体上的传播是多级传播，营销内容可以通过社会化媒体平台获得多次扩散，使信息扩散速度大大提高，从而更加高效，获得更大的传播范围。

6. 信息传播门槛低

大部分的社会化媒体都可以免费参与其中，且参与和利用社会化媒体中的内容几乎都没有任何障碍。企业可与用户之间进行直接、透明的沟通和交流，也可以监测到目标受众的属性、偏好及反馈信息。

四、社会化媒体营销的基本方法

（一）口碑营销

拓展阅读9　2　京东麦当牵手“Give Me 5”翼码凭证支撑

企业在调查市场需求的情况下为消费者提供需要的产品和服务，同时制订一定的口碑推广计划，让消费者自动传播公司产品和服务的良好评价，从而让人们通过口碑了解产品、

树立品牌、加强市场认知度，最终达到企业销售产品和提供服务的目的。口碑是指公众对某企业或企业产品相关信息的认识、态度、评价，并在公众群体之间进行相互传播。口碑的内容包括3个层面，首先是体验层，即公众对企业或组织相关信息的认识、态度和评价。其次是传播层，即传播过程中的事例、传说和意见等传播素材。最后是公众对其的认可层面，即好恶。良好的口碑的建立主要基于产品的质量、服务和环境等而带给用户的良好的使用体验。

口碑营销是指企业有意识或无意识地生成、制作和发布口碑题材，并借助一定的渠道和途径进行口碑传播，以满足顾客需求、实现商品交易、赢得顾客满意和忠诚、提高企业和品牌形象为目的，而开展的计划、组织、执行和控制的管理过程。这种由“用户告诉用户”的口碑营销和其他传统营销手段相比，具有成本小、产出大、效率高和风险低等特点。

（二）论坛营销

论坛营销就是“企业利用论坛这种网络交流的平台，通过文字、图片和视频等方式发布企业的产品和服务的信息，从而让目标客户更加深刻地了解企业的产品和服务。最终让企业宣传自己的品牌、加深市场认知度的网络营销活动”。论坛是互联网诞生之初就存在的形式，历经多年洗礼，论坛作为一种网络平台，不仅没有消失，反而越来越焕发出它巨大的活力。论坛营销可以成为支持整个网站推广的主要渠道，尤其是在网站刚开始运营时，是一个很好的推广方法。利用论坛的超高人气，可以有效地为企业提供营销传播服务。而由于论坛话题的开放性，几乎企业所有的营销诉求都可以通过论坛传播得到有效实现。论坛营销是以论坛为媒介，参与论坛讨论，建立自己的知名度和权威度，并顺带着推广一下自己的产品或服务。运用得好的话，论坛营销可以是非常有效果的网络营销手段。

（三）博客营销

博客营销是指通过博客网站或博客论坛接触博客作者和浏览者，利用博客作者个人的知识、兴趣和生活体验等传播商品信息。

博客这种网络日记的内容通常是公开的，自己可以发表自己的网络日记，也可以阅读别人的网络日记，因此博客可以理解为一种个人思想、观点和知识等在互联网上的共享。由此可见，博客具有知识性、自主性和共享性等基本特征，正是博客这种性质决定了博客营销是一种基于包括思想、体验等表现形式的个人知识资源，它通过网络形式传递信息。

博客营销是利用博客这种网络应用形式开展网络营销的工具。公司、企业或者个人利用博客这种网络交互性平台，发布并更新企业、公司或个人的相关概况及信息，并且密切关注并及时回复平台上客户对于企业或个人的相关疑问及咨询，并通过较强的博客平台帮助企业或公司零成本获得搜索引擎的较前排位，以达到宣传目的的营销手段。

（四）SNS营销

SNS的全称为Social Networking Services，即社会化网络服务，专指旨在帮助人们建立社会化网络的互联网应用服务。SNS营销是随着网络社区化而兴起的营销方式。SNS目前已经成为备受广大用户欢迎的一种网络交际模式。SNS营销具有典型的社会化媒体营销的特征，其基本原理都是六度分隔理论。

（五）IM营销

IM营销又称即时通信营销（Instant Messaging），是企业通过即时工具IM帮助企业推广产品和品牌的一种手段，常用的主要有以下两种情况。

（1）网络在线交流。中小企业建立网店或者企业网站时一般会配有即时通信服务，这样潜在的客户如果对产品或者服务感兴趣，会通过即时通信工具主动和在线的商家联系。

（2）广告。中小企业可以通过IM营销通信工具，发布一些产品信息、促销信息，或者可以通过图片发布一些网友喜闻乐见的表情，同时加上企业要宣传的标志。

（六）微博营销

微博营销目前也是一种广泛应用的社会化媒体营销方式。随着消费者分享习惯的养成、微博的火热和国内微博平台的日渐成熟，微博营销这种方式也逐渐具有更多的生机和活力。

（七）问答营销

问答营销属于互动营销新型营销方式，是互动营销介于第三方口碑而创建的网络营销方式之一，营销方式既能与潜在消费者产生互动，又能植入商家广告，是做品牌口碑、互动营销不错的营销方式之一。遵守问答站点（百度、天涯等）的发问或回答规则，然后巧妙地运用软文，让自己的产品口碑和服务口碑植入问答里面，达到第三方口碑效应。

（八）视频营销

视频营销是指企业将各种视频短片以各种形式放到互联网上，达到一定宣传目的的营销手段。网络视频广告的形式类似于电视视频短片，平台却在互联网上。“视频”与“互联网”的结合，让这种创新营销形式具备了两者的优点。它既具有电视短片的种种特征，如感染力强、形式内容多样和创意新颖等，又具有互联网营销的优势，如互动性强、主动传播性强、传播速度快和成本低廉等，使得这种营销方式具有巨大的发展空间。

第二节 博客营销

博客营销是最早成熟和广泛应用的社会化媒体营销方式之一，到目前仍然具有较大的使用价值。

一、博客营销的定义

博客又称网络日志、部落格，是一种通常由个人管理、不定期张贴新的文章的网站。它一般由简短且经常更新的帖子构成，可以发表有关个人构思、日记或者诗歌、散文、小说等。博客最初的名称是Weblog，由web和blog两个单词组成，按字面意思就是网络日记，后来喜欢新名词的人把这个词的发音故意改了一下，读成we blog。由此，Blog这个词被创造出来。

博客可以是纯粹个人的想法和心得，包括对时事新闻和国家大事的个人看法。或者对一日三餐、服饰打扮的精心料理等，也可以是在基于某一主题的情况下或是在某一共同领域内由一群人集体创作的内容。

博客营销是通过博客网站或博客论坛接触博客作者和浏览者，利用博客作者个人的知识、兴趣和生活体验等传播商品信息的营销活动。

博客营销是靠原创的、专业化的内容吸引读者，培养一批忠实的读者，在读者群中建设信任度、权威度、形成个人品牌，进而影响读者的思维和购买决定。

二、博客营销的种类

不同行业、不同规模企业的博客营销，采用模式也不尽相同，事实上博客营销可以有多种不同的模式，从企业博客的应用状况来看，企业博客营销有下列6种常见形式。

（一）企业网站博客频道模式

许多大型网站都开始陆续推出自己的博客频道，这种模式已经成为大型企业博客营销的主流方式。因为大型企业往往拥有丰富的资源，如有资深行业的人员、对产品应用特别熟悉的人员等，通过博客频道的建设，获得更多潜在用户的关注，与客户交流，推广企业品牌，增进顾客认知，听取用户意见等。同时，还可以提高员工对企业品牌和市场活动的参与意识，可以增进员工之间，以及员工与企业领导之间的相互交流，丰富了企业网站的资源，加强了企业的文化建设。

（二）第三方BSP公开平台模式

利用博客服务商（BSP）提供的第三方博客平台发布博客文章，是最简单的博客方式之一，在体验博客营销的初期常被采用。而且现在有一些博客平台提供专门针对企业的博客服务，为不同行业、不同规模的企业提供了博客营销的捷径。这种模式的好处在于操作简单，不需要维护成本，并可共享第三方博客平台已有的用户资源，可借助这些公共网站的高人气来进行网络营销，利用得好，会为企业带来广泛的社会影响力，赢得客户。

（三）建立在第三方企业博客平台的博客营销模式

这种企业博客平台不同于公共博客以个人用户为主，而是专门针对企业博客需求提供专业化的博客托管服务。每个企业可以拥有自己独立的管理权限，可以管理企业员工的博客的权限，使得各个员工的博客之间形成一个相互关联的博客群，有利于互相推广和发挥群体优势。

（四）个人独立博客网站模式

除了以企业网站博客、第三方博客平台等方式发布博客文章外，以个人名义用独立博客网站的方式发布博客文章也很普遍。许多免费个人博客程序也促进了个人博客网站的发展，因此对有能力维护博客网站的员工，个人博客网站也可以成为企业博客营销的组成部分。不过个人独立博客对知识背景及自我管理能力要求较高，不利于企业对博客进行统一管理。

（五）博客营销外包模式

把博客营销作为一种由第三方专业机构提供的服务，实际上属于博客营销的外包模式。将博客营销外包给其他机构来操作，与市场营销中的公关外包类似，也可以认为是网络公关的一种方式。外包模式的优点是企业不需要投入过多人力，不需要维护成本，而且第三方机构有专业营销人员，提供的服务往往比较专业，有经过精心策划的一些营销活动的配合，往往能取得巨大影响力。

（六）博客广告模式

博客广告营销模式实际上属于一种付费的网络广告形式，即在有一定访问量的博客网站上投放广告。在博客上投放广告，应在一些内容与自己产品具有相关性的博客上投放广告，这样广告的针对性非常强。

三、博客营销的实施

（一）博客平台的选择

一般来讲，目前常见的博客平台有两种，一种是第三方博客平台（BSP），还有一种是自建博客平台。其中可供企业选择的第三方博客平台包括：独立运营的博客平台，如 Blogcn、Blogbus 等；基于传统门户网站而建立起来的博客平台，如新浪博客、搜狐博客等；借助关联产品建立起来的博客平台，如百度空间、QQ 空间、MSN、Space 和人人网等。自建博客平台包括自建独立的博客和在原有网站开辟博客版块两种。第三方博客平台如果选择合理的话，可以直接利用其现有的搜索引擎权重优势，以及平台本身的人气，在平台内如果获得认可，可能获得成员的极大关注。独立博客除非品牌本身有足够的号召力，且受到搜索引擎认可，在搜索引擎上有权重优势，否则很难引起消费者的注意而实现预期的传播效果。在原网站开辟博客版块，可以与网站本身形成网络营销及内容上的互拉互补。

（二）制订一个中长期博客营销计划

这一计划的主要内容包括从事博客写作的人员计划、每个人的写作领域选择，以及博客文章的发布周期等。由于博客写作内容有较大的灵活性和随意性，因此博客营销计划实际上并不是一个严格的“企业营销文章发布时刻表”，而是从较长时期来评价博客营销工作的一个参考。

（三）创建合适的博客环境，坚持博客写作

无论一个人还是一个博客团队，要保证发挥博客营销的长期价值，就需要坚持不懈地写作。一个企业的一两个博客偶尔发表几篇企业新闻或者博客文章并不足以达到博客营销的目的，因此如果真正将博客营销纳入企业营销战略体系中，企业创建合适

的博客环境、采用合理的激励机制很有必要。

（四）综合利用博客资源与其他营销资源

博客营销并非是独立的，它只是企业营销活动的一个组成部分，同时博客营销的资源也可以发挥更多的作用。应将博客文章内容与企业网站的内容和其他媒体资源相结合，因此对于博客内容资源的合理利用也是博客营销不可缺少的工作内容。

（五）对博客营销的效果进行评估

与其他行销策略一样，对博客营销的效果也有必要进行跟踪评价，并根据发现的问题不断完善博客营销计划，让博客营销在企业营销策略体系中发挥应有的作用。至于对博客营销效果评价的方法，目前同样没有完整的评价模式，不过可参考网络营销其他方法的评价方式来进行。

第三节 微博营销

和博客营销相比，微博营销由于其灵活、交互性强和多平台等特点，有着更为广泛的应用前景和发展空间。

一、微博营销的定义

微博，即微博客（MicroBlog）的简称，是一个基于用户关系的信息分享、传播及获取平台，用户可以通过 Web，WAP 及各种客户端组建个人社区，以 140 字左右的文字更新信息，并实现即时分享。最早也是最著名的微博是美国的 Twitter。

2009 年 8 月份中国最大的门户网站新浪网推出“新浪微博”内测版，成为门户网站中第一家提供微博服务的网站，微博正式进入中文上网主流人群视野。

微博营销是指通过微博平台为商家、个人创造价值而实施的一种营销方式，也是指商家或个人通过微博平台发现并满足用户的各类需求的商业行为方式。微博营销以微博作为营销平台，每一个听众（粉丝）都是潜在的营销对象，企业通过更新自己的微型博客向网友传播企业信息和产品信息，树立良好的企业形象和产品形象。每天更新内容就可以跟大家交流互动，或者发布大家感兴趣的话题，以达到营销的目的。

该营销方式注重价值的传递、内容的互动、系统的布局和准确的定位，微博的火热发展也使得其营销效果尤为显著。微博营销涉及的范围包括认证、有效粉丝、朋友、话题、名博、开放平台和整体运营等。自 2012 年 12 月后，新浪微博推出企业服务商平台，为企业在微博上进行营销提供了一定帮助。

二、微博营销的特点

微博营销具有以下特点。

（一）立体化

微博营销可以借助先进的多媒体技术手段，通过文字、图片和视频等展现形式对产品进行描述，从而使潜在消费者更形象、更直接地接受信息。

（二）高速度

微博最显著的特征之一就是其传播迅速。一条关注度较高的微博在互联网及与之关联的手机 WAP 平台上发出后，经过短时间内的互动性转发，该条微博就可以抵达微博世界的每一个角落，达到短时间内有众多的点击人数。

（三）便捷性

微博营销优于传统的广告行业，发布信息的主体无须经过繁复的行政审批，从而节约了大量的时间成本。

（四）广泛性

微博通过粉丝关注的形式进行病毒式的传播，影响面非常广泛，同时，名人效应能够使时间的传播量呈几何级放大。

微博营销与博客营销的本质区别，可以从以下三方面进行简单的比较。

1. 信息源的变现形式差异

博客营销以博客文章（信息源）的价值为基础，并以个人观点表述为主要模式，每篇博客文章表现为独立的一个网页，因此对内容的数量和质量有一定的要求，这也是博客营销的瓶颈之一。微博内容则短小精练，重点在于表达了什么有趣的（有价值）的事情，而不是系统的、严谨的企业新闻或产品介绍。

2. 信息传播模式的差异

微博注重时效性，同时，微博的传播渠道除了相互关注的好友（粉丝）直接浏览之外，还可以通过好友的转发向更多的人群传播，因此是一个快速传播简短信息的方式。博客营销除了用户直接进入网站或者 RSS 订阅浏览之外，往往还可以通过搜索引擎获得持续的浏览，博客对时效性要求不高的特点决定了博客可以获得多个渠道用户长期的关注，因此，奖励多渠道的传播对博客营销是非常有价值的，而对于未知群体进行没有目的的“微博营销”通常是没有任何意义的。

3. 用户获取信息及行为的差异

用户可以利用计算机、手机等多种终端方便地获得微博信息，发挥了“碎片时间资源集合”的价值，也正是信息碎片化及时间碎片化，使得用户通常不会立即做出某种购买决策或者其他转化行为，因此作为硬性推广手段只能适得其反。

三、微博营销的方法

（一）传递价值

只有那些能为浏览者创造价值的微博自身才有价值，此时企业微博才可能达到期望的商业目的。企业只有认清了这个因果关系，才可能从企业微博中受益。首先，要塑造一个大家喜欢浏览并持续反复光顾的微博，需要博客经营者持续提供目标浏览者感兴趣、有价值的信息。现在企业微博常给浏览者提供一些限时抢购、优惠券和赠品等作为宣传与吸引浏览者的手段，但是，不可能每天都有奖品赠送，即使每天都有礼品奉送，最终留下的也都是只为了来领取奖品，甚至是专业领奖户们，对企业品牌与销售都没什么实际促进作用，枉费了人力与财力。

企业要改变对价值的认识，并非只有物质奖励才是有价值的，比如，提供给目标顾客感兴趣的相关资讯、常识和窍门。也可以以自己的微博为媒介平台，链接众多目标客户，如俱乐部、同城会等，同时，将线上与线下打通，让微博有更多的功能与实际作用，这样才能构建出一个拥有高忠诚度与活跃度的企业博客。微博对目标群体越有价值，对其的吸引力也就越强。

（二）微博个性化

微博的特点是“关系”和“互动”，因此，虽然是企业微博，但是也切忌办成一个官方发布消息的窗口那种冷冰冰的模式。要给浏览者的感觉像是一个有感情、有思考、有回应、有自己的特点与个性的人。

一个浏览者觉得你的微博和其他微博差不多，或是别的微博可以替代你，都是不成功的。这和品牌与商品的定位一样，从功能层面就要做到差异化，在感性层面也塑造个性。这样的微博具有很高的黏性，可以持续积累粉丝与专注，因为此时的你有了不可替代性与独特的魅力。

（三）连续发布

微博就像一本随时更新的电子杂志，要让大家养成观看习惯，必须定时、定量、定向发布内容。在其登录微博后，能够想着看看你的微博有什么新动态，这无疑是最成功的境界，虽很难达到，但至少要做到经常出现在他们面前，久而久之便可成为他们思想中的一个习惯。

定时、大量地发布企业微博自然是最有利的，大量发布可以在一段时间内占据关注者的微博首页，至少不会被快速淹没。但是一定要保证微博质量，在质量和数量的选择上一定要质量为先。因为，大量低质量的博文会让浏览者失望。一个缺乏有价值信息、多是垃圾内容的企业微博，不仅达不到传播目的，还很可能被不胜其烦的粉丝删除，或压根就不会有人关注你。

（四）强化互动性

微博的魅力在于互动，拥有一群不说话的粉丝是很危险的，因为他们慢慢会变成不看你内容的粉丝，最后更可能是离开。因此，互动性是使微博持续发展的关键。第一个应该注意的问题就是，企业宣传信息不能超过微博信息的10%，最佳比例是30%～50%，更多的信息应该融入粉丝感兴趣的内容之中。

“活动＋奖品＋关注＋评论＋转发”是目前微博互动的主要方式，但实质上，更多的人是在关注奖品，对企业的实际宣传内容并不关心。相较赠送奖品，微博经营者认真回复留言，用心感受粉丝的思想，更能唤起粉丝的情感认同。这就像是朋友之间的交流一样，时间久了会产生一种微妙的情感连接，而非利益连接，这种联系持久而坚固。当然，适时结合一些利益作为回馈，粉丝会更加忠诚。

（五）系统性布局

任何一个营销活动，想要取得持续而巨大的成功，都不能脱离了系统性，单纯当作一个点子来运作，很难持续取得成功。微博营销虽然看起来很简单，但对大多企业来说效果却很有限，微博营销被很多企业当作可有可无的网络营销小玩意儿。其实，微博作为一种全新形态的互动形式，其潜力十分巨大，其发挥出的作用与投入的精力与重视程度直接相关。企业想要微博发挥更大的效果，就要将其纳入企业整体营销规划中，这样微博才有机会发挥更多的作用。

（六）准确定位

在赢取众多粉丝的基础上，企业微博应该更加关注粉丝质量。因为企业最终是要从微博粉丝身上转化出商业价值的，这就需要拥有有价值的粉丝。这涉及微博定位的问题，很多企业抱怨：微博人数都过万了，可转载、留言的人很少，宣传效果不明显。这其中一个很重要的原因就是定位不准确。假设自己为服装行业，那么就围绕一些产品目标顾客关注的相关信息来发布，吸引目标顾客的关注，而非是只考虑吸引眼球，导致吸引来的都不是潜在消费群体。现在很多企业博客都陷入了这个误区当中，完全以吸引大量粉丝为目的，却忽视了粉丝是否是目标消费群体这个重要问题。

（七）提高企业博客专业化水平

企业微博定位专一很重要，但是专业更重要。同市场竞争一样，只有专业才可能超越对手，持续吸引关注目光，专业是一个企业微博重要的竞争力指标。

现在，很多大企业已经意识到微博营销的重要性，设置专人进行企业网站、博客与微博的更新维护，设置专人负责网络营销。

微博不是企业的装饰品，如果不能做到专业，只是流于平庸，倒不如不去建设企业微博，因为作为一个“零距离”接触的交流平台，负面的信息与不良的用户体验很容易迅速传播开，并为企业带来不利的影响。

（八）有效控制

微博具有极高的传播速度和传递规模，这种力量可能是正面的，也可能是负面的。因此，必须有效管控企业微博这柄双刃剑。要有效掌控企业微博，需要注意的问题很多，一篇微博看起来短短的百十字，但实际撰写难度与重要性非常高，需谨慎推敲所要发布的博文，以免不慎留下负面问题；一旦出现负面问题，要及时跟进处理，控制局势，而非放任自流，更可怕的是到问题很严重的时候还全然不知。微博开展活动要善始善终，过程积极，良性引导。因为网络参与的自由度非常高，任由网民发表主观意愿，往往会导致事态向难以掌控的方向发展；对于互动对象的举动与信息反馈，也不可掉以轻心，必须积极而谨慎地对待，否则极可能产生“蝴蝶效应”的后果。总之，微博是一柄双刃剑，企业既然决定拿起这把剑，就要谨慎并用心去经营。

（九）注重方法与技巧

很多人认为，微博就是短信，就是随笔，甚至就是唠嗑。的确如此，但是对于一个企业微博来说，就不能如此，因为我们既不是明星大腕，也不是一般百姓，我们开设微博不是为了消遣娱乐，我们是以创造价值为己任的企业，任何商业行为都必须有相应的回报，担当这样使命的企业微博在经营上自然也更困难与复杂。

想要企业微博经营得有声有色，持续发展，单纯在内容上传递价值还不够，必须讲求一些技巧与方法。比如，微博的话题如何设定、如何表达就很重要。如果博文是提问性的或是带有悬念的，引导粉丝思考与参与，那么浏览和回复的人自然就多，也容易给人留下印象。反之，如果仅仅是类似新闻稿一样的博文，那么就算是粉丝想参与都无从下手。再如，大家对不为人知的事情都很感兴趣，那么适当加入一些隐私性话题也会增加微博的黏性。当然，这里的隐私性话题不是个人私生活隐私，而是产品背后的故事，生产中不为人知的工艺、企业员工或领导者的小故事等，这些都会给粉丝带来新鲜感和获知欲。

微博用户都是以休闲的心态来“玩”微博的，因此，在内容上要尽量轻松幽默，给人以很有趣的感觉，比如语言上尽量诙谐幽默，回复要生动有趣。这样让粉丝本能地愿意去关注你的微博，对增加品牌的亲和力也很重要。总之，抓住人性的特点和交流的技巧，可以让你的微博更受欢迎。微博虽然限制是一百多字，但是枯燥的内容越少越好，10个字能说清楚的问题就不要拖长到11个字。同时，配以图片和视频也是化解枯燥乏味的好办法，人类本能地对视觉图像有兴趣，因此，每篇博文配上对应的图片或视频对提高博客质量很有帮助。

前文提到，企业微博的博文应该是高质量、具有价值的，这样的博文自然产量不会很高。有时可以结合转发微博，不要担心不是原创，浏览者只注重文章的价值。但是，转发的微博一定是要和自身微博整体定位相符的，同时质量要高。这样不仅可以省很多力气，还能提高微博质量。因此，不妨多关注一些对口的专业微博。

企业可以在多个人气旺的微博网站同时开博，如新浪、搜狐、网易和腾讯等，而且一份博文稿可以分别发在各微博上，这样可以大大提高传播效率，摊薄经管成本。

（十）模式创新

基于微博简短式记载、即时式发布、平等式交流和裂变式传播等突出特点，使得微博营销较之传统的网络营销乃至以Facebook为代表的社交网络营销都具有比较独特的优势。

2015年1月31日，韩寒在微博上发布了一张小野的照片，有网友在回复中称韩寒为“岳父大人”，韩寒将该条回复转发到微博上，“国民岳父”的美名自此迅速走红。阿信、冯绍峰等明星也竞相在微博上称韩寒为“岳父”，有人还开辟了“国民岳父韩寒”的微博话题，该话题的讨论量亦超过10万条，阅读量则达到121万次。

影片《后会无期》的3支MV中，《平凡之路》最为成功，它的发布同时宣告了朴树的复出。朴树和韩寒联手复活了千万“80后”关于青春的记忆。这两位青年领袖成为引发热烈讨论的网络事件，该MV转发量最终突破40万条，而这首歌也登上了当天虾米和腾讯网的音乐排行榜榜首。

从“宅男”形象变成一个“有一点绅士，有一点坏，懂生活又很会玩的人，就像夜店里的翩翩公子”，对于杜蕾斯大家都不陌生，每每提及微博营销案例，总能看到“杜杜”的身影，这似乎是微博营销中一块不可逾越的丰碑。杜蕾斯的广告一直都做得很经典，在朦胧中有着调皮的幽默感。杜蕾斯几乎是所有官方微博中最喜欢和粉丝沟通的。而“鞋套哥”事件中，杜蕾斯针对即时事件的迅速反应也让人赞叹。杜蕾斯的活动营销永远抓住两个要点：①与杜蕾斯品牌调性有契合点；②与粉丝进行互动。

在 Twitter 上，戴尔公司的@DellOutlet 这个专门以优惠价出清存货的微博目前已经有了近 150 万名关注者。而通过这一渠道宣传促销而卖出的个人计算机、计算机配件和软件，已经让戴尔进账 650 万美元以上。

星巴克在微博上推出了自带环保杯可以免费获得一杯咖啡的互动活动，组织得非常成功，网友纷纷上传自己领到免费咖啡时的照片，数以百万计的传播为星巴克的品牌形象做了极好的一次宣传。这些企业都在积极探索着微博营销的道路，也都从中取得了不错的收益。另外，微博其他方面的作用也等待着人们的挖掘，比如，作为售前咨询、售后服务的窗口；在企业内部管理中，管理者也可以通过微博了解员工心声，和员工、同事拉近距离等。美国总统奥巴马更是把微博应用在了政治领域，其在竞选总统时用微博为自己拉来了大量的选票。可见，微博不仅是一个传播媒体，更不仅仅是一个娱乐工具，它有着巨大的潜能等待人们去发现。

第四节 微信营销

一、微信平台简介

微信是腾讯公司于 2011 年 1 月 21 日推出的一款通过网络快速发送语音短信、视频、图片和文字，支持多人群聊的手机聊天软件，同时还具有强大的 LBS 定位功能及完善的二维码扫描功能。用户可以通过微信与好友进行形式上更加丰富的类似于短信、彩信等方式的联系。

微信这种迎合移动互联网快速发展趋势而生的即时通信工具，具有零资费、跨平台沟通、显示实时输入状态等功能，其本身完全免费，使用时产生的上网流量费由网络运营商收取。与传统的短信沟通方式相比，更灵活、智能、节省资费。

微信的用户平台使其基础通信和社交功能得以实现，主要服务对象是广大普通用户。通过这一平台，用户可以向微信好友发送文字、语音、图像和视频等消息，在朋友圈发布生活照片和心情，与好友进行交流和互动。

微信公众平台是腾讯公司在微信的基础上新增的功能模块，通过这一平台，个人和企业都可以打造一个微信的公众号，并实现与特定群体的文字、图片、语音的全方位沟通、互动。微信公众平台的主要功能定位包括以下三项。

（1）群发信息。公众账号可以向普通用户发送信息。

（2）自动回复。普通用户可以通过关键词向公众账号获取常规消息或常见问题的解答。

（3）一对一个性化交流。针对用户的特殊问题，公众账号可以为普通用户提供一对一的个性化对话解答服务。

微信的开放平台向第三方应用或网站免费开放接口，使用户可将其他应用或网站的内容向朋友发送或在朋友圈分享，借助微信平台，第三方内容可以获得更广泛并且更有针对性的传播。微信的开放平台有两大功能：一是把用户在其他应用或网站中看到的精彩内容分享给微信好友；二是把这些内容分享到微信朋友圈。用户在第三方程序中看到一篇文章、一首歌曲或一件商品，希望能与好友分享，只需要点击“分享给微信好友”或者“分享到微信朋友圈”就可以实现这个愿望。

二、微信营销概述

（一）微信营销的定义

微信营销是网络经济时代企业或个人营销模式的一种，是伴随着微信的火热而兴起的一种网络营销方式。微信不存在距离的限制，用户注册微信后，可与周围同样注册的“朋友”形成一种联系，订阅自己所需的信息，商家通过提供用户需要的信息，推广自己的产品，从而实现点对点的营销。

微信营销主要体现在以安卓系统、苹果系统的手机或者平板电脑中的移动客户端进行的区域定位营销，商家通过微信公众平台，结合微信会员管理系统展示商家微官网、微会员、微推送、微支付和微活动，已经形成了一种主流的线上线下微信互动营销方式。

（二）微信营销的类型

基于不同用户的需求和特点，微信营销可以策划不同的内容类型。以下是几种常见的类型。

1. 信息播报型

微信基于移动端的特点，有助于用户获取大量的时效性比较强的信息，企业的上新、预售、抢购和拍卖等都可以在此平台上进行。

2. 专业知识型

这种类型的微营销风格比较适用科技型的产品，因为这类产品的专业知识性比较强，而且也不是日常所具备的知识，所以这类内容的可读性是非常高的，既然这种内容存在传播的价值，自然就是微信营销所能利用的地方了。在这些专业知识内容中，商家可以加入与自己科技产品相关的信息，从而与内容达到相呼应的效果。

3. 幽默搞笑型

这种微信营销的内容几乎适合所有的生活类的产品，或者是推荐给朋友、情侣使用的相关产品。当然这种幽默搞笑风格最适合的莫过于一些成人类的产品，例如，像杜蕾斯这些大的品牌，经常面对的都是一些难以启齿的话题，但通过幽默搞笑的风格，它的这种营销类型却能更容易地让消费者接受，从而在微信中实现客户和商品的无缝对接。

4. 促销活动型

比较适合日常用品、快销品和代购商品，因为这些商品存在一定的稀缺性和必要性，所以无须太多的技巧，直接推销，可能效果反而更好。由于这种类型是比较直接的发送，不经修饰的，所以要控制好发送的频率和时间段。

5. 关怀互动型

对老顾客，采取这种方式对提高顾客忠诚度有较佳效果，如发货提醒、生日祝福和互动小游戏等内容，以及优惠券发放等，都是效果不错的方法。

6. 文艺小资型

这种微信营销类型所适用的产品偏向于窄众类、高端价位或者是外贸类。通过文艺清新的手法不仅可以促成上述类型的产品销售，还能塑造品牌形象，提升企业的品牌的美誉度。但是这种类型的难度在于很难找到优秀的软文写手，而且这种类型更加注重的是差异性，也就是不同的商家可能都要以不同的风格才能为自己的店面增加形象值。

（三）微信营销的特点

和其他营销方式相比，微信营销有其独有的优势和特点。

1. 点对点精准营销

微信拥有庞大的用户群，借助移动终端、天然的社交和位置定位等优势，每个信息都是可以推送的，能够让每个个体都有机会接收到这个信息，继而帮助商家实现点对点精准化营销。

2. 形式灵活多样

（1）漂流瓶。用户可以发布语音或者文字，然后投入“大海”中，如果有其他用户“捞”到则可以展开对话，例如，招商银行的“爱心漂流瓶”用户互动活动就是一个典型案例。

（2）位置签名。商家可以利用“用户签名档”这个免费的广告位为自己做宣传，附近的微信用户就能看到商家的信息，例如，饿的神、K5便利店等就采用了微信签名档的营销方式。

（3）二维码。用户可以通过扫描识别二维码身份来添加朋友和关注企业账号；企业则可以设定自己品牌的二维码，用折扣和优惠来吸引用户关注，开拓O2O的营销模式。

（4）开放平台。通过微信开放平台，应用开发者可以接入第三方应用，还可以将应用的LOGO放入微信附件栏，用户可以方便地在会话中调用第三方应用进行内容选择与分享。

（5）公众平台。在微信公众平台上，每个人都可以用一个QQ号码打造自己的微信公众账号，并在微信平台上实现和特定群体的文字、图片、语音的全方位沟通和互动。

3. 强关系的机遇

微信的点对点产品形态注定了其能够通过互动的形式将普通关系发展成强关系，从而产生更大的价值。通过互动的形式与用户建立联系，互动就是聊天，可以解答疑惑，可以讲故事，甚至可以“卖萌”，用一切形式让企业与消费者形成朋友的关系，你不会相信陌生人，但是会信任你的“朋友”。

（四）微信营销影响因素

1. 微信的用户群体

自2011年微信诞生以来，其用户量的增长是显著且迅猛的。腾讯官方数据显示，

2015年年末微信注册群体已经达到5.5亿人。目前微信已开发出简体中文、繁体中文、英语、泰语、印尼语、越南语、葡萄牙语等多种语言。如图9-3所示，微信现有的用户群体主要分为个人用户和机构及组织两大类，其中个人用户中的普通用户是微信营销的目标群体，具有年轻化、男性居多的特征，从职业分布来看，拥有大量碎片时间的大学生是主体。这类用户的共同特点是年轻、学历高、有丰富的互联网使用经历。目前微信公众账号也越来越受到普通用户的关注和推崇，这部分群体具备一定的消费意识及品牌关注意识，希望得到产品的资讯并且喜欢个性化的、有趣的推送形式，拒绝纯图片或者纯文字的推送方式。根据用户行为分析，通过使用微信，企业用户完全可以让消费者进一步了解它们的产品和品牌，建立起一种更为密切的联系。

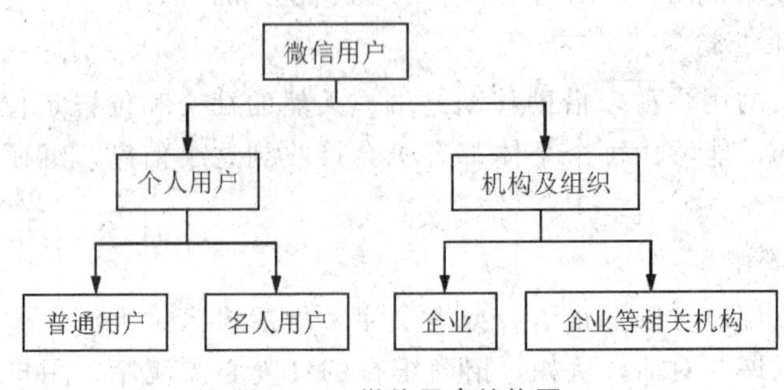

图9-3 微信用户结构图

2. 微信的有效传播

微博的有效传播主要体现在其转发数及评论上，微信的有效传播则主要体现在QQ系列的插件、软件推荐到微信、外部内容分享到微信、官方微信号内容的分享等四方面。

QQ、邮箱、微博、新闻等腾讯类重要产品可以通过安装插件在微信上，每日推送消息给用户，从而达到有效精准传播。此外，将APP或者微信号直接发送给微信好友，也可以进行推荐，如手机QQ音乐的推荐项目中有推荐给微信好友和分享到朋友圈链接，好友点击链接就可以打开相关页面。手机QQ浏览器的使用者则可以将当前网页或生成的二维码一键分享到朋友圈。官网通过微信认证的微信号可以将该微信号推荐给微信好友，也可以将该微信号所发布的内容分享到朋友圈。与微博的传播率相比，利用微信进行传播的到达率几乎是100%，但是与微博企业可以每天刷屏不同，微信只允许公众号每天发送1～3条信息，所以企业必须精选信息，用户对该信息也会更加关注。

三、微信营销的方法

拓展阅读9-3 维也纳酒店：微信1年订房1个亿

（一）漂流瓶

微信官方可以对漂流瓶的参数进行更改，使得合作商家推广的活动在某一时间段内抛出的“漂流瓶”数量大增，普通用户“捞”到的概率也会增加。加上

“漂流瓶”模式本身可以发送不同的文字内容甚至语音小游戏等，如果营销得当，也会产生不错的营销效果。

例如，招商银行推出的“爱心漂流瓶”活动。活动期间，微信用户用“漂流瓶”功能捡到招商银行漂流瓶，回复之后招商银行便会通过“小积分，微慈善”平台为自闭症儿童提供帮助。根据观察，在招行展开活动期间，每捡 10 次漂流瓶便基本上有一次会捡到招行的爱心漂流瓶。不过，介于漂流瓶内容重复，如果可提供更加多样化的灵活信息，用户的参与度会更高。

（二）微信公众平台

微信公众平台是腾讯公司在微信的基础上新增的功能模块，通过这一平台，个人和企业都可以打造一个微信的公众号，并实现和特定群体的文字、图片、语音的全方位沟通与互动。

不同于微博的微信，作为纯粹的沟通工具，商家、媒体和明星与用户之间的对话是私密性的，不需要公之于众，所以亲密度更高，完全可以做一些真正满足需求和个性化的内容推送。

通过一对一的推送，品牌可以与“粉丝”开展个性化的互动活动，提供更加直接的互动体验。例如，凯迪拉克的一次活动中，其微信公众账号上每天会发一组最美的旅行图片给用户，以引起共鸣。其他的内容基本以车型美图为主，如海外车展、谍照等。凯迪拉克也利用它的微信公众账号发布实时内容，如上海暴雨橙色警报时，就发布了一个安全出行提醒；一号店搞的“我画你猜”微信营销活动，每天微信推送一幅图画给用户，用户猜中后在微信上回复就可有可能中奖。

（三）陪聊式对话

利用微信平台基本的会话功能，让品牌用户之间做交互沟通，但由于陪聊式的对话更有针对性，所以品牌无疑需要大量的人力成本投入。飘柔、杜蕾斯等知名企业均使用过这种方法。

（四）二维码

在微信中，用户只需用手机扫描商家的独有二维码，就能获得一张存储于微信中的电子会员卡，可享受商家提供的会员折扣和服务。企业可以设定自己品牌的二维码，用折扣和优惠来吸引用户关注，开拓 O2O 营销模式。

（五）第三方应用

微信开放平台是微信 4.0 版本推出的新功能，应用开发者可通过微信开放接口接入第三方应用，让微信用户方便地通过接口调用第三方应用，在微信中进行内容选择与分享。

（六）位置服务（LBS）

单击“查看附近的人”后，可以根据自己的地理位置查找到周围的微信用户，然后根据地理位置将相应的促销信息推送给附近用户，进行精准投放。在这些附近的微信用户中，除了显示用户姓名等基本信息外，还会显示用户签名档的内容。所以用户可以利用这个免费的广告位为自己的产品打广告。营销人员在人流最旺盛的地方 24 小时运行微信，如果使用“查看附近的人”的功能的使用者足够多，这个广告效果也会随着微信用户数量的上升而上升，这个简单的签名栏也许会变成移动的“黄金广告位”。

（七）摇一摇周边

摇一摇周边（简称摇周边）是微信基于低功耗蓝牙技术的 O2O 入口级应用，作为微信在线下的全新功能，为线下商户提供近距离连接用户的能力，并支持线下商户向周边用户提供个性化营销、互动及信息推荐等服务。

在手机蓝牙打开的状态下，在用户在微信中打开摇一摇后，如果处于 iBeacon 设备的信号范围内，会自动出现“周边”页，此时用户摇一摇就会获得周边的优惠与服务等信息。

2015 年 1 月 28 日，“微信摇一摇周边”开启自助申请入口的测试。测试期间，商户可通过摇周边的商户申请平台进行自助接入；2015 年 4 月 12 日，在微信公开课第三季长沙站现场，微信团队宣布“微信摇一摇周边”正式对外开放，拥有微信认证的公众账号商户，均可通过“摇周边”的商户申请平台或者微信公众平台后台申请入驻。联合微信支付、公众账号和微信卡包，“摇周边”为更多商家提供了便捷连接用户和精准近场服务的能力。

通过基于低功耗蓝牙（蓝牙 4.0）的 iBeacon 协议，商家能够在 iBeacon 设备的信号覆盖范围内为用户提供基于其高精度位置、时间等的个性化服务，从而连接用户与线下空间。“摇周边”与微信的其他线下连接能力一道，加速促成了微信 O2O 闭环的实现。借助“摇周边”，人们的生活将更加方便：只要摇一摇手机，就可以马上获知周边信息，随时发现感兴趣的店，即时和商户互动，以及获取优惠、进行评价等，线下和线上的体验同时进行。同时，接入了“摇一摇周边”的商家也能通过线上、线下两方面信息的结合，对顾客进行更精准的客流分析和用户营销。

（八）微商城

微商城，又称微信商城，是微网（Micronet）基于微信而研发的一款社会化电子商务系统，同时又是一款传统互联网、移动互联网、微信商城、易信商城、APP 商城、支付宝商城和微博商城七网一体化的企业购物系统。消费者只要通过微信商城平台，就可以实现商品查询、选购、体验、互动、订购与支付的线上线下一体化服务模式。

四、微信的商业化模式

微信商业化领域包括增值服务、移动游戏、移动营销和移动电商 4 个部分。而在微信的整个生态系统中，不仅包括普通的用户，还包括企业级用户，因此针对不同 B 端和 C 端的不同客户群体，在各个领域又能够产生不同的盈利方式。本书对微信的各个商业化领域以及 B 端和 C 端服务进行了划分（见图 9－4）。

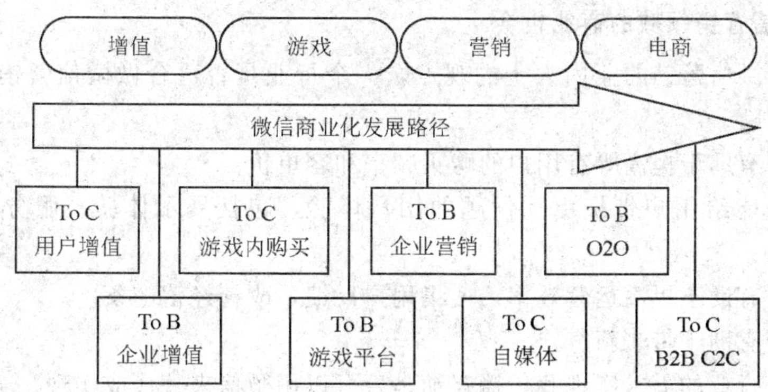

图 9－4　微信商业化布局图

（一）用户增值服务三大板块

针对用户的后向收费是腾讯 QQ 的优势业务，在微信上进行增值服务收费的商业化实践难度较低。目前微信 5.0 版本所提供的收费增值服务内容仅包括收费表情，并且数量较少，未来如果不断增加内容，收入的增长应较为可观。未来可操作的用户增值服务主要包括以下几个方面。

1. 付费表情、主题等

目前微信已经上线了表情商店，并且聊天背景可以更换，未来表情商店可以拓展为主题商店等，提供更多的增值服务产品。

2. 会员增值服务

腾讯在 QQ 上已经积累了多年 QQ 会员的经验，微信同样可以提供会员增值服务。

3. 内容增值服务

与前两者相比，内容增值服务有更大的拓展空间。目前微信的类似产品 Line 及 Kakao Talk 都开始尝试做内容渠道，提供音乐、图书、视频等付费内容。从长期来看，微信平台同样具有作为内容平台的发展潜力，而音乐、图书、视频等内容将成为移动增值领域更大的增长点。

（二）休闲社交游戏

休闲社交游戏是微信游戏平台的首选。微信 5.0 版本上线了游戏中心，目前已拥有多款游戏，既包括网页游戏，也包括几款休闲类客户端游戏，这些游戏都是休闲类的社交游戏。微信之所以选择在游戏中心率先上线这类游戏，主要是基于社交游戏的高黏性和休闲类游戏的低门槛。

社交游戏根据社交关系类型可以划分为带入关系链型和自建关系链型两种。自建关系链型的社交游戏（如“和风物语”“你画我猜”等独立的社交游戏）需要用户在游戏内独立发展社交关系链；带入关系链型的社交游戏（如开心网、人人网、QQ 空间等社交网络）直接将现有的好友关系带入游戏当中，获取社交关系的成本很低。微信的社交游戏属于带入关系链型，且微信用户数量庞大，在移动用户中已经非常普及，用户即使刚刚加入游戏也可以拥有丰富的关系链。

(三) 微信营销领域的商业机会

根据从事微信营销的业内人士的观点，一个行业是否适合做微信营销，应该从以下五方面来判断。

(1) 是否有助于提高既有用户的购买频率和客单价。

(2) 是否能给用户带来更加优越的用户体验，包括展示体验、服务体验和购买体验。

(3) 是否有助于提高运营效率，搜集用户反馈，改善经营链条。

(4) 是否有助于带来新客户。

(5) 这个行业的需求实现和传播互动是否可以用微信来替代或实现。

艾瑞咨询分析认为，微信在营销方面的价值不在于品牌曝光。微信营销不必在用户无需求的时候把消息生硬地推送到用户面前，而是要在用户需要某种服务的时候提供良好的服务，这正是微信服务号的定位。订阅号是用户获取信息的平台，用户并不希望在这一平台上看到无意义的营销信息（见图 9-5）。未来微信营销的价值在于促进效果转化、数据收集以及客户管理及服务。

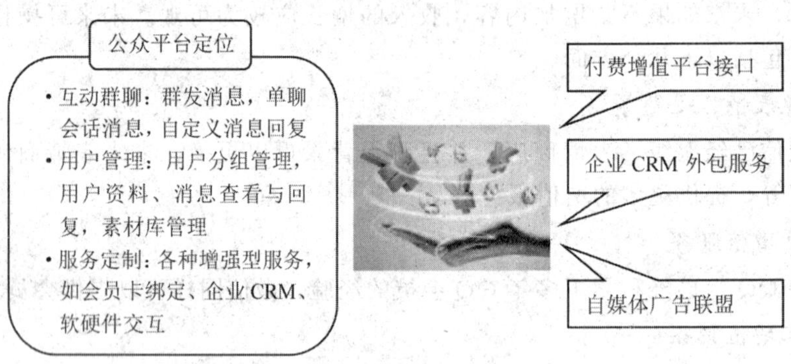

图 9-5 微信公众平台的定位

五、微信营销策略

(一) 4I 模型概述

在营销理论从 4P（Product，Price，Promotion，Place）、4C（Customers' needs，Cost，Communication，Convenience）发展至 4R（Relationship，Reaction，Relevancy，Rewards）的过程中，营销理念的中心已逐步由企业转向目标消费群体，开始关注企业与消费者之间的关系。最早的 4P 理论以满足市场需求为目标，4C 理论开始重视客户的满意度，4R 理论则以建立顾客忠诚为主要目的。但是这些营销方式仍然是粗放型的，不能进一步细分目标客户。3G/4G 的普及加快了移动互联网的发展，移动营销理论的开创者、手机媒体专家朱海松提出了基于移动营销的 4I 模型来探析这种精细化的营销策略。4I 模型的结构如图 9-6 所示。

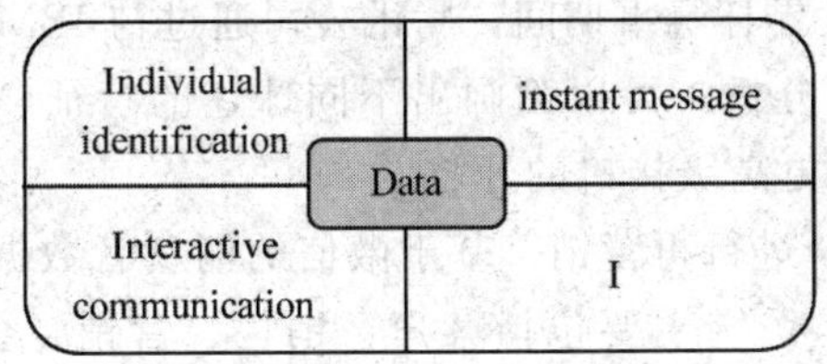

图9-6 4I模型结构

1. 分众识别（Individual Identification）

传统的营销理论只能识别客户是否属于企业的目标消费群体，即使是进一步细分，也只能划分出老客户、新客户和潜在消费群体这几种模糊的大类。分众识别则是将群体细分到个体，强调建立“一对一”的亲密关系。这种分众识别包括不同消费者之间的个性需求识别，以及同一消费者在不同地点、不同时间段的特定需求识别。

2. 即时信息（Instant Message）

手机和互联网的普及使得移动营销可以及时地与消费者进行沟通，反馈所需的信息，加快市场反应速度。这就是移动营销的即时性。在动态变化的市场中，企业除了要控制、不断调整计划，还要站在顾客的角度倾听顾客需求并及时答复。当企业对于客户的消费习惯有所察觉时，还可以主动发布广告，满足这种潜在的消费需求。

3. 互动沟通（Interactive Communication）

数字媒体技术的进步，已经允许用户以极低的成本获得极大的便捷性，让互动在营销平台上通过各种丰富的形式呈现。消费者不再仅仅单纯地接受信息，而是完全参与到营销的互动与创造中来。消费者亲自参与互动与创造的营销过程，会留下更深的品牌印记。

4. “我”（I）的个性化

随着时代的发展，人们对于个性化的需求越来越强烈，那些充满个性化的产品也因此更容易俘获消费者的心。这使得营销也应与时俱进，根据不同品牌的特点，进行有特色的营销。传递的信息不管在内容还是方式上，都要个性化、可识别，才能在众多竞争者中脱颖而出。

（二）基于4I模型的微信营销策略设计

1. 收集客户数据，完善企业CRM

（1）开通微信公众平台，收集客户数据。4I模型的核心是海量的大数据。数据是分众识别的基础，而微信作为中国目前用户量最多的即时通信软件，每时每刻都在产生文本、图片、视频、地理位置等各种数据，而且没有网络水军等干扰信息，数据的数量和质量都非常高。通过对这些数据的处理分析，企业要从不同维度对消费者进行细分是有可能的。

对于很多中小企业来说，开通微信公众平台是一种门槛较低的搜集客户信息的方法。目前微信公众平台开放的九大接口包括获取用户地理位置、基本信息、关注者列表、用户分组等，可以帮助企业得到客户的性别、年龄、联系方式、居住地、好友列表等基本特征。2014年世界杯赛事期间，腾讯公司通过与IBM合作，对微信用户在朋友圈所发的文本进行语义分析，可以刻画出不同球迷的特征。因此，要想获取更多有价值的数据，还有待微信更高级接口的开放。

（2）完善企业CRM，进行再营销。基于微信的消费者数据，企业可以完善原有的CRM系统。微信的CRM系统主要包括客户、销售、营销、会员和服务这五个模块，另外还有一些附属功能，如知识库、统计报表等。传统CRM中的顾客管理是撒网式的，重在通过广告和市场活动宣传企业自身品牌和提高产品知名度。而微信CRM是养鱼式的，强调基于不同客户的交易特点和消费习惯进行有针对性的二次营销，建立一种互动、持续沟通的关系。对于新客户，推送的信息可能以企业品牌介绍、产品促销信息为主；对于老客户，则可以开展会员服务、积分兑换等。

2. 创建即时高效的客服系统，反馈客户需求

（1）动态跟踪和反馈客户需求。很多企业在做微信营销时存在一个问题，那就是对企业自身需求和客户需求的理解有偏差。更确切地说，是对营销精准性的理解不到位。站在企业的角度，其认为精准是指通过客户细分，推送广告的对象有了更明确的群体。但是，这种营销方式是单向的，没有从客户需求出发，容易造成信息干扰。站在客户的角度，这种精准则是指向用户推送他想要的信息。以中国传媒大学的一个公共平台——“中传人生活圈”为例，假如用户回复说“饿了”，这个时候就可以告诉用户学校周边有哪些外卖，又如用户回复平台说“小圈儿，我好无聊”，这个时候后台值班的客服就可以提供陪聊服务。如果能够做到这些，用户在享受良好服务体验的同时，自然会增加对企业公众平台的依赖感。因此，企业要正确理解客户的真正需求，进行动态跟踪和及时反馈。

（2）建立人工与机器相结合的高效客服系统。显然，要做到及时反馈用户需求，对客服的需求必然是极大的，尤其是旅游等服务行业。例如，艺龙旅行网的公众平台在高峰时段会有几千个用户发送客服方面的信息，如此大的客服需求对呼叫中心是个不小的挑战。如果还是传统的客服系统，会产生极高的人力成本。而微信开放的高级客服接口，可以帮助企业建立起一套科学高效的客服系统。根据现实中企业运营的实际情况，微信设计了公众平台客服系统（见图9-7）。

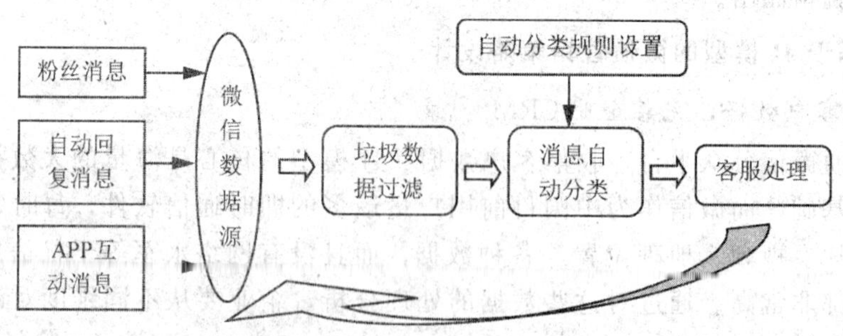

图9-7　微信公众平台客服系统

在客服系统接收到来自微信的粉丝消息、自动回复消息、APP互动消息等用户反馈信息后，先进行垃圾数据过滤，然后按照一定的规则自动分类，最后根据信息类别

分发到不同的客服代表进行处理，并把处理结果反馈给提出问题的用户。

在这个流程中，自动分类规则需要每个企业根据自身的粉丝数量和互动情况来制定。这一点聚美优品的微信客服做得非常好，有人员负责及时回复微信。用户每天在9：30～21：30时间段里发送来的消息，均会在第一时间被审核并得到及时回复。客服规则要求40%机器回复，60%人工回复。微信客服系统具有自动回复功能，可以根据用户发送的不同关键字自动回复不同的内容。但是，谁都不愿意和冷冰冰的机器进行互动，而花费太多的人力成本在微信上进行人工客服又显然不太现实。因此，在制定消息自动分类的规则时，如何协调好高昂的信息回复人工成本和客户较好的服务体验是个非常重要的问题。人工客服与机器客服相结合的方式可以帮助企业在保持一定人工成本的前提下，尽可能地优化客户服务体验。

3. 利用多平台进行线上线下的互动

（1）线上线下的互动闭环。加强企业与用户之间的互动，除了要多策划活动，还要携手线上线下的资源一起进行互动。随着微信支付功能的推出，线上线下真正形成了闭环。线下的二维码和LBS可以为线上活动提供引流，增加企业的粉丝。用户在线上可以得到更多关于商家的信息，使用微信支付后，再回到线下活动享受服务。这种线上与线下的互动闭环对于餐饮、酒店、旅游等服务行业尤其适用。

（2）结合微博等其他媒体进行多平台互动。线上的互动平台除了微信之外，还有微博、人人等社交网络服务（social network service，SNS）网站。SNS网站和微信并不是对立的，各个平台之间可以互相宣传和互动。线下，企业微信营销可以与电视、报纸、杂志等传统媒体相结合，如提供企业二维码便于客户扫描等。企业在开展营销活动时，前期可以利用微博、电视、户外移动广告等方式来进行推广和宣传，获取关注度。在活动过程中，用户可以随时分享感受和活动战果到朋友圈和微博，从而引来更多的人参与活动。

4. 自我定位和功能的个性化

（1）自我定位：以一个人物的角色跟用户对话。企业开通微信公众平台的第一步就是确定清晰的自我定位，包括角色风格和内容风格这两个方面。当今个性化的时代要求企业在微信营销中根据自身定位去设计一个符合品牌特点的人物性格，如奢侈品牌可以采用高冷的风格，母婴类产品可以设计成以流行元素"萌"为主的风格等。这方面，杜蕾斯微信公众平台的风格非常鲜明，其客服名叫"杜杜"，在回复粉丝问题时总是鬼马逗趣，吸引了大批粉丝。

（2）利用第三方服务商进行代运营和功能的深度开发。随着微信营销的蓬勃发展，微信生态圈除了微信官方、企业或自媒体、用户这三种成员以外，还衍生出了第四种重要角色——第三方服务商。由于微信营销发展时间短，目前企业仍然缺乏专业的运营人才，因此，把微信营销外包给第三方服务商是个不错的选择。

第三方服务商主要提供第三方代运营和功能的深度开发这两种服务。微信官方公众平台只能提供基本的模块化服务，缺乏个性，无法满足各行各业的营销需求。而第三方服务商正好弥补了这个不足，它致力于为企业提供更多功能的运营平台，同时也可以根据企业的要求进行功能的深度定制开发。最早涌现出来的第三方服务平台具备微菜单、微官网、微会员、微统计等功能，现在已经开发出了微商城，支持商品交易、订单管理、线上支付、店铺设置、购物车等功能。由此可见，为了使微信平台的功能更加个性化，企业可以借助专业的微信第三方开发团队来获得为企业量身定制的解决方案。

第五节　二维码营销

一、二维码概述

（一）二维码的概念及特点

二维码，又称二维条码，是指用某种特定的几何图案按照一定规律在平面方向分布的黑白相间的图形，用以记录数据符号信息。二维码在代码编制上使用计算机内部逻辑基础的“0”“1”比特流的概念，使用若干个与二进制相对应的几何形体来表示文字数值信息，通过图像输入设备或光电扫描设备自动识读以实现信息自动处理。随着移动互联网的发展，移动手持设备的普及，QR code码（一种矩阵二维码）在日常生活中最为常见。

二维码具有以下8个特点。

（1）高密度编码，信息容量大：可容纳多达1 850个大写字母或2 710个数字或1 108个字节，或500多个汉字，信息容量比普通条码高出几十倍。

（2）编码范围广：该条码把图片、声音、文字、签名、指纹等可以数字化的信息进行编码，用条码表示出来；可以表示多种语言文字；可表示图像数据。

（3）容错能力强，具有纠错功能：这使得二维条码在因穿孔、污损等引起局部损坏时，照样可以被正确地识读，即使损毁面积达50%仍可恢复信息。

（4）译码可靠性高：它的误码率低于千万分之一，比普通条码百万分之二的译码错误率要低得多。

（5）可引入加密措施：保密性、防伪性好。

（6）成本低，易制作，持久耐用。

（7）条码符号形状、尺寸大小比例可变。

（8）可以使用激光或CCD阅读器识读。

（二）二维码的基础应用

1. 主读类应用（手机拍码）

手机主读类应用是指将安装有识读软件的手机作为识读二维码的工具，客户端通过摄像头识读各种媒体上的二维码图像进行本地解析并执行业务逻辑。主读应用主要用于广告宣传、防伪领域，具体应用有拍码上网、商品防伪、食品溯源、拍码购物、信息导航、移动巡检、名片识别、信息发布等。

（1）查询应用。绿色食品生产源为食品分配条码，由质量认证机构分别为每种食品录入详细信息、认证状况等。消费者购买食品时，只需使用手机扫码或发短信，即可随时随地对产品认证状况等信息进行查询，并可及时举报虚假、错误信息。

（2）防伪应用。将二维码印制在票据、证件及高价值的产品上，辅以识读客户端和后台的验码系统，即可形成信息化防伪应用。在此类应用中，客户端在识别二维码后可获得验码系统中事先生成的票据或产品信息。通过将这些信息与实物进行比对，即可核实实物的真伪。

（3）广告媒体。商户将包含网址的二维码印制在杂志、报纸、宣传资料、户外广告上，用户通过自己手机中安装的二维码识读客户端扫描，即可快速访问商户网址，加强了商家和潜在用户的互动，丰富了广告中包含的信息。

（4）电子名片。企业在印制纸质名片的时候，将包含姓名、联系方式、电子邮件、地址等信息的二维码一起印在名片上。收到名片的用户使用手机客户端识读名片上的二维码，即可将二维码中包含的信息存人手机的通讯录。

（5）购物直通车。在面积较大的平面广告上，将热点产品以货架的样式展现出来，辅以必要的文字说明。用户如果发现有自己需要的商品，即可使用手机拍码，直接进入订单页面，简单填写少量信息（如购物件数等）后，即可完成订购，省去了用户上网重新搜索此商品的步骤。

2. 被读类应用（电子凭证）

（1）积分兑换。积分兑换是企业将积分兑换的产品或服务以二维码电子凭证的方式发送到其会员的手机上，会员凭借二维码凭证到指定的地点兑换产品或者享受服务。电子积分兑换可提供更便捷高效的客户回馈体验，可节省物流和仓储成本，同时可为企业提供准确的结算数据。

（2）团购。团购网站在产品或服务的销售环节引入二维码作为购买凭证，消费者在线付款后，向消费者手机发送二维码凭证，消费者可直接凭借该二维码凭证到销售该产品或服务的商家进行消费。

（3）电子 VIP 会员凭证。企业客户向自身会员发放二维码短彩信会员凭证，会员凭借存储在手机上的二维码凭证即可在特定场所享受会员服务。

（4）电子票。消费者通过移动互联网、电话等方式实现移动订票，票务订单生效后，将电子票以二维码短彩信的方式发送至消费者手机，消费者到场后凭手机上的二维码电子票即可验票进场。

（5）电子签到。电子签到是利用手机二维码进行签到验证的会务系统。企业用户只需在系统中添加参会人员的基本信息，然后由平台管理员将二维码发送到参会人员的手机上，参会人员即可使用手机中的二维码进行签到。电子签到方式不仅方便快捷，而且安全可靠，有助于参会人员的数据管理。

（三）二维码的应用分类

二维码与移动终端的结合拓展了二维码的应用范围，使得二维码离消费者越来越近，同时为企业发展提供了一个十分广阔的平台。二维码正逐步成为新的信息沟通工具，为企业和个人带来更多的应用价值。二维码的应用起源于日本，目前在日本和韩国应用较为普及，国内二维码的主要应用在电子凭证、防伪溯源、平面杂志以及数字出版等领域。目前中国移动手机二维码主要应用在以下四个方面。

1. 大众服务类

大众服务类主要是二维码名片业务和身份识别卡。二维码名片是通过二维码手机识读的，条码所载名片信息可存入本机名片夹或发至他人，为移动商旅提供了方便快捷的信息连通。身份识别卡具有很好的实用性和推广性。持卡人的姓名、照片和其他个人信息被编成二维码印在卡上或直接存储在手机上，可用来做重要场所的进出管理及医院就诊管理等，使得数据采集具有实时性、低实施成本以及防伪性。此外，市场宣传、广告业务、电子门票等也是大众服务类的主要业务应用。

例如，南方人才网将二维码印制在多家媒体、宣传资料上，让企业的招聘信息可以随时传播，为广大应聘者提供了一个便捷的消息获取渠道；“中国好声音”节目通过手机二维码，让观众随时随地了解选手和比赛最新情况，也可留言或下载歌曲；星巴克（中国）将手机二维码印制在自己的广告、宣传单中，以此方式向顾客宣传星巴克的企业文化、咖啡文化。

2. 商品信息类

商品信息类包括商品信息查询、商品真伪验证等。消费者通过扫描商品上的条码，并将服务请求和条码所载内容发至条码业务管理平台，平台转发服务请求至商品条码业务管理平台，通过内容服务商的信息回馈，消费者可查阅该商品的相关信息，并可进一步获知该商品的真假。

例如，现在中国食品问题屡屡发生，以二维码为标志的零售终端“倒逼”生产源头的质量追溯体系，已在农业生产链条上引发了连锁反应。山东省平度市郭庄镇的蛋鸡产销专业合作社正在利用二维码技术为鸡蛋编制电子档案，将鸡蛋生产流程的信息通过网络输入专门数据库，并为养殖户设置了一个专门的二维码。这样，任何地方的消费者只要购买了产品，就可通过其二维码追溯生产过程，从而加强了食品的监管。

3. 移动识读类

移动识读类指各种“离线/在线”的移动条码识读，如报表管理、交通管理、行包、货物的运输和邮递/资料管理等。邮政函件或包裹上的二维条码包含有收件人的地址和联络信息，投递员用手机识读该条码，在投递前可以调用定位导航功能快速到达投递地址，在投递后可以及时更新数据库中的邮包状态。二维码是一种简单、经济且实用的信息载体，可以建立信息载体与数据库的一种有机联系，使管理部门能够实时地监察动态客体并把握动态客体运动轨迹，实现管理过程的网络化和自动化。

4. 行业应用类

行业应用类是指结合某一特定行业的特点和二维码的特性设计解决方案。总之，就是结合行业和企业的相关需要，运用二维码进行系统的解决方案。例如，顺丰快递把单据内容编成二维码，打印在发货单据上，在运送各环节中使用二维码阅读器扫描条码，信息便录入到计算机管理系统中，既快速又准确，大大提高了整个运输过程的沟通效率。在沃尔玛，只要扫描超市中的手机二维码就可以获得全部的商品打折信息。在旅游行业，使用中国移动的手机二维码，用户通过手机可以了解丰富的出境及国内旅游线路，并欣赏风景图片。

二、二维码的导流功能

拓展阅读 9-4　喜力将二维码变成贴纸

（一）二维码与 O2O 的关系

O2O 是一个生活服务移动互联网化的过程，其本质是线上数字世界和线下物理世界之间互动的新商业模式。既然是互动，就存在两个“出入”的桥梁：其一是从线下物理世界“进入”线上数字世界，其二是从线上数字世界“出来”回到线下物理世界。

二维码标签，其本质就是从线下物理世界“进入”线上数字世界的一个低成本的手段。O2O 就是在移动互联网时代，生活消费领域通过线上（数字世界）和线下（物理世界）互动的一种新型商业模式。以前消费者是通过 PC 与线上虚拟世界进行互动，现在越来越多地通过智能手机、电视设备、车载设备等不同于 PC 的设备与线上进行互动。随着智能手机的普及和 3G/4G 移动网络的建设，智能手机是除 PC 外与线上虚拟世界交互的最常见设备。根据线上虚拟世界的商务规则及商品属性，通过编码手段将商品信息编成一个二维码图形，放在线下现实世界随手可得的地方，结合一些真实的营销环境和手段，吸引消费者利用手机扫描二维码，快速实现线下现实世界与线上虚拟世界的互动。而二维码凭证，本质上就是从线上数字世界“出来”回到线下物理世界的一种商务信息的凭证。

手机二维码标签作为 O2O 入口在 O2O 渠道营销方面的引流和手机二维码凭证作为 O2O 出口在 O2O 消费体验方面的营销，共同构成了 O2O 业务平台链中非常重要的互动技术手段和数据采集能力。而企业 O2O 业务的发展使企业从数据管理型公司逐渐转型为数据驱动型公司。在未来，借助二维码结合 O2O，实体店将可能变成网购体验店。

顾客通过对喜欢的商品扫二维码可直接下单支付，方便快捷。

（二）二维码的导流模式

1. 从线下媒体将顾客引导到线上的搜索平台

在有些情境下，可以用二维码把顾客从线下引导到线上展开搜索行为。这种情况可能是因为虽然营销信息已经触及顾客，但顾客未必存在即时需求，不会很快形成交易行为。

2. 将线下关注引导到线上交易

在某些情境下，顾客的购买决策链条非常短（尤其是一些快速消费品），当需要让顾客在线下关注、产生兴趣的时候，就可以考虑使用二维码，快速引导顾客转移到线上进行交易。在这些情境下，顾客可以利用碎片时间，例如 Home Plus 和其他各种虚拟商店就是这样做的。

3. 将线上搜索行为引导到线下实现交易

在购买一些线下服务或产品时，顾客可以在线上进行搜索和决策，但必须到线下去完成交易或体验过程。在从线上到线下的过程中，二维码可以充当一个连接点。例如团购餐饮、美容等服务，以及在网上购买电影票、获取优惠券等，既可以在网上完成支付，再到现场去享受服务，也可以到现场体验服务，再完成交易过程。

4. 将各种线下机会引导到线上的社交媒体中分享

在各种线下场合，顾客能够获得最贴近现实的体验，也往往处于最有分享欲望的状态。抓住最佳蛋糕的分享时机，激励和帮助顾客在社交媒体上分享内容，也是二维码的用武之地。

5. 整合媒体应用

由于手机等设备是移动互联网的入口，因此在任何传统媒体上都可以利用二维码将移动媒体资源连接进来，形成“线下＋线上”的整合应用，给用户带来额外的服务和体验。

（三）二维码的导流应用：“码上淘”

“码上淘”：用户借助移动端扫描二维码，直接精准地进入淘宝平台的相应店铺、商品、活动信息页面，引导用户直接从线下走向后端交易体系等基础设施，从而借助大数据的网络优势，进一步提升营销的精准度。其中包括手机 APP 客户端、电视多媒体、PC、户外广告媒体、线下门店等终端的直线对接，最终实现 O2O 战略，帮助店铺实现线下与线上的转化。

1. 分类

拓展阅读 9－5　可口可乐歌词瓶

“码上淘”主要包括包裹码、活动码、媒体码、商品码四种。其中包裹码使用的人数最多，是阿里平台上完成活动报名（包括首招、钻展、团购等）的首要门槛，其运营数据如包裹码的日常扫码率、跳转率等都是无线端活动的重要参考依据之一。

2. “码上淘”在店铺运营中的作用

“码上淘”使二维码成为客户进入店铺访问的快捷入口，通过直观、快捷的用户体验，有效地降低了跳失率，从而实现全店转化率的提升，优化整合营销效果，不仅对线上店铺有很大作用，对于线下的品牌宣传，口碑营销也能产生很大的影响。

3. “码上淘”的应用技巧

（1）二维码引流目标的设置。同定一个店铺二维码，优先考虑粉丝（会员）的使用熟悉度，使其形成使用惯例，实现无线端新领域的增粉（会员），是二维码引流的核心任务。

设计活动导向的二维码，并添加至对应的海报页面上，使用户直接到达活动页面，直观接受活动信息，增加参与度。

售后服务卡及品牌包裹的二维码，引流目标首选无线店铺二维码，强调一扫进店的理念。

（2）二维码应用实例。

1）手上移动超市的快速入口。二维码大大加快了商品信息的流通，也提高了客户的购物效率。客户可以根据自己的购物取向找到价格最优惠、物流最快捷或者服务最完善的店铺下单购买。"码上淘"可以轻松实现重购，并为客户展现商品在线上的真实评价，通过这些整合的数据信息及关于购买习惯的大数据分析，呈现更多的商品信息，实现关联营销。

2）包裹码成为用户的个性服务点。"码上淘"包裹码可以完美展现卖家的服务信息，客户通过扫码即可享受卖家提供的营销和售后多项服务，不仅可以查看商品的售后服务说明和增值服务，而且可以更快速呼起旺信或者电话找到店铺进行咨询，省去了烦琐的纸质说明，在降低成本的同时也能够做到更加方便快捷。包裹码还可以使商家通过扫码送券、收货有礼、好评好礼等，增加粉丝与店铺之间的黏度，提升客户重复购买的可能性。

3）让互动更具活力。为提供更优质的用户互动体验，卖家通过印在商品上的二维码，让客户可以用手机淘宝扫描进入品牌策划的活动，进而实现互动。如饮料的传统促销做法"再来一瓶"，洗衣粉的促销做法"买了即可参与抽奖"等，不再受限于时间和地域的制约。通过新的移动互联网体验可以更好地连接客户和品牌，让品牌的每一个商品都可以从静态变成动态，真正有效地与客户进行互动。同时因为扫码数据是可跟踪的，客户的所有动作都有迹可循，所以二维码就像是卖家和客户之间的一座坚实的桥梁。通过扫码的大数据分析，企业可以直观地掌握客户的习惯和兴趣喜好，从而优化营销模式和服务体验。通过每一次活动，CRM 系统都能够很好地收集到客户的信息，为下一次营销做好准备。

4）所有的媒体都是卖家的导购员。通过二维码，实现 O2O 线上和线下的完美互联，所有的传统媒体都借助多年积累的庞大线下浏览量（PV）成为线上网店的新式引流导购员。客户只需要通过手机淘宝扫描媒体码，就能直接进入卖家的旗舰店铺或商品页面，了解商品详情，方便客户进行购买。通过投放传统媒体的二维码实现商业引流，传统媒体的价值也被重新定义。目前常见的传统媒体扫码方式包括品牌广告扫码、电视购物扫码、栏目导购扫码、门店广告海报扫码、屏幕广告扫码、杂志广告扫码、报纸广告扫码、公交车移动广告扫码、地铁广告扫码等。

（3）提升扫码率的策略。

1）增加码的展现量。要增加扫码量，首先必须通过包裹码把店铺引流二维码大量铺排出去，面向更多的客户。其次，从店铺的页面展示入手，包括轮播主图、推广图、详情页、首页、专题页等都是展示推广二维码的最佳位置，可有效提升曝光率。再次，可以尝试在包裹的内外包装、感谢信、优惠卡上都贴上包裹码，也可以让客服在与客户交流中主动地推送包裹码。除此以外，还可以通过线下推广渠道的店铺实现码上淘的传播，如品牌 VI、线下门店、品牌宣传册等。当包裹码在各种渠道得到尽可能的展示以后，接下来卖家必须考虑怎样把扫码进店的客户留住，通过互动等方式，提升客户忠诚度，增加回头客。

2）提升扫码的转化率。在增加扫码的展现量以后，卖家仍需不断提升扫码的转化率，可以通过扫码送红包、扫码返现的方式直接吸引客户扫码，实现引流。根据整合营销的互动原则，扫码后的客户活动必须是容易互动的，切勿让流程复杂化。线上活动须与店铺活动有所区别，否则容易让客户产生疲劳感。其次，包裹码上应配有明显的策划文案，提高用户兴趣及关注度。因为若不是特别喜欢的店铺或者很具吸引力的活动，客户未必会主动完成扫码进店的动作。包裹码引导入店后，页面也需要针对新老客户不同的消费习惯进行区别设置，使其有宾至如归、VIP 专人服务的感觉。

三、二维码的营销方式

拓展阅读 9－6　动物状二维码售卖先锋艺术

（一）二维码的产业链

二维码在产业链上涉及商业信息化、移动营销和移动商务三个方面。

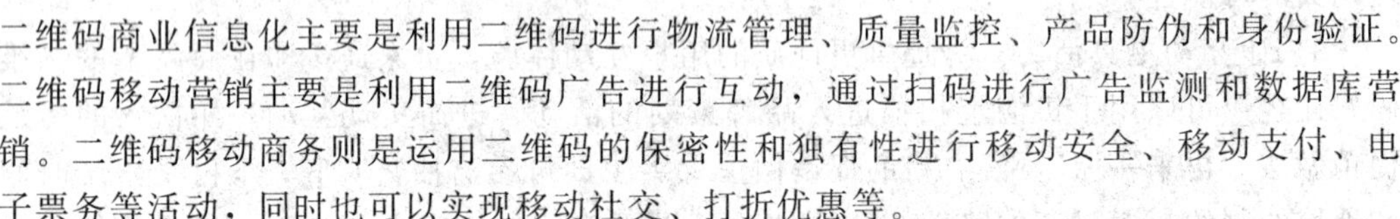

二维码商业信息化主要是利用二维码进行物流管理、质量监控、产品防伪和身份验证。二维码移动营销主要是利用二维码广告进行互动，通过扫码进行广告监测和数据库营销。二维码移动商务则是运用二维码的保密性和独有性进行移动安全、移动支付、电子票务等活动，同时也可以实现移动社交、打折优惠等。

手机二维码产业的价值链包括软件开发商、识读设备供应商、解决方案提供商、运营商、SP 服务商、广告客户、内容提供商、场地服务提供商、手机用户等 9 个环节。其各自的主要定位见表 9－2。

表 9－2　手机二维码产业链的角色

价值链成员	主要工作	收益/支出
软件开发商	二维码相关软件的开发和维护	软件销售收入
识读设备供应商	提供识读设备；向企业提供设备支持和搭建	设备销售收入；设备支持和搭建收入
解决方案提供商	技术提供和服务运营；为企业提供技术平台和业务支持；业务开发和销售渠道搭建	广告收入
运营商	二维码业务监管和政策制定；提供通信通道	通信流量收入；广告收入分成
SP 服务提供商	二维码业务购买；把二维码作为业务通道	广告收入分成；增值业务的收入分成
广告客户	二维码业务购买；利用二维码宣传产品	支付服务费
内容提供商	二维码业务的使用和销售代理；利用二维码开发媒体行业新的业务盈利点	广告收入分成；增值业务的收入分成
场地服务提供商	二维码识别手机的生产和销售；参与手机定制	手机定制和销售收入
手机用户	二维码终端的使用；通过二维码扫码，获得广告、促销、娱乐等信息	通信流量支出

在二维码商业时代，解决方案提供商给企业提供的移动商务营销方案通常包括二维码营销软件、终端识别硬件和彩信服务，包括会员登记、手机折扣券和会员卡精准发放、预约受理等，协助企业引导潜在消费者，对消费者进行行为动机分析，从而让企业能制定并执行有效营销策略，开展宣传推广的活动（见图 9－8）。

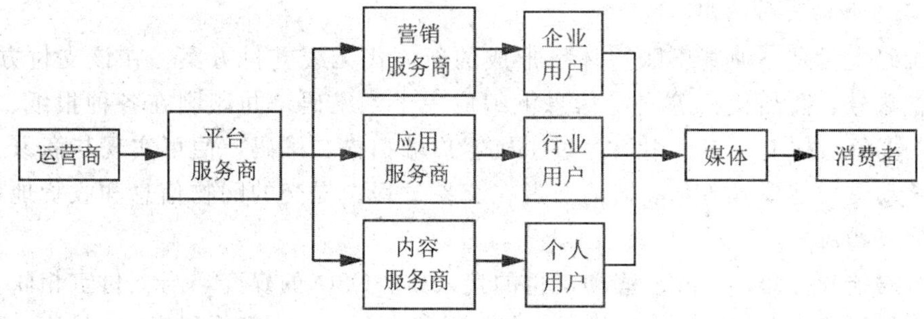

图 9-8 手机二维码产业链流程

（二）二维码的营销价值

1. 二维码的宣传应用

目前，二维码在海报、产品上的应用越来越多，但若想吸引消费者，必须独具特色并能有效地与消费者互动，激发消费者的购买欲望。如何应用二维码吸引顾客的关注？

这是许多商家必须考虑的问题。在将二维码应用于宣传时应注意以下几个问题。

（1）巧妙选择二维码的位置。对于电影来说，预告片是真正吸引消费者走进电影院的主要因素之一，但是如何让消费者前去观看是一个很大的营销难点。电影《钢铁侠》海报就充分利用了二维码的作用，在海报中钢铁侠的胸前标识位置巧妙地放置了二维码，消费者通过手机扫描二维码即可观看其预告片，还可进入该网站了解影片的各种信息。只需一个巧妙的放置位置即可吸引注意，从而让消费者层层关注，不断引起对这部影片的好奇心，引起持续的关注，最终进行消费，时尚又快捷。

（2）扩展二维码的承载内容。对知识的需求有增无减，但是如何选购自己想要的书却是个难题（同类的书太多）。如语言，要学习一门语言，辅导书是必不可少的，但是琳琅满目的书目根本就看不过来。倘若在语言教材上印上二维码让消费者进行扫描后试听，并可以线上阅览这本书的目录，让消费者确认是否符合所需专栏“动感地带”再进行购买，不仅减少了不必要的开支，也让消费者可以很容易地找到自己所要的书籍。

（3）加强二维码的互动性。建立一个互动的桥梁，让消费者体验前所未有的感受。在东南卫视的《百变 13 猜》节目中就成功地利用了二维码与观众进行互动，这档节目的竞猜题目和题型多种多样，包罗万象，每个答案都在情理之中却也可能在意料之外，让观众大呼过瘾。不仅现场的观众可以参与，电视机前的观众也可以通过手机扫描节目下方的二维码参与到互动节目中，成绩排在前 100 名的观众还有奖品赠送。该节目首期的点击访问量就破万，正是因为互动二维码成功地抓住了观众的心理——好玩、刺激、新鲜。

在媒体化的时代，应巧妙地利用和改良二维码的发展空间，不断完善技术制作新颖的二维码营销互动，吸引消费者参与互动环节，让消费者可以在扫二维码的过程中得到乐趣。

2. 二维码的支付应用

二维码支付是一种基于账户体系形成的新一代无线支付方案。在该支付方案下，商家可把账号、商品价格等交易信息汇编成一个二维码，并印刷在各种报纸、杂志、广告、图书等载体上发布。用户通过手机客户端扫描二维码，便可实现与商家支付宝账户的移动支付结算。商家根据消费者在交易过程中提交的购物信息和收货地址、联系方式完成物流配送。

二维码摇身一变，又成了移动支付的接入口、O2O的媒介，与支付宝相联合，形成线上支付形式。支付宝力推二维码支付，已经布局8 000家便利店：1号店、喜士多等。它的应用范围也越来越广：信用卡还款、交停车费、星巴克喝咖啡已不再需要支付现金，只要手机在手，一刷该消费项目的二维码，即可实现网上付款。

拓展阅读9-7　“无限1号店”全国推广二维码遍地开花

二维码移动支付的主要优点之一就是能够实现随时随地进行交易转账，体现出方便、快捷的特点。移动购买，在任何时间、任何地点，只要你想买就可以买到所需的东西，利用二维码软件与O2O结合进行支付，带来快速、便捷的体验。二维码俨然已经成为用户口袋中的“电子钱包”。

3. 二维码的购物应用

O2O与支付宝的联合，拓展了二维码的购物市场，形成了商场O2O购物模式。而为了让用户能够更便利地获取更多的信息，商场也开始运用其应用，在产品上使用二维码，当用户想购买某种产品时可以直接扫其二维码并跳转至相关链接进行付款，所购买的产品将通过快递送货上门。为了让消费者可以更加便利地“逛商场”，商家逐渐将商场搬进了地铁，将商场的产品信息按照原样大小复制图案粘贴在地铁月台柱上，开设了24小时商铺。1号店就是中国第一个采用“地铁二维码营销”手段的。它率先采用了O2O的购物模式，将商场搬到地铁月台柱上、公交车站广告牌上，让消费者进行线上购物。

更重要的是，二维码具有唯一性，如同每个人的指纹一样，一个扫码图形对应的只有一个产品，这给那些假冒和伪劣产品竖起了一道无法跨越的屏障，使其无法混入卖场中。以前超市都是通过人工筛查来阻止过期食品上架，现在二维码里包含着商品的生产日期和保质期等信息，超市员工可以通过电脑去筛查，效率高、速度快，也节约了人力成本，确保了商品的安全性。

（三）二维码的营销要点

拓展阅读9-8　海滨城市失败的卖房二维码

1. 洞察顾客心理，激发其使用二维码的动力

从根本上说，要驱动顾客使用二维码，营销活动所提供的价值必须满足顾客的需要，才能给顾客以足够的

动力。典型的驱动力如下：

(1) 利益吸引。通过折扣、优惠、特别待遇、奖励、赠送等经济利益来吸引顾客参与营销活动和使用二维码，是屡试不爽的招数。

(2) 享受便利。时间就是金钱。在某些情况下，使用二维码可以明显提升效率和减少麻烦，使顾客获得更为便利的服务体验，从而感受到价值。例如星巴克的快捷支付、Home Plus 的虚拟商店。

(3) 好奇心。好奇是人类的天性，当面前有未知的问题时，有些人就有了寻求答案的动力。Zoo Records 在社区墙体上绘制二维码构成的动物图形，Axe 在洗手间里张贴偷窥视频的二维码，以及维多利亚的秘密用二维码遮挡美女身体的一些部位，都是利用了好奇心。

(4) 情感共鸣。每个人都有一些生命体验中易于触发的共鸣点，找到这些点，就能够快速且深入地打动顾客，例如人皆有之的公益心和同情心。只需要以适当的形式，给顾客以目标和理由，顾客就愿意行动。

2. 精心设定二维码出现的场合

现实环境中，二维码在什么地方出现，与什么内容一同出现，都可能对其使用效果产生很大的影响。通常情况下，二维码的展示和识读场合最好具有以下特征。

拓展阅读 9-9　沃尔玛：二维码虚拟超市

(1) 便于使用手机（或其他识读设备）进行拍照扫描。二维码的大小以及展示位置的高度、距离、照明情况等条件都必须适合顾客使用手机扫码，如果是在室外，可能还需要考虑天气等因素的影响。很多高速公路边的路牌、楼顶的灯箱就不适合放置二维码。

(2) 环境的和谐氛围有助于顾客的扫码行为。如果顾客的扫码行为会影响到其他人的活动，或者与环境不和谐，那么二维码的使用情况肯定不佳。比较适合的是利用顾客感到无聊的等待时间，以及个人行为比较自由的场合，例如等车、等电梯、候诊时，旁边的灯箱、海报就是不错的选择；那些行人匆匆而过的通道，以及手机网络覆盖不到的地方，都不是理想的选择。

3. 在使用二维码之前，帮助顾客建立合理的预期

除非要特别激发顾客的好奇心，否则在多数情况下，营销活动应当预先对顾客使用二维码进行一些适当的提示，以便帮助顾客顺利完成互动，建立合理的预期。

一般情况下，在顾客扫描二维码之前，二维码附近最好有简短的说明文字进行提示，包括扫码的行动建议、扫码的注意事项、相关的流程提示、可以获得的好处等。

(四) 二维码的营销应用

1. 营销宣传阶段

无论是电商企业还是实体企业，最重要的就是要有不断增长的客户源，随时随地吸引潜在客户才是王道。二维码因其存储信息量大、成本低、占用资源少、形式多变

等特点，成为O2O商户信赖的营销宣传手段。

2. 消费服务阶段

二维码在O2O前期的营销阶段更多地是挖掘潜在用户、吸引客户、增加客户与商家的互动和黏性。消费服务阶段亦称二维码的出口被读阶段，在此阶段，二维码更多的是扮演凭证、优惠券的角色。

拓展阅读9-10 纽约中央公园：二维码导游

3. 回执统计阶段

二维码对于商家真正的价值还是在于对碎片化信息的整理、解读和分析，是一个不亚于阿里数据平台的有价值的平台接口。碎片化信息的整理，是指商家根据这个产品的各种信息进行整理。比如对这个产品的（使用）时间、地点、单价、重量、型号等多个方面进行编码。这样就把一个商品或者服务立体化、数字化了，然后可以通过互联网、纸媒（印刷品）、彩信等渠道进行传播。实现O2O并不是最终目的，O2O背后的数据才是重中之重。

第六节 百科平台推广

一、百科平台简介

百科（Encyclopedia）是指天文、地理、自然、人文、宗教、信仰、科技、机械、医学和历史等全部学科的科学知识的总称。百科全书可以是综合性的，包含所有领域的相关内容，也可以是专科的百科全书，也有一些从某种特定文化或国家观点来讨论的广泛议题。

这里讨论的百科主要指网络百科。目前，最大的百科平台是维基百科和百度百科，此外，还存在其他如互动百科、搜搜百科、和讯百科、中华维客和MBA智库百科等一系列的中文网络百科平台。

（一）百度百科

百度百科是百度公司推出的一部内容开放、自由的网络百科全书，其测试版于2006年4月20日上线，正式版在2008年4月21日发布。百度百科旨在创造一个涵盖各知识领域的中文信息收集平台。百度百科强调用户的参与和奉献精神，充分调动互联网用户的力量，汇聚上亿用户的头脑智慧，积极进行交流和分享。同时，百度百科实现了与百度搜索、百度知道的结合，从不同的层次上满足用户对信息的需求。

百度百科是全球最大的中文网络百科全书，是全球华人地区影响最广的互联网知识平台，拥有最全面的知识系统，最受华人地区网友的欢迎。通过对亿万网友集体智慧的挖掘和积极的开放合作心态，百度百科已成为国人获取权威知识的第一通道。百度百科已成为媒体舆论、网民公众乃至整个社会最重视、最依赖的信息获取渠道之一。作为全球最大的中文百科，百度百科在历次引发公众危机的焦点事件中展现出了及时、全面、权威和深度的优势，成为时代精神的最佳注解。这种信息呈现的优势让百度百科不仅是知识平台，更是舆论利器。此外，百度百科官方也持续推动了打造平台权威性的战略，相继与多家权威部门机构合作，共同对全社会第一时间发布权威信息，且效果显著。

（二）维基百科

维基百科（Wikipedia）是一个“自由”“免费”“内容开放”的网络百科全书。维基，意味着任何人都可以编辑维基百科中的任何文章及条目。维基百科是一个基于维基技术的多语言百科全书协作计划，也是一部用不同语言写成的网络百科全书。该非营利性网站曾接受美国国会财政资助。

在维基页面上，每个人都可浏览、创建和更改文本，系统可以对不同版本内容进行有效控制管理，所有的修改记录都被保存下来，不但可事后查验，也能追踪、恢复至本来面目。

这也就意味着每个人都可以很方便地对同一主题进行写作、修改、扩展或者探讨。

（三）搜狗百科

搜狗百科是一部为广大用户提供的自由、开放、共享的百科全书，旨在创造一个涵盖所有知识领域，服务于全部互联网用户的高质量内容平台。通过与搜索引擎及其他内容型平台的结合，满足互联网用户的不同层次的信息需求。其词条内容涵盖了人物、影视、旅游和科技等知识领域。百科词条由词条名、义项说明（多义词）、名片、目录、知立方结构化数据、文本信息扩充和图片等组成。

搜狗百科是一个巨大的互联网知识库，汇聚了上亿网民的智慧结晶，搜狗知识则搜索聚合了多家百科、问答类网站的优质数据。知识搜索正式版融入健康、游戏和旅游等垂直领域问答网站的优质数据，进一步突出“博采众家之长”的产品特色。搜狗知识搜索利用了搜索匹配技术，能够向用户提供更相关的搜索结果。

（四）互动百科

互动百科是全球最大的中文百科网站，致力于为数亿中文用户免费提供海量、全面、及时的百科信息，并通过全新的维基平台不断改善用户对信息的创作、获取和共享方式。这是一部由全体网民共同撰写的网络百科全书。互动百科以词条为核心，与图片、文章等其他产品共同构筑一个完整的知识搜索体系。每个人都可以自由访问并参与撰写和编辑，分享及奉献自己的知识。互动百科本着网络面前人人平等的原则，提倡所有人共同协作，编写一部完整而完善的百科全书，让知识在一定的技术规则和文化脉络下得以不断组合和拓展。互动百科新知社为用户提供了一个创造性的网络平台，强调用户的参与和奉献精神，充分调动草根大众的力量，汇聚上亿网民的头脑智慧，不断累积成全人类共同的开放知识库。

（五）360 百科

360 百科是专业的中文百科，是 360 网址导航搜索的重要组成部分。其测试版于

2013年1月5日上线，内容涵盖了所有领域的知识。其宗旨是帮助用户更加及时、便捷地获得最为准确、权威的信息，并且通过和360搜索的结合以及同专业网站的合作，给予用户最全面的知识。

（六）金融百科

金融百科是借助维基技术建立的内容开放、自由的金融百科全书，旨在创造一个涵盖金融所有领域、金融知识、经济学习和CFA学习的知识性百科全书。

（七）MBA智库百科

MBA智库百科是最早的职业经理人百科，立足于为广大经理人提供专业的经济管理理论学习。拥有强大的编辑团队和最详细、最专业的、覆盖范围最广的经管资料。涵盖了经管领域的方方面面，给用户营造一个学习交流的高端频道。以提高中国经理人理论水平为己任，已成功成为拥有50万用户的大规模网络学习互动社区。

MBA智库百科结合提供全民参与在线编辑的模式，对知识内容不断修改、补充完善和更新，将其打造成在线的经管百科全书。

（八）SOSO百科

搜搜百科是腾讯旗下搜索网站——SOSO（搜搜）的一个专栏。于2009年3月初创建，而且编辑率相当高。搜搜百科的性质及风格与百度百科大为相似。搜搜百科是一个网络百科全书产品，旨在创造一个涵盖所有领域知识、服务所有互联网用户的中文知识性百科全书。搜搜百科让人们的视野更开阔，了解的知识越来越多，给人们提供了一个知识的平台。用户可以在搜搜百科查找自己感兴趣的定义性信息，创建符合规则、尚没有收录的内容，或对已有词条进行有益的补充完善。用户为百科做的贡献都将得到完整的记录。

搜搜百科的内容涵盖面极广，囊括了自然、科学技术、艺术文化、历史地理、社会人文和自然等多个方面。用户可以通过浏览开放分类的方式来查阅各个分类下的内容组成。

二、百科平台推广的基本方法

由于百科平台具有开放性、较高的可信度、丰富的内容、较高的搜索引擎可见度，同时也能成为SEO免费的高质量外链，所以成为企业比较重要的网络营销推广方式。

新竞争力网络营销管理顾问提出，百科平台推广的方法主要有以下几种。

拓展阅读9－11　利用百度系列产品做天猫推广

（一）正文内容广告

在词条的正文内容中添加具有广告功能的文字信息－WIKI词条，例如，企业名称词条中介绍企业具体产品或服务信息，或在与企业相关的某商品词条中介绍本企业产品信息及公司介绍等。对于企业名称词条而言，详尽的正文内容不仅能为访问者提供有价值的信息，而且有助于提升企业形象。词条正文内容中如果包含详尽的产品或服务介绍信息，可以增加访问者对企业信息的了解，在一定程度上实现企业产品或服务的推广。

（二）URL 链接广告

URL 链接广告是指在词条的参考资料和扩展阅读中加入企业官方网站或其他关联信息页面的链接。URL 链接广告不仅能为企业的相关平台带来优质的外部链接，而且能直接为企业网站或相关平台带来直接访问量，是有效的外部链接资源之一。

（三）图片广告

在词条的正文中，引入图片对企业及其产品或服务进行描述，实际发挥了图片广告的效果。相对于文字来说，图片更容易让用户形成视觉上的感官认识，丰富了企业百科推广的表现形式。

（四）图片文字注释广告

WIKI 词条中图片文字注释的表现形式包括底部有加粗的文字说明或者在图片本身具有文字水印宣传信息，这种方式进一步加强了图片广告的营销传播效果。

（五）相册广告

相册广告是互动百科和百度百科特有功能，是指在百科词条正文内容中出现的图片不是单图，而是组图的形式。除此之外，在词条内容的下方有专门的组图展示区域。相册广告是图片广告进一步的延伸和发展，能够更充分地发挥百科平台的图片广告推广价值。

（六）名片广告

名片广告是百度百科特有的形式，是指在百度百科词条中出现在词条正文上方的内容，是对整个词条内容的概括和总结。名片广告可以丰富企业的词条内容，提升企业词条的专业性。另外，百度名片属于百度百科的一种关联平台，为企业制作名片可以增加企业推广渠道，增加企业信息的传播机会。

【案例分析】

【案例 9－1】全季酒店推出有声二维码 T 恤

作为国内运营最为成功的音乐节，每年的“草莓音乐节”不仅汇聚了众多音乐爱好者和潮流达人，更成了各大品牌的营销主战场。

乐堡啤酒在今年的草莓音乐节上推出了“扫二维码送帐篷”活动。成为其微信粉丝，不仅可以领取带有品牌标识的免费帐篷，还可以畅饮免费啤酒。此外，各种创意集市也让人眼前一亮，大呼好玩：良君刺青——现场文身、Weewego——趣味复古手工配饰、ABIRD 鲜花小市集——定制鲜花、NUNKI——原创明信片……各种创意十足的营销方式大放其彩。

但是，现场最火爆的潮流单品却是全季酒店推出的一款“会说话”的二维码 T 恤，不仅让现场潮人们体验到穿着“有声服饰”的酷炫感觉，更让“好声音”的粉丝们享受到偶像在身边陪聊的欢快时刻。

“会说话”的二维码T恤是全季酒店结合“好声音”，轻松实现“与粉丝交朋友”“玩起来”的创意营销产品。T恤上印二维码很常见，难得的是在粉丝扫描二维码后，竟然可以直接聆听到全季四位“好声音”代言明星的声音，与偶像一对一聊天。这相当于给粉丝提供了一个可穿戴式的音乐APP，完全颠覆了二维码和T恤衫的常规玩法。这是自酒店全面升级后，携手“好声音”跨界营销，玩转创意营销的又一次大胆尝试。全季酒店的用户群主要是25～40岁的中坚人群，他们正处于事业上升期，生活节奏非常快，经常会在不同的城市之间奔波，酒店就成为日常消费品之一；他们大多经济较为宽裕，价格不是选择酒店的唯一考虑因素，更关注物质背后所获得的价值利益和情感归属；他们追求自己的生活方式，要求高品质的消费体验，这也许不再是酒店的硬件设备和服务态度所能满足的，而可能是触动他们内心的一种微妙的“族群标签”，让他们在品牌中找到被认同和被接纳的归属感。

与这些相对“特别”的用户进行对话，通过情感沟通建立他们对品牌的信任感，找出双方更亲密的“链接关系”，是全季酒店近两年来一直努力探索，不断尝试创新和创意营销的初衷。

“会说话”的二维码T恤，以时尚有趣的“扫码”方式吸引受众主动扫描关注，同时又赋予T恤“可穿戴式音乐APP”的神奇体验，让偶像陪在粉丝身边，随时随地跟粉丝聊天，这给目标人群带来了前所未有的消费体验，更好地维系了全季酒店和粉丝的关系。他们感觉全季更懂自己，在全季可以“做真实的自己”。

将创新服务融入产品营销，将创意营销引进产品创新——全季二维码有声T恤完美诠释了全季营销策略的“不走寻常路”，开启了国内酒店业创新营销的探索之旅。

资料来源：《“会说话”的二维码T恤全季玩转创意营销》，http：//www.domarketing.org/ht-ml/2014/interact—0507/11880.html。

问题：

1. 请从营销要点的角度分析全季酒店的二维码营销的优势。
2. 试举出其他利用二维码实现情感营销的典型案例。

【案例9-2】

2015年10月23日，中国商业传播百人论坛暨第四届虎啸领袖峰会在西安举行。微播易CEO徐扬受邀出席，并分享了移动社会化媒体时代做营销需要把握的三大趋势：移动社交媒体兴起、媒体碎片化和社会分工精细化。

徐扬表示，当下正处于一个媒体迅速发展、迅速变化、迅速分裂的时代，业界要充分理解移动互联网和社会化媒体发展所带来的媒体变革。随着新技术不断推陈出新，受众注意力从早前的报纸、杂志、电视快速向网络媒体迁徙，又在微博和微信次第崛起后，再度向移动社会化媒体平台迁徙。当下，移动社会化媒体平台已成为主力消费人群获取信息的主要通道。

在这种迁移过程中，媒体一直沿着从简到繁的过程进行碎片化演变，从最初CCTV一家独大到后来的各地方媒体百花齐放，从综合类媒体到体育、娱乐等专业性媒体不断涌起。微博和微信的产生与壮大，令媒体碎片化趋势愈加明显，仅微博就产生了50万家以上自媒体账号，微信今天的公众平台账号早已迈过千万之数，再到陌陌、唱吧等细分平台不断崛起，每个平台都拥有大量的自媒体账号，每个账号都代表着背后众多粉丝的不一样的喜好，这给广告主投放广告造成了极大的困扰。因此，需要专业营销团队利用经验和数据为广告主选择更加适合的媒体。

另一个趋势是社会分工越来越明确，内容制作和传播媒介分离，内容产出复杂多样。从文字、图片到H5（第5代HTML，HTML是“超文本标记语言的英文缩写”）、视频，广告主倾向于找更加专业的团队进行专项服务。服务于垂直纵深需求的创业团队不断诞生，如只提供H5应用制作工具、协助企业进行微商网店管理等，都取得了很好的市场力量，专注于只做社会化媒体资源的微播易也受益于这一大趋势。

细分将会催生大量相互合作，便利的中间平台无疑是一个巨大的成长机会。徐扬表示，将无序化的商品整合为有序化的平台是一件非常辛苦却又非常有意义的事情，阿里巴巴和百度都在各自领域受益于这一工作。一直以来，微播易都在努力将碎片化、无序化的社会化媒体市场整合为标准化、有序化的社会化媒体营销资源平台。如今，越来越多的公关和广告公司开始关注微播易在传播方面的巨大价值，并开展了多方面合作。

近期，微播易宣布获得3.2亿元人民币C轮融资。这笔资金将主要用于保持微播易在视频社会化媒体资源的领跑优势，不断整合创意策划、制作等领域内的优质资源，为客户提供更多、更优质的服务，并大力推动社会化媒体领域的沟通与发展。微播易CEO徐扬表示，公司将会成为全国最便利的社会化媒体资源平台、最便利的自媒体投放平台，以及全国公关广告公司的亲密合作伙伴。

资料来源：《齐鲁晚报》2015年10月24日，作者略有删改。

案例思考：这则新闻说明了社会化媒体营销的什么新趋势？

【思考练习】

1. 除了本书介绍的内容，还有哪些社会化媒体营销的方法？
2. 社会化媒体营销方法的共同特点是什么？
3. 社会化媒体营销的成功要素是什么？
4. 简述目前国内外社会化媒体营销的发展现状。
5. 社会化媒体营销可能的发展趋势是什么？
6. 什么样的产品和行业适合采取二维码营销方式？
7. 中国目前的二维码营销方式存在哪些不足？
8. 在二维码营销逐渐成为潮流的今天，传统电子商务行业应如何调整发展方向，寻找发展机遇？

第十章 搜索引擎营销

【学习目的】

1. 认识搜索引擎及搜索引擎营销。
2. 掌握搜索引擎的工作原理。
3. 认识搜索引擎营销的基本知识。
4. 掌握搜索引擎营销的操作技巧。
5. 掌握搜索引擎的主要模式。

【案例导入】

一家传统型生产企业——某某彩钢工程结构有限公司，其核心产品以岗亭和移动厕所为主，从一个普通的小作坊，几年时间迅速成长为西南地区最大的岗亭和移动厕所生产厂家。该企业迅速发展的核心点在于借助搜索引擎推广，抢占了市场份额，挖掘了大量的潜在客户。因此在互联网高速发展的今天，企业要获得更多的订单，搜索引擎营销起到了越来越重要的作用。图 10－1 所示为搜索引擎营销示意图。

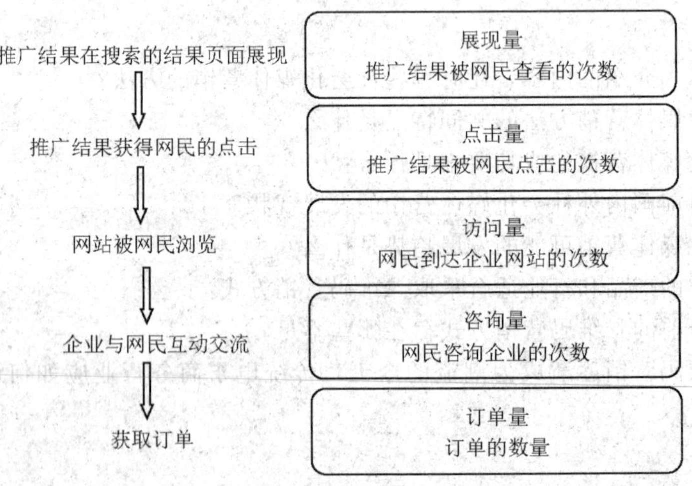

图 10－1 搜索引擎营销

第一节　搜索引擎的产生与分类

一、搜索引擎的产生与发展

搜索是近 20 年互联网变化最快的领域之一，了解搜索引擎的发展历史有助于企业理解搜索引擎营销的发展和变革，对未来有更准确的预期。本节将简要列出搜索引擎发展史上的重要事件，其中很多事件对今天搜索引擎行业的形态有至关重要的影响。

1990 年第一个互联网搜索引擎 Archie 出现，用于搜索 FTP 服务器上的文件。当时基于 HTTP 协议的 Web 还没有出现。

1993 年 6 月，第一个 Web 搜索引擎 World Wide Web Wanderer 出现，它只收集网址，并没有索引文件内容。

1994 年 1 月，Infoseek 创立，其搜索服务稍后正式推出。Infoseek 是早期最重要的搜索引擎之一，允许站长提交网址是从 Infoseek 开始的。百度创始人李彦宏就是 Infoseek 的核心工程师之一。当年 6 月，Lycos 创立，并迅速成为最受欢迎的搜索引擎之一。

1995 年 1 月，yahoo. com 域名注册。4 月，Yahoo! 公司成立。

1996 年 3 月，Google 的创始人 Larry Page 和 Sergey Brin 在斯坦福大学的搜索引擎项目启动，当时的名称是 BackRub，2007 年才改名为著名的 Google。

1997 年 4 月，Ask Jeeves 上线，2006 年改名为 Ask，是唯一一个至今仍实质存在并有一定市场份额的早期搜索引擎。该搜索引擎的特点是“自然语言”搜索，用户可以用问句形式搜索。起初该搜索引擎通过雇佣大量编辑进行人工搜索结果编辑，显然这种模式行不通，后来 Ask 不得不使用其他搜索引擎数据。

1998 年 Alta Vista 转而使用 Inktomi 的搜索数据。早期 Yahoo! 只在其目录中没有用户寻找的网站时才显示来自真正搜索引擎的数据。当年 9 月，Google 公司正式成立，MSN 搜索引擎推出，不过微软很长时间没有重视搜索引擎，一直到 2004 年，MSN Search 都在使用其他提供商的搜索数据和技术。

1999 年 Lycos 停止了自己的搜索技术，开始使用 All The Web 的数据。

2000 年 10 月，Google 推出 Adwords 服务，以 CPM 模式，也就是按显示付费模式，提供搜索广告服务。

2001 年 9 月，Ask Jeeves 收购 Teoma，一个与 Google 一样重视连接的搜索引擎，曾经被认为是可能与 Google 抗衡的搜索引擎之一。当年 10 月，百度作为搜索引擎正式上线，直接独立地提供中文搜索服务。中文搜索迅速进入百度时代。

2003 年微软 MSN 开始开发自己的搜索引擎技术。此前，MSN 网站一直使用 Inktomi 等搜索技术提供商的搜索数据。

2004 年 2 月，正如所有人预料的，Yahoo! 在收购了几大搜索引擎公司后推出了自己的搜索引擎，不再使用 Google 数据和技术。当年 8 月，Google 上市。当年 11 月，微软推出了自己的搜索引擎 MSN Search，不再使用第三方搜索服务。搜索引擎三雄鼎立时期开始。

2005 年 8 月，百度上市。

2006 年 5 月，微软推出类似于 Google Adwords 的广告系统 AdCenter。9 月，MSN Search 改名 Live Search，实际上 MSN 网络品牌全部改为 Live，并做了大量推广。不过这并没有显著提高微软在搜索市场的份额，Google 仍然一枝独秀。

2009 年 6 月，微软 Live Search 改名为必应（Bing）。7 月 29 日，微软和 Yahoo! 达成历史性协议，Yahoo! 将逐步放弃自己的搜索技术，使用 Bing 的数据。此前几年，Yahoo! 始终在困境中挣扎，CEO 几度更换，大股东内讧，搜索市场份额不断下降。Yahoo! 被自己亲手培养的 Google 彻底打败在搜索战场。

2010 年 8 月 25 日，Yahoo! 开始使用 Bing 搜索数据。

2003 年至 2010 年，搜索领域的技术革新不断，以 Google 为代表的搜索引擎推出了整合搜索、个人化搜索、实时搜索、地图服务、线上文件编辑、网站统计、浏览器、网管工具、超大容量电子邮件和即时通信等服务，总体上看，通常是 Google 推出新服务，其他搜索引擎很快跟进。

国内，百度也创建了百科、知道和贴吧等独特服务。但搜索引擎服务商没有大的变化。

国际上，始终是 Google 独大，Yahoo! 第二，占有不大不小的份额，微软 Live/Bing 第三，苦苦追赶而不得。2009 年微软推出 Bing 及与 Yahoo! 签署协议后，Bing 的市场份额开始慢慢上升，蚕食了原来 Yahoo! 的市场。无论第二、三名的位置如何变化，Google 依然主导着大部分的搜索引擎市场份额。

据 IDC 评述网（idcps. com）报道，2017 年 3 月份，全球第一大搜索引擎 GooglE-Global 的份额已达 77%。国内第一大搜索引擎百度仍然是排名第二位，市场份额达 8.13%。如图 10－2 所示。

国内搜索引擎市场整体而言百度占据制高点，PC 端发展有限的情况下百度也在积极拓展移动的市场，目前看来移动端百度依托合作方的浏览器、自有浏览器、搜索 APP 等平台，品牌效应和市场占有率很高。360 好搜凭借多年的经营在 PC 端还是有一席之地，不过在流量勃发的移动端并没有找到发力点。搜狗在整合搜搜后，借力搜狗输入法、QQ 及 QQ 浏览器的引流，PC 端和移动端还算有一些量，基于 QQ 用户的年龄特性，搜狗的流量变现能力有待商榷。UC 神马搜索仅专注于移动端搜索，借力 UC 浏览器和阿里的支持，目前看来发展势头还不错，网民体验度和投放成本均有不错的口碑。

不同的搜索引擎，人群特性也不同，百度用户相较而言是覆盖较广的，360 好搜用户偏重于“懒人”（一般都是 360 安全卫士推荐安装），搜狗整体会偏年轻一些，UC 神马一般是源于 UC 浏览器忠实用户或者是一些合作的国产手机用户。

表 10－1～表 10－3 所示为近年来中国综合搜索引擎市场份额、中国移动搜索引擎市场份额、中国桌面搜索引擎市场份额。

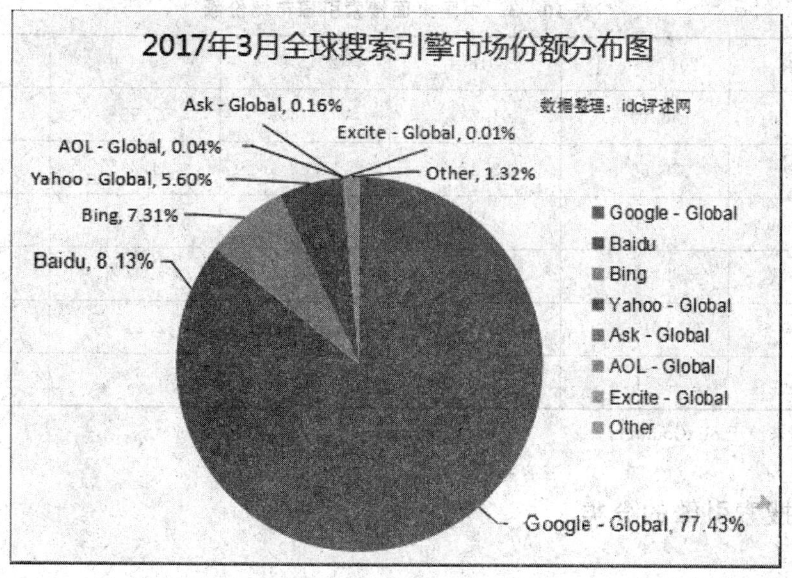

图 10－2　全球搜索引擎市场份额

表 10－1　中国综合搜索引擎市场份额

搜索引擎	2017 年 6 月	2016 年	2015 年	2014 年	2013 年
百度 Baidu	80.50%	77.07%	78.75%	61.96%	65.90%
360 搜索	8.83%	8.82%	9.41%	20.42%	20.84%
搜狗 Sougou	2.50%	3.93%	6.17%	7.97%	1.40%
Google 谷歌	1.70%	2.39%	1.97%	6.32%	9.61%
神马 Shenma	4.82%	5.63%			
Bing 必应			1.90%	1.99%	1.15%
其他 Other	1.65%	2.17%	1.80%	1.34%	1.09%

表 10－2　中国移动搜索引擎市场份额

搜索引擎	2017 年 6 月	2016 年	2015 年	2014 年	2013 年
百度 Baidu	89.28%	86.53%	93.36%	82.13%	77.23%
360 搜索		0.44%			
搜狗 Sougou	2.42%	2.58%	3.27%	7.06%	0.76%
Google 谷歌	0.58%		0.69%	5.57%	19.56%
神马 Shenma	6.96%	9.44%	1.29%		
Bing 必应	0.27%	0.33%	0.52%	1.21%	0.62%
雅虎 Yahoo!				1.29%	1.28%
其他 Other	0.48%	0.68%	0.86%	0.73%	0.55%

表 10-3 中国桌面搜索引擎市场份额

搜索引擎	2017 年 6 月	2016 年	2015 年	2014 年	2013 年
百度 Baidu	58.72%	61.28%	65.16%	57.92%	65.15%
360 搜索	29.66%	22.27%	17.88%	24.38%	22.40%
搜狗 Sougou	2.83%	6.20%	8.96%	8.34%	1.46%
Google 谷歌	4.38%	5.58%	3.12%	5.97%	8.79%
Bing 必应	3.06%	3.06%	3.10%	2.21%	1.17%
其他 Other	1.34%	1.51%	1.78%	1.26%	1.04%

注：数据来源于 StatCounter。

二、搜索引擎的分类

（一）全文搜索引擎

全文搜索引擎是目前广泛应用的主流搜索引擎，国外的代表是 Google，国内则有百度。

它们从互联网提取各个网站的信息（以网页文字为主），建立起数据库，并能提取与用户查询条件相匹配的记录，按一定的排列顺序返回结果。

根据搜索结果来源的不同，全文搜索引擎可分为两类，一类拥有自己的检索程序（Indexer），俗称“蜘蛛”（Spider）程序或“机器人”（Robot）程序，能自建网页数据库，搜索结果直接从自身的数据库中调用，上面提到的 Google 和百度搜索就属于此类；另一类则是租用其他搜索引擎的数据库，并按自定的格式排列搜索结果，如 Lycos 搜索引擎。搜索引擎的自动信息搜集功能分两种，一种是定期搜索，即每隔一段时间（比如 Google 一般是 28 天），搜索引擎主动派出“蜘蛛”程序，对一定 IP 地址范围内的互联网站进行检索，一旦发现新的网站，它会自动提取网站的信息和网址加入自己的数据库；另一种是提交网站搜索，即网站拥有者主动向搜索引擎提交网址，搜索引擎在一定时间内（两天到数月不等）定向向你的网站派出“蜘蛛”程序，扫描你的网站并将有关信息存入数据库，以备用户查询。由于近年来搜索引擎索引规则发生了很大变化，主动提交网址并不保证你的网站能进入搜索引擎数据库，目前最好的办法是多获得一些外部链接，让搜索引擎有更多机会找到你并自动将你的网站收录。

当用户以关键词查找信息时，搜索引擎会在数据库中进行搜寻，如果找到与用户要求内容相符的网站，便采用特殊的算法——通常根据网页中关键词的匹配程度、出现的位置、频次、链接质量——计算出各网页的相关度及排名等级，然后根据关联度高低，按顺序将这些网页链接返回给用户。这种引擎的特点是搜全率比较高。

（二）目录索引

目录索引虽然有搜索功能，但严格意义上不能称为真正的搜索引擎，只是按照目录分类的网站链接列表而已。用户完全可以按照分类目录找到所需的信息，不依靠关键词（Keywords）进行查询。目录索引中最具代表性的莫过于大名鼎鼎的 Yahoo!、新浪分类目录搜索等。

与全文搜索引擎相比，目录索引有许多不同之处。

首先，搜索引擎属于自动网站检索，而目录索引则完全依赖手工操作。用户提交网站后，目录编辑人员会亲自浏览你的网站，然后根据一套自定的评判标准甚至编辑人员的主观印象，决定是否接纳你的网站。其次，搜索引擎收录网站时，只要网站本身没有违反有关的规则，一般都能登录成功。而目录索引对网站的要求则高得多，有时即使登录多次也不一定成功。尤其像 Yahoo! 这样的超级索引，要想登录更是困难。

此外，在登录搜索引擎时，一般不用考虑网站的分类问题，而登录目录索引时则必须将网站放在一个最合适的目录（Directory）中。

最后，搜索引擎中各网站的有关信息都是从用户网页中自动提取的，所以从用户的角度看，拥有更多的自主权；而目录索引则要求必须手工另外填写网站信息，而且还有各种各样的限制。更有甚者，如果工作人员认为你提交网站的目录或网站信息不合适，他可以随时对其进行调整，当然事先并不会和你商量。

目录索引，顾名思义就是将网站分门别类地存放在相应的目录中，因此用户在查询信息时，可选择关键词搜索，也可按分类目录逐层查找。如以关键词搜索，返回的结果跟搜索引擎一样，也是根据信息关联程度排列网站，只不过其中人为因素要多一些。如果按分层目录查找，某一目录中网站的排名则是由标题字母的先后顺序决定的（也有例外）。

（三）元搜索引擎

拓展阅读 10－1　搜索引擎营销特点

元搜索引擎（META Search Engine）接受用户查询请求后，同时在多个搜索引擎上搜索，并将结果返回给用户。著名的元搜索引擎有 InfoSpace、Dogpile 和 Vivisimo 等，中文元搜索引擎中具代表性的是搜星搜索引擎。在搜索结果排列方面，有的直接按来源排列搜索结果，如 Dogpile；有的则按自定的规则将结果重新排列组合，如 Vivisimo。

（四）垂直搜索引擎

垂直搜索引擎为 2006 年后逐步兴起的一类搜索引擎。不同于通用的网页搜索引擎，垂直搜索专注于特定的搜索领域和搜索需求（如机票搜索、旅游搜索、生活搜索、小说搜索和视频搜索等），在其特定的搜索领域有更好的用户体验。相比通用搜索动辄数千台检索服务器，垂直搜索需要的硬件成本低，用户需求特定，查询的方式多样。

（五）集合式搜索引擎

集合式搜索引擎类似元搜索引擎，区别在于它并非同时调用多个搜索引擎进行搜索，而是由用户从提供的若干搜索引擎中选择，如 HotBot 在 2002 年底推出的搜索引擎。

（六）门户搜索引擎

门户搜索引擎 AOLSearch、MSNSearch 等虽然提供搜索服务，但自身既没有分类目录，也没有网页数据库，其搜索结果完全来自其他搜索引擎。

（七）免费链接列表

免费链接列表（Free For All Links，FFA）一般只简单地滚动链接条目，少部分有简单的分类目录，不过规模要比 Yahoo！等目录索引小很多。

第二节　搜索引擎技术

一、搜索引擎的工作原理

搜索引擎收集了 Web 上几千万到几十亿个网页并对网页中的每一个词（即关键词）进行索引，建立索引数据库的全文搜索引擎。当用户查找某个关键词时，所有在页面内容中包含了该关键词的网页都将作为搜索结果被搜出来。在经过复杂的算法进行排序后，这些结果将按照与搜索关键词的相关度高低，依次排列，如图 10－3 所示。

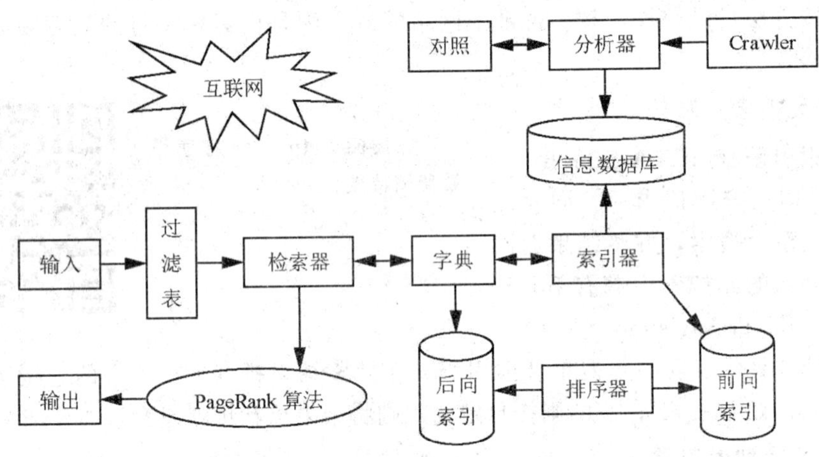

图 10－3　搜索引擎的工作原理

（一）抓取网页

每个独立的搜索引擎都有自己的网页抓取程序（Spider）。Spider 顺着网页中的超链接，连续地抓取网页。被抓取的网页称为网页快照。由于互联网中超链接的应用很普遍，理论上，从一定范围的网页出发就能搜集到绝大多数的网页。

（二）处理网页

搜索引擎抓到网页后，还要做大量的预处理工作，才能提供检索服务。其中，最重要的就是提取关键词，建立索引文件。其他还包括去除重复网页、分词（中文）、判断网页类型、分析超链接，以及计算网页的重要度/丰富度等。

（三）提供检索服务

用户输入关键词进行检索，搜索引擎从索引数据库中找到匹配该关键词的网页。为了使用户便于判断，除了网页标题和URL外，还会提供一段来自网页的摘要及其他信息。

二、搜索引擎的组成

搜索引擎一般由搜索器、索引器、检索器和用户接口4个部分组成。

搜索器的功能是在互联网中漫游、发现和搜集信息。

索引器的功能是理解搜索器所搜索到的信息，从中抽取出索引项，用于表示文档及生成文档库的索引表。

检索器的功能是根据用户的查询在索引库中快速检索文档，进行相关度评价，对将要输出的结果排序，并能按用户的查询需求合理反馈信息。

用户接口的作用是接纳用户查询并显示查询结果，提供个性化查询项。

三、网络蜘蛛技术

网络蜘蛛即Web Spider，这是一个很形象的名字。把因特网比喻成一个蜘蛛网，那么Spider就是在网上爬来爬去的抓取内容。

从网站某一个页面（通常是首页）开始，读取网页的内容，找到在网页中的其他链接地址，然后通过这些链接地址寻找下一个网页，这样一直循环下去，直到把这个网站所有的网页都抓取完为止。如果把整个互联网当成一个网站，那么网络蜘蛛就可以用这个原理把网上所有的网页都抓取下来。网络蜘蛛就是一个爬行程序，一个抓取网页的程序。百度蜘蛛的工作方式如图10-4所示。

要抓取互联网上所有的网页几乎是不可能的，从目前宣布的数据来看，对于搜索引擎来说，容量最大的搜索引擎也不外是抓取了整个网页数目的40%左右。这其中的原因一方面是抓取技术的瓶颈，无法遍历所有的网页，有很多网页无法从其他网页的链接中找到；另一个原因是存储技术和处理技术的问题，假如依照每个页面的平均大小为20K计算（包括图片），100亿网页的容量是100 2000G字节，即使能够存储，下载也存在问题（依照一台机器每秒下载20K计算，需要340台机器不停地下载一年时间，才能把所有网页下载完毕）。同时，因为数据量太大，提供搜索时也会有效率方面的影响。因此，很多搜索引擎的网络蜘蛛只是抓取那些重要的网页，而在抓取的时候评价重要性主要的依据是某个网页的链接深度。

网络蜘蛛一般有两种策略：广度优先和深度优先。广度优先是指网络蜘蛛会先抓取起始网页中链接的所有网页，然后再选择其中的一个链接网页，继承抓取在此网页中链接的所有网页。这是最常用的方式，由于这个方法可以让网络蜘蛛并行处理，提高了抓取速度。深度优先是指网络蜘蛛会从起始页开始，一个链接一个链接地跟踪下去，处置完这条线路之后再转入下一个起始页，继承跟踪链接。这个方法有个好处是网络蜘蛛在设计时比较容易。

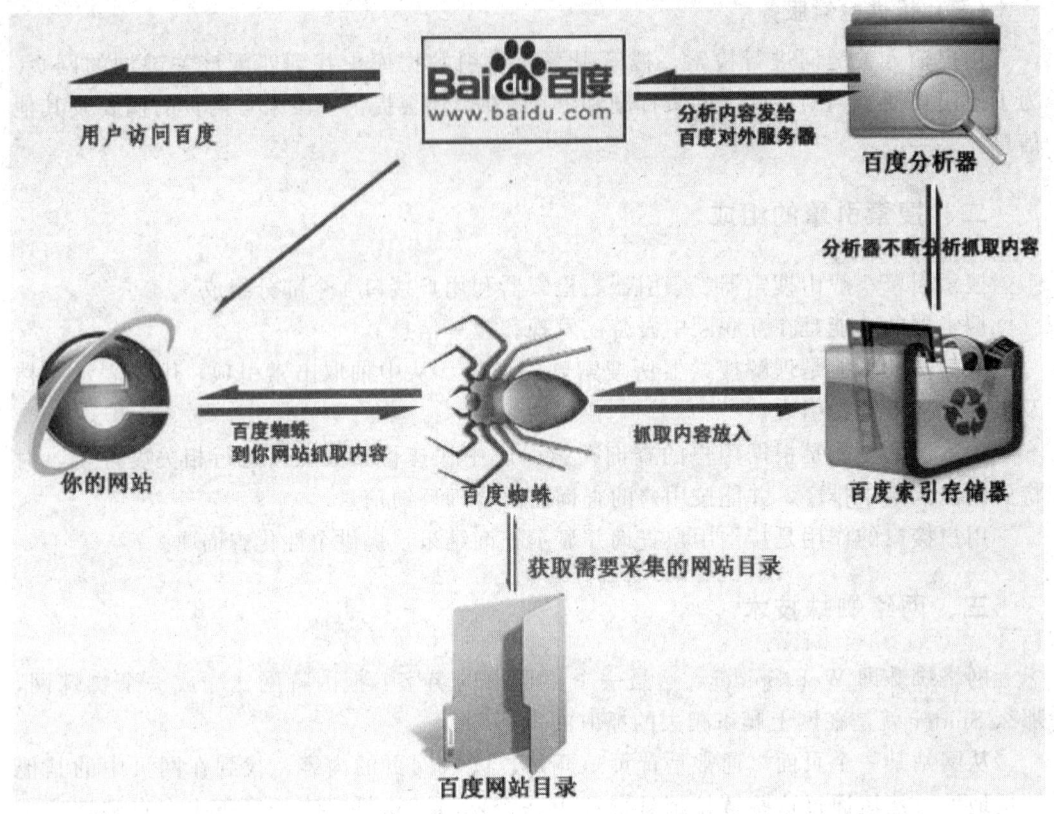

图 10－4　百度蜘蛛工作图

各大搜索引擎的蜘蛛在抓取网站信息时，不是所有的内容都会进行抓取，以下是蜘蛛抓取内容的三大核心要点。

（1）覆盖率。网络蜘蛛的首要目标是抓取互联网上所需的信息。因此，有价值的信息是否都收录，收录的比例（即覆盖率）是网络蜘蛛的基本评价指标。

（2）时效性。用户对搜索引擎的查询要求越来越高，其中重要的一点就是查询时效性，即事件发生并在互联网上传播后（以新闻、论坛和博客等各种形式），用户需要通过搜索引擎尽快检索到相应内容。而索引的前提是收录，因此需要网络蜘蛛尽快地抓取互联网上最新出现的资源。

（3）重复率。互联网上重复的内容很多，如何尽早地发现页面重复并消除它，是网络蜘蛛需要解决的问题。除转载导致的重复外，重复总能体现为各种不同的模式，如站点级重复、目录级重复、CGI 级重复和参数级重复等，及早发现这些模式并进行处理，能节省系统的存储、抓取、建库和展现资源。

因此在做搜索引擎营销时，对于网站需要及时更新的内容，要求是新颖、有价值和无敏感词汇的信息，这样可以更好地满足各大蜘蛛的胃口。

第三节　搜索引擎营销的实施

一、搜索引擎营销的目标

搜索引擎营销的基本思想是让用户发现信息，并通过点击网站/网页进一步了解他所需要的信息。在介绍搜索引擎策略时，一般认为，搜索引擎优化设计的主要目标有两个层次：被搜索引擎收录、在搜索结果中排名靠前。这已经是常识问题，多数网络营销人员和专业服务商对搜索引擎的目标设定也基本处于这个水平。但从目前的实际情况来看，仅仅做到被搜索引擎收录并且在搜索结果中排名靠前还很不够，因为取得这样的效果实际上并不一定能增加用户的点击率，更不能保证将访问者转化为顾客或者潜在顾客，因此只能说是搜索引擎营销策略中两个最基本的目标。

利用搜索引擎工具可以实现 4 个层次的营销目标。

(1) 被搜索引擎收录。

(2) 在搜索结果中排名靠前。

(3) 增加用户的点击（点进）率。

(4) 将浏览者转化为顾客。

这 4 个层次如图 10－5 所示，前 3 个可以理解为搜索引擎营销的过程，而只有将浏览者转化为顾客才是最终目的。在一般的搜索引擎优化中，通过设计网页标题、META 标签中的内容等，通常可以实现前两个初级目标（如果付费登录，当然直接就可以实现这个目标了，甚至不需要考虑网站优化问题）。要实现高层次的目标，还需要进一步对搜索引擎进行优化设计，或者说，设计从整体上对搜索引擎友好的网站。

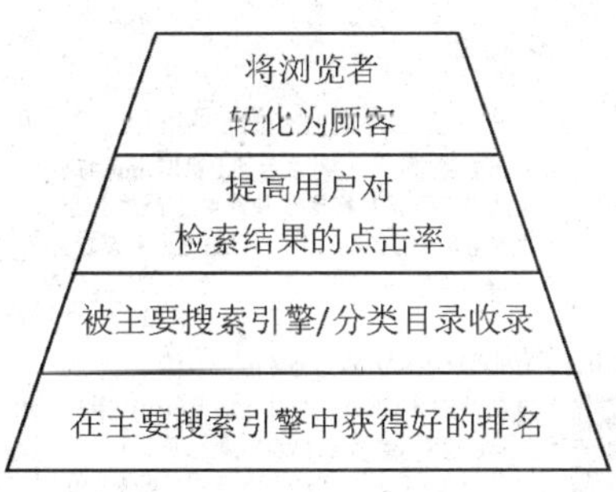

图 10－5　目标层次图

二、搜索引擎营销的方法

搜索引擎营销常见的方式有两种。一种是 SEO，即通常所说的搜索引擎优化，如图 10－6 所示。当当网和亚马逊通过对自己网站的各种要素的优化，使其符合搜索引擎的收录和排名原则，就在百度中获得了较好的展现。当用户搜索“购物商城”这一关键词时，在自然检索的结果中首先看到的就是这两家企业的链接。另一种是关键词广告，如图10－7所示。如此这家企业向百度购买了关键词广告，当用户搜索“购物商城”时，就能在搜索结果的广告位看到这家企业的链接。

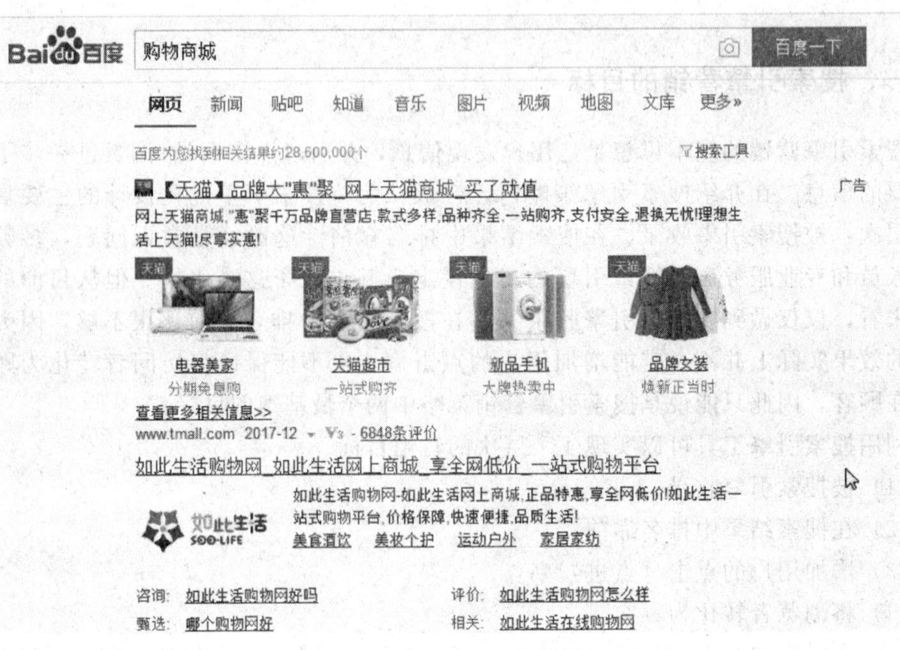

图10－6　SEO实现的自然排名

图10－7　关键词广告

SEO（Search Engine Optimization）的中文意思为搜索引擎优化，主要目的是增加特定关键字的曝光率，以增加网站的能见度，进而增加销售的机会，分为站外SEO和站内SEO两种。通过了解各类搜索引擎如何抓取互联网页面、如何进行索引，以及如何确定其对某一特定关键词的搜索结果排名等技术，来对网页进行相关的优化，使其提高搜索引擎排名，从而提高网站访问量，最终提升网站的销售能力或宣传能力。

关键词广告一般是大公司最常用的网络广告形式。提供关键词广告服务的网站非常多，主要有各大门户网站（如搜狐和新浪）、搜索引擎（如Google和百度），以及其他浏览量较大的网站。

搜索引擎优化推广具有如下优点：①大多数用户更青睐于那些自然的搜索结果，所以更喜欢点击；②搜索引擎优化推广可以建立外部链接，让很多网站链接到自己的网站，不仅可以使网站排名得到提升，还可以带来访问量，并将这一优势保持相当长的时间；③成本比PPC低，但收益长久、稳定，能够为客户带来更高的投资收益回报；④可以通过对网站内容进行良好优化来销售或宣传产品；⑤访问量是完全免费的，不用为点击付费。

搜索引擎优化具有如下的不足：①搜索引擎对自然结果的排名算法是不稳定的，一旦发生变化，会使某些网站受到影响，而且效果也不够稳定，无法准确预知排名和访问量；②SEO无法立即生效，往往可能需要等上几个月的时间才能有效；③SEO刚开始以降低成本吸引人们的眼球，但是搜索引擎对其排名系统的不断改进，优化成本也越来越高，这一点在热门关键词上的表现最为明显。

三、搜索引擎优化流程

大部分网站都是依赖搜索引擎发展的，搜索引擎确实能给网站带来大量的流量及客户资源。搜索引擎优化是网站推广的主要方式之一。下述介绍搜索引擎优化的基本流程。

（一）选择域名空间

在网站还没有建立起来时，就要为搜索引擎优化做准备了，选择一个适合优化的域名及空间非常重要。要尽量使用国际域名，如com/. net/. org，虽然搜索引擎对于各种域名都一视同仁，但考虑到网站的营销，还是要选择一个比较专业的域名做网站，这样有利于网站长期发展。

（二）选择网站程序

一套适合搜索引擎优化的网站程序非常重要，像百度官方就建议了最适合搜索引擎优化的网站结构：首页—栏目页—内容页，这种简单明了的网站结构有利于搜索引擎蜘蛛爬行，更好地收取网页。另外是网站URL的形式，静态页面最符合搜索引擎抓取，而动态页面搜索引擎则并不那么喜欢。不过现在的开源网站程序给站长提供了最大的方便，很多知名程序都非常适合搜索引擎优化标准，只需要站长稍加设置，就能解决网站结构问题。

（三）网站基本设置

设置好网站的标题、关键词和描述，确定网站主要要优化的关键词并做出相应的部署，根据自己本身的情况去选择适合自己网站的关键词，包括网站的模板、伪静态、网站地图、404 页面、301 重定向和等都要认真设置，往往这些细节都会影响到以后的优化结果。要注意这些设置，一定要在网站上线前就确定好，网站运营过程中经常修改不利于搜索引擎优化。

（四）网站内容和内链建设

一个有着丰富内容的网站，不仅仅能得到用户的喜爱，也会得到搜索引擎的青睐。做高质量的内容是每个站长都必须考虑的，同时需要精心设置站内的锚文本链接，打通整个网站，让蜘蛛爬行的时候能爬到网站每个角落，这样能更好地让搜索引擎收录自己的站点，提升权重及流量。

（五）外链的建设

每一个站长都应该有一套自己的外链建设方法，一个网站内容再好，没有外链把蜘蛛引过来也是白搭。网络是由各种链接组成的，可见外链的重要性。通过每天的坚持，建设一个属于自己网站的强大的外链数据库，能真正有效地辅助搜索引擎优化，提升网站权重。

（六）用其他推广方法增加网站流量

搜索引擎优化要与其他的各种网络营销方式结合起来，这样会形成一个良性循环：流量增加—辅助了搜索引擎优化—提升了网站关键词排名—流量增加。

四、关键词广告内容

拓展阅读 10－2　搜索引擎的链接实施举例

企业在购买了关键词广告服务后，通过注册一定数量的关键词，其推广信息就会率先出现在网民相应的搜索结果中。以下为关键词广告的主要内容。

（一）账户架构及优化

（1）分类分别设置推广计划，每个推广计划都是一个类型的，这种方式的账户结构有利于推广的维护，更有利于账户的优化。

（2）制订推广计划后，需要对每个推广计划进行推广单元的分类，这样可以更加方便地管理和优化账户结构。

（3）设置每个推广单元关键词，每个推广单元不超过 100 个关键词。

（二）关键词的添加

（1）使用百度关键词工具及一些搜索量比较大的关键词对关键词进行扩充，从众多关键词中筛选出适合投放的关键词进行添加。

（2）添加关键词之前要对筛选出的关键词按之前的推广计划和推广单元进行分类，

使得关键词所属范围与推广计划和推广单元充分匹配，从而使得关键词与账户结构的相关度有很大的提高。

(3) 关键词添加的方式直接影响到关键词的质量，从而间接影响关键词的出价及整个账户的消费额。

(三) 关键词匹配

(1) 使用不同的匹配方式将帮助人们通过不同的方式定位潜在的人群，不同的匹配方式会影响关键词在百度展示页面中出现的范围，合理利用匹配方式会帮助吸引精确的潜在受众。

(2) 匹配方式分为 3 种：精确匹配、短语匹配和广泛匹配，匹配方式的不同会导致关键词在百度搜索时展示的范围不同，也会影响账户的消费。

(3) 根据投放的范围进行关键词匹配。

不同匹配方式的对比见表 10 - 4。

表 10 - 4　不同匹配方式对比

匹配方式/比较	展现范围	潜在人群挖掘	账户消费	转化率
精确匹配	展现次数极少	很难挖掘	低	高
短语匹配	中等	中等	中等	较高
广泛匹配	展现次数多	挖掘较多潜在人群	高	很低

(四) 创意编写

(1) 创意编写也就是广告语的编写，创意要体现出产品的优势和一些特点等。

(2) 创意标题可以写得吸引人一点，要嵌入主要的关键词。

(3) 内容要围绕关键词描述出学校的特点和优势，这样可以更好地吸引访问者。

(五) 着陆页的设置

着陆页的设置是将关键词与网址进行匹配，使来访人群搜索点击某一个关键词能直接到达所需要的网页，优化 URL 着陆页可以提高网站的转化率。可以根据不同时期和不同范围的人群设置不同的着陆页。着陆页的设置一定要与搜索的关键词相符合。

(六) 关键词出价

尽管一些核心关键词放在第一能获得很高的点击量，但如果竞争比较激烈导致点击价格过高，预算会在这种出价的情况下消耗过大，也许，用较低的价格选择第二、第三也是一个很好的选择。

这些都需要一个后期数据的统计，也可以根据转化的成本来调整关键词的出价。

(七) 投放的时间和地域设置

(1) 推广时间的设置根据季节的不同，投放的时间也是不一样的，旺季投放的时间比较长，淡季就有所减少。

(2) 地域设置：针对不同的季节投放不同的地区。

（八）消费标准

不同的季度分为不同的消费标准。如××月为招生的旺季，关键词投放的每日预算可适当多点，其他季节属于淡季，账户每日预算可以少点。

（九）数据分析

每天关注推广后台数据报告，及时对数据进行分析。及时调整，不断地优化账户结构、关键词组合和推广时间等。

第四节　搜索引擎营销的主要模式

搜索引擎营销（Search Engine Marketing，SEM），是指企业或个人利用人们对搜索引擎的依赖和使用习惯，在人们检索信息的时候尽可能地将营销信息传递给目标客户。用户搜索时使用的关键词，说明用户对关键词所代表的产品或问题的关注，这也是搜索引擎应用于网络营销的根本原因。搜索引擎营销追求最高的性价比，以最小的投入获取最大的访问量，并产生商业价值。

搜索引擎营销的工作是扩大搜索引擎在营销业务中的比重，通过对网站进行搜索，挖掘更多的企业潜在客户，帮助企业实现更高的转化率，其最主要的模式有三种：搜索引擎登录和排名、搜索引擎优化和关键词广告。

一、搜索引擎登录和排名

登录搜索引擎的方法比较简单，只需要按照搜索引擎的提示一步步填写完成即可。比较常用的搜索引擎登录有百度登录、360 搜索等。

一般来说，搜索引擎登录要求的内容有网站名称、网站地址、关键词、网站的描述和站长联系信息等。大部分的搜索引擎需要人工审核，管理员收到用户提交的信息后会访问网站，判断用户所提交的信息是否属实、所选择的类别是否合理。提交的信息会在审核后的几天或几周后，搜索引擎数据库更新时显示收录信息。

如果要在搜索引擎注册，就需要向其提供相应的资料。一般来说，只要提供网站的首页，网络蜘蛛就会爬到。然而为了网页的知名度及曝光度，最好把网站的一些重要的、有特色的网页都提交给搜索引擎。对于有多个领域产品的企业，可以将不同产品的网页分门别类进行注册，但要注意网页设置标题的醒目性、关键词的准确性和网页描述的清晰性，不能只是将原来的网址或网站名称简单挂上。

在搜索引擎注册之后，就可以登录了。但搜索引擎营销还未结束，需要不定期查看搜索引擎中网站的排名顺序。如果网站的名次不断往下掉，尤其较大幅度落后于竞争对手的时候，就需要分析原因，查找产生问题的原因。除此之外还要经常关注网站访问量并对访问数据进行统计分析，以便及时发现网站在搜索中的潜在问题。如果一个网站访问量一直比较稳定，突然间访问量陡降并消失，这就需要检查是搜索引擎问题还是自己的网站被取消了登录资格，并采取相应对策。

除人工提交网站到搜索引擎外，还可以自动提交——通过相关软件将一个或者多个网页一次性提交到搜索引擎。但自动提交缺乏针对性，而且大部分的分类目录和搜索引擎不接受自动注册，所以自动提交搜索引擎并不能完成自动注册与登记的功能。此外，几个大的搜索引擎几乎集中了绝大部分的访问量，对于鲜为人知的搜索引擎，几乎不太可能带来实际的访问量，所以这种登录也就没有意义了。

二、搜索引擎优化

所谓搜索引擎优化，也就是针对各种搜索引擎的检索特点，让网站建设和网页设计的基本要素适合搜索引擎的检索原则，从而获得搜索引擎收录并在检索结果中排名靠前。

（一）选择合适的关键词，提高搜索结果排名

在搜索引擎中检索信息都是通过输入关键词来实现的，因此关键词是整个网站登录过程中最基本也是最重要的一步，是进行网页优化的基础。然而选择关键词并非一件轻而易举的事，要考虑诸多因素，比如关键词必须与你的网站内容有关、词语间如何组合排列、是否符合搜索工具的要求、尽量避免采用热门关键词等。所以说选择正确的关键词绝对是需要下一番功夫的。那么，如何才能找到最适合的关键词呢？首先，要仔细揣摩潜在客户的心理，设想他们在查询有关信息时最有可能使用的关键词。其次，挑选的关键词必须与自己的产品或服务有关。另外，要避免用含义宽泛的一般性词语作为主打关键词，要根据业务或产品的种类，尽可能选取具体的词。最后，选用较长的关键词，注意错拼的词也是关键词定义时应该避免的。

（二）保持网站有合理的栏目结构

拓展阅读 10－3 易观智库：起点中文网作品黏性最高

不好的网站内容管理系统会导致网站结构散乱，非常不适合网站 PR 值（PR 值全称为 PageRank，是 Google 搜索排名算法中的一个组成部分。PR 值越高，说明该网页在搜索排名中的地位越重要。也就是说，在其他条件相同的情况下，PR 值高的网站在 Google 搜索结果的排名中有优先权）的传递以及影响搜索引擎收录。网站结构问题在中小型站点中并不是很突出，但是对于大型网站，网站结构就变得非常重要。大型网站的二级域名非常多，二级域名与主站、二级域名文件与主站文件之间若不形成通畅的网站结构，会导致很多想象不到的问题出现。

（三）尽可能使用静态网页

所谓静态网页，就是说网页文件中没有程序，只有 HTML 代码，一般以 .html 或 .htm 为后缀名的网页。静态网站内容不会在制作完成后发生变化，任何人访问都显示一样的内容，如果内容变化就必须修改原代码，然后再上传到服务器。静态网页上每个网页都有一个固定的 URL，且网页 URL 以 .htm、html、shtnd 等常见形式为后缀，而不含有动态网页的“?”。因为搜索引擎一般不可能从一个网站的数据库中访问全部

网页，或者出于技术方面的考虑，搜索蜘蛛不去抓取网址中“?”后面的内容。因此，采用动态网页的网站在进行搜索引擎推广时，需要做一定的技术处理才能适应搜索引擎的要求。

（四）避免多域名指向同一网站

如果网站有两个以上的域名，就要注意了。两个或更多域名同时指向一个空间，搜索引擎可能会认为这是网页复制，有可能把其中一个 URL 收录，而另一个 URL 被列为复制站点。如果站点是复制站点，搜索引擎就会认为这个网站有作弊的嫌疑，对排名极为不利。

（五）不要过于注重外部链接

很多做搜索优化的人将增加网站的外部链接数量看得至关重要，认为这是一条提高搜索引擎排名的捷径。诚然，通过这样的手段在一定时期内的确可能提高网站排名，但这需要一个基本前提，即同类网站的优化水平相当，因此在网站外部链接方面做一些工作就可能超越竞争者。因此，这不是长久之策，如果大家都这么做优化，结果会适得其反。另外，针对每个网页命名一个标题，设计标签的方法也可以对搜索引擎起到一定的优化效果。

（六）基于网站内容的搜索引擎推广

很多人认为只要进行了搜索引擎优化，就可以提升营销效果，这种认识不够全面。对于网络营销而言，基于网站内容的推广才是搜索引擎推广的核心思想。网站内容不仅是大型 ICP 网站的生命源泉，对于企业网站网络营销的效果同样至关重要，网站内容推广策略实际上就是搜索引擎推广策略的具体应用。所以，有效的网站内容是网站推广的基础。

增加网站内容的作用首先表现在满足用户获取信息方面，这是任何网站发布内容的基本目的。从直接浏览者的角度来看，网上的信息通常并不能完全满足所有用户的需要，每增加一个网页的内容，也就意味着为满足用户的信息需求增加了一点努力。因此，网站内容策略的基本出发点是可以为用户提供有效的信息和服务，这样，无论用户通过哪种渠道来到网站，都可以获得尽可能详尽的信息。

三、关键词广告

关键词广告是充分利用搜索引擎资源开展网络营销的一种手段。只有在特定关键词的检索时，关键词广告才会出现在搜索结果页面的显著位置，所以其针对性比较高，被称为性价比较高的网络营销方式，近年来已成为搜索引擎营销中发展最快的一种方式。

用户通过关键词在互联网搜索引擎中查找相关信息，这些相关信息能否被找到，和关键词的选择、使用分不开。搜索引擎公司通过分析用户使用关键字、词、句的内容、种类、频率，可以直接分析用户网上的搜索行为，揭示用户对网上信息的兴趣所在。

搜索关键词主要有以下几种。

（1）常用关键字。它是语言中常用的字词，是人们日常生活中进行沟通使用的部分，比如英文中的 game、search engine、markeing、brand、NBA 等，中文中的鞋、服装、文具、学生、汽车、英语学习、搜索引擎、考研等。

（2）高频关键字。它是指用户进行搜索时频繁使用的字词，而且依社会群体、阶层的不同有所差异。比如对大学生群体，在搜索引擎里出现的高频关键词可能会是考研、出国、留学、托福、就业等。

（3）热门关键字。它是指在一定时期被一般网络用户普遍搜索的字词，反映当前社会关注的热点问题，如反腐、十八大、就业、医疗（见图 10-8）等。

图 10-8　“医疗”为关键词的广告

（4）错别字。它是指网络用户在使用关键字、词进行搜索时，输入拼写错误的字词，通过分析错误字词的类型、种类，同样可以分析用户的兴趣所在。

（5）短语。它由多个关键字词组成。比如，最好的大学、网络基础知识、太空的秘密、英语的学习方法。用短语进行搜索，网络用户往往能找到更加准确的相关信息。

（6）句子。它是用一句完整的话进行搜索。比如，什么是搜索引擎，互联网通信的原理是什么，怎样提高搜索的技巧，等等。当然，这种用自然语言进行的智能搜索，目前的效果还不太好。美国的askjeeves搜索引擎支持提问方式的搜索，但搜索结果的相关性不能令人满意。

关键词广告的形式比较简单，不需要复杂的广告设计过程，因此极大地增加了广告投放的效率。同时，较低的广告成本和门槛使得个人店铺、小企业也可以利用关键词广告推广。关键词广告通常采用点击付费计价模式，广告主只为点击的广告付费，而不必为广告的显示付费。当然，关键词广告还有一种竞价排名的方式，是将出价高的关键词排在前面，这对于经济实力比较强而且希望排名靠前的网站提供了方便。关键词广告可以方便地进行管理，并随时查看流量统计。传统的搜索引擎优化中，并不能准确统计所有访问者来自哪个搜索引擎，以及使用的关键词是什么，因此缺乏关键词流量分析手段。付费的关键词广告可以提供详尽的流量统计资料和方便的关键词管理功能，企业可以根据自身的营销策略更换关键词广告。

【案例分析】

麦包包搜索引擎营销

麦包包诞生于2007年9月，由意大利近百年历史的箱包家族集团VISCONTI DIFFUSIONE SNC提供天使基金设立而成。致力于打造箱包快速时尚新模式，为中国的消费者提供高性价比的多品牌时尚箱包产品。

麦包包是国内近年迅速成长起来的在线零售电子商务网站，其销售额每年都以几何级的数字在增长：2008年380万元，2009年4 000万元，2010年有望冲击到4亿元。而作为销售型的电子商务网站，最重要的是获取庞大的潜在客户，而搜索引擎成为其主要来源。麦包包能取得如此好的销售业绩，很大程度上取决其搜索引擎营销上的成功。目前，麦包包网站的“女包”“淘宝”“淘宝网”“淘宝商城”“开心网”等非常热门的高流量词汇在百度、Google等主流搜索引擎均有非常好的排名，这些热搜词为麦包包网带来了每日数以亿计的访问和无数的潜在客户。

麦包包网站SEO优化的成功之处：

(1) 网站主关键词（目标关键词）精准到位：title和deion发力够狠。

麦包包网站的title和deion设置相当精准，且语句通顺简洁。显然，麦包包对自己的用户群体分析得很透彻，用户主题把握得很精准。搜索淘宝网、淘宝商城、开心网、包包，都是有购物趋势、时尚、消费能力非常强的年轻人，因此麦包包把这些搜索量非常大，用户群体集中的热门搜索词作为网站关键词。这里特别要提对搜索引擎分词组合法的灵活运用，如“淘宝网商城”可以拆分为“淘宝”“淘宝商城”。

至于deion，虽然Google明确说不使用deion作为排名因素，但是它是直接显示在搜索结果中给用户看的，而且通过deion中关键词的堆砌获得百度很好排名的反面例子很多，所以，deion对于网站关键词排名或多或少还是有帮助的。

(2) 注重细节，关注用户体验，该alt的坚决alt。

Alt的添加不仅是有利于搜索引擎蜘蛛抓取相关信息，同时也利于提升网站访问用户的体验。例如其logo的alt属性的设置：“麦包包：时尚包包流行第一站，淘宝网包包优秀网商！”

（3）nofollow 属性应用。

麦包包网站对于 nofollow 属性的运用非常灵活，除了给注册、登陆、购物车、去结算等没有实际内容和意义的链接添加 nofollow 属性外，最新动态新闻、包包专题促销页面，最新评论，底部的新手指南、如何付款、配送方式、常见问题、售后服务、联系我们等，以及合作联盟的图片链接全部 nofollow 掉了，不过特别要说明的是友情链接页面没有添加 nofollow。我们知道，用 nofollow 告诉索引擎此链接不跟踪，且不传递链接的权重，尤其是对于这种大型的电子商务网站，nofollow 可以极大的提高爬虫（baiduspider、Googlebot 等）的工作效率，让爬虫在有限的时间内去抓取重要的、有实际意义的页面！

（4）重视优化栏目页，提升栏目页关键词的排名。

（5）网站结构：树形结构，层级控制在 3 层内。

树形结构是一种对搜索引擎很友好的网站结构，便于搜索引擎蜘蛛逐层访问和抓取 . URL 链接方面，麦包包大部分使用静态链接，层级一般控制在三个层级之内，像女包栏目页 http：//www. mbaobao. com/k - women，荧光之夜卡包页面 http：//www. mbaobao. com/pshow - 1109017603. html 等；就算是搜索结果页面，也不包含无效参数。

（6）外链及锚文本建设：麦包包网外链建设很到位。

麦包包网站建立了大量的外链，其锚文本形式也多样化。

（7）善于借势，借力发力。

麦包包网站的主关键词都是挺热门的词汇，而且很多词直接取自淘宝网、开心网，这些词本身就囊括了目标用户群。话说阿里与百度不和，因此有人顾虑：百度会不会为难麦包包。这种顾虑是有道理的，但是目前这种顾虑是多余的，这得益于其网站 SEO 优化团队的领导及麦包包的友好政策。

资料来源：《麦包包搜索引擎营销》，http：//blog. sina. com. cn/s/blog _ 829a988301019hr5. html。

【思考练习】

1. 什么是搜索引擎？
2. 什么是搜索引擎营销？
3. 网络蜘蛛抓取的偏好有哪些？
4. 搜索引擎营销的主流方式有哪两种？
5. SEO 和关键词广告有什么区别？

参 考 文 献

[1] 李逸平. 网络营销 [M]. 北京：机械工业出版社，2017.
[2] 王玮，梁新弘. 网络营销 [M]. 北京：中国人民大学出版社，2016.
[3] 沈凤池，王伟明. 网络营销 [M]. 北京：北京理工大学出版社，2016.
[4] 郦瞻. 网络营销 [M]. 北京：清华大学出版社，2013.
[5] 李洪心，刘继山. 网站建设与管理 [M]. 重庆：重庆大学出版社，2016.
[6] 陈鹏全. 全网微营销创意案例集 [M]. 广州：广东经济出版社，2014.
[7] 李光明. 网络营销 [M]. 北京：人民邮电出版社，2014.
[8] 陶红亮. "互联网＋"网络营销推广实战宝典 [M]. 北京：中国华侨出版社，2016.
[9] 石建鹏. 网络营销实战全书 [M]. 北京：北京联合出版公司，2012.
[10] 李莉，李宁. 网络营销 [M]. 西安：西北工业大学出版社，2012.
[11] 朱晓伟. 网络营销案例分析 [M]. 武汉：湖北科学技术出版社，2013.
[12] 郦瞻，盛振中，谭福河. 网络营销 [M]. 北京：清华大学出版社，2013.
[13] 乔辉，曹雨. 网络营销 [M]. 北京：机械工业出版社，2015.
[14] 李东进，秦勇. 网络营销 [M]. 北京：中国发展出版社，2015.
[15] 黄伟，冼丽英. 网络营销 [M]. 武汉：武汉大学出版社，2017.
[16] 李成钢. 网络营销基础与实践 [M]. 北京：中国纺织出版社，2016.
[17] 史达. 网络营销 [M]. 4 版. 大连：东北财经大学出版社，2016.
[18] 唐麒，江婷. 新编网络营销实务 [M]. 南京：南京大学出版社，2017.
[19] 赵俊，陈思佳. 手把手教你做网络营销 [M]. 北京：中国铁道出版社，2017.
[20] 缪启军. 网络营销 [M]. 上海：立信会计出版社，2015.